KB208420

스타트업
설계자

LAUNCH by Jeff Walker

© 2021 Jeff Walker

Published in 2021 by Hay House Inc. USA

All rights reserved.

Korean translation rights © 2025 Will Books Publishing Co.

Korean translation rights are arranged with Hay House UK Ltd. through AMO Agency Korea.

이 책의 한국어판 저작권은 AMO 에이전시를 통해 저작권자와 독점 계약한 (주)윌북에 있습니다.
저작권법에 의해 한국 내에서 보호를 받는 저작물이므로 무단 전재 및 복제를 금합니다.

한 시간 만에 100만 달러 매출
'제프 워커 신드롬'의 시작

LAUNCH

스타트업 설계자

최저 자본으로 매출을 폭발시키는 PLF 비법 🔍

제프 워커 지음 | 김원호 옮김

윌북

이 책에 쏟아진 찬사

폭발적인 판매를 경험하고 싶다면, 모든 것을 제쳐두고 1순위로 읽어야할 책. 사업을 하며 나를 괴롭혔던 질문의 답이 여기 있다. 2020년부터 제프 워커의 유료 교육과정인 PLF 코칭 프로그램을 수강했고 이제는 그가 진행하는 온라인 라이브 행사라면 시차를 뚫고 새벽에 일어나 매번 참여할 만큼 그의 열렬한 팬이 되었다. 제프 워커의 PLF는 한국에서도 100% 효과가 있는 방식이다.

김준영
유튜브 채널 '포리얼' 운영자, 『비즈니스 스테로이드』 저자

창업을 꿈꾸는 사람들에게 엄청난 인사이트를 주는 책이다. 제프 워커의 공식은 단순하지만 강력하다. 개념만 있는 이론이 아니라 실제 비즈니스에서 검증된 전략이다. 초기 자본이 부족해도, 심지어 제품이 아직 완성되지 않았어도 제프 워커의 공식을 따른다면 성공할 수 있다.

이규환
유튜브 채널 '투트랙', 온라인 셀러 커뮤니티 '온꿈사' 운영자

온라인 창업을 준비하는 모든 이들이 읽어야 한다. 이 책은 단순한 가이드가 아니다. 성공으로 가는 설계도다. 시장 진입부터 스케일업까지 실행 가능한 전략과 노하우를 한 권에 담았다. 사업의 앞날이 막막하게 느껴질 때 이 책을 펼치면 비즈니스 로드맵이 그려질 것이다.

박시온

유튜브 채널 '온라인 사업전략, 온크트리' 운영자

사업 기반이 전혀 없는 상태에서 다섯 개의 브랜드를 런칭하고, 1년 만에 모든 브랜드에서 100만 달러 넘는 매출을 올렸다. 제프 워커의 PLF로 이뤄낸 결과다. 나에게 너무나도 값진 책이며, 제프 워커는 세상이 기다려온 현대 마케팅의 귀재라 할 만하다.

브랜든 버처드

『백만장자 메신저』 저자

제프 워커의 『스타트업 설계자』는 실제 현장에서 완벽하게 검증받은 개념, 구조, 전략, 도구, 프로세스 등을 담고 있으며, 지금까지 수많은 온라인 사업가들이 이 책의 내용을 기반으로 자신의 사업을 시작하고 성공을 이뤄냈다. 이 책은 인터넷으로 뭔가를 팔아 돈을 벌고자 하는 사람이라면 반드시 읽어봐야 하는 참고서이자 안내서다.

댄 설리번

『10배 마인드셋』 공저자, 스트래터직 코치 창업자

새로운 제품, 프로젝트, 프로모션, 인센티브, 파트너십… 비즈니스는 그 야말로 런칭의 연속이다. 성공적인 비즈니스를 위해서는 반드시 런칭을 마스터해야 하는데, 그렇다면 제프 워커에게 배워야 한다. 제프 워커는 런칭에 대해 그 누구보다 더 확실하게 아는 사람이다. 이 책을 읽고 수익으로 가는 길을 극적으로 단축하라.

대 런 하 디
『인생도 복리가 됩니다』저자, 전《석세스》발행인

현대 마케팅의 성공에 가장 핵심적인 내용을 다루고 있다. 사업가에게 필요한 것은 자잘한 전술이나 도구가 아니다. 필요한 것은 영리한 전략이며, 이 책 속에 그 전략이 있다.

마 리 폴 레 오
『믿음의 마법』저자

수많은 인터넷 마케터가 허황된 전망을 약속하는 사이에, 제프 워커는 조용히 진짜 결과를 만들어낸다. 이 책은 마케팅에 대한 당신의 생각을 완전히 바꾸어놓을 것이다.

존 잰 스
『고객의 95%는 자기 의지로 물건을 사지 않는다』저자

정신없이 흔들리듯 살아온 인생을 함께 해준 아내 메리,

믿을 수 없을 만큼 훌륭한 우리 아이들 댄과 조앤에게

이 책을 바친다.

우리 가족을 진심으로 사랑한다.

일러두기

이 책의 원제이자 키워드인 'launch'를 외래어 표기법대로 쓰면 '론치'이나,

일상에서의 통례와 어감을 고려하여 이 책에서는 '런치' 또는 '런칭'으로 썼다.

한국의 독자들에게

모든 사업가의 꿈은 자유로워지는 것, 사업으로 영향력을 얻는 것, 사업으로 진정한 재정적 성공을 이루는 것입니다. 지난 20년 동안 저는 사업가들이 꿈꾸는 바로 그런 비즈니스를 구축할 수 있도록 도왔습니다. 다른 것은 몰라도 제가 한 가지 확실하게 말할 수 있는 건, 비즈니스를 시작하기에 지금보다 좋은 때는 없다는 것입니다. 전 세계 시장은 무척 빠르게 변하고 있으며, 특히 한국 시장이 그렇지요. 전 한국 사업가들이 가진 에너지와 추진력, 그 힘이 만들어내는 혁신에 늘 감탄합니다.

이 책은 성공적인 런칭의 방법을, 즉 당신의 제품을 기다리는 고객들을 만들 방법을 알려줍니다. 이제 막 사업을 시작한 사람도, 제자리에 머물러 있는 사업에 변화를 주고 싶은 사람도 효과적인 런칭을 배우면 사업의 흐름과 매출의 단위를 바꿀 수 있습니다. 수천 명의 사람들이 아이디어를 성공적인 비즈니스로 전환하도록 이끈 시스템, PLF가 온라인 비즈니스의 본질을 알려줄 테니까요.

PLF의 가장 놀라운 점은 어떤 시장이든 어떤 산업이든 관계없이 모든 곳에서 효과가 있다는 것입니다. 이 사실을 꼭 기억하세요.

여러분이 이 책을 읽을 수 있게 되어 정말 기쁘고, 한국에서는 어떤 성공 스토리가 나올지 기대하겠습니다.

기회는 반드시 옵니다. 꼭 잡으시길!

2025년 4월
제프 워커

차례

서문

이 책은 당신 사업의 스타트를 아주 빠르게 도와줄 것이다. 이미 사업을 하고 있는 사람이든, 처음으로 사업을 시작하려는 사람이든, 폭발적 추진력을 얻고자 하는 사업가라면 이 매뉴얼은 절대 실망시키지 않을 것이다.

우리도 애플이나 할리우드의 대형 스튜디오처럼 사업을 런칭할 수 있다면 얼마나 좋을까? 사람들이 우리 회사의 다음 제품 출시일만을 목 빠지게 기다리게 할 수 있다면? 시장 내에서 강력한 위치를 차지하면서 거의 모든 경쟁자들을 사라지게 할 수 있다면? 이 모든 것을 불안한 시장 내 입지와 터무니없이 부족한 예산에도 불구하고 이루어낼 수 있다면?

지금까지 말한 이 모든 것을 가능케 하는 프로세스가 있다. 나는 20년이 넘는 기간 동안 이런 일들을 실현할 수 있는 공식을 만들고 지속적으로 개선해왔다. 그리고 이 책을 통해 그 공식을 공유하려 한다. 이 책에 나오는 내용은 단순한 이론이 아니라 실제 세상에서의 결과를 토대로 정립한 것들이다. 이제부터 알려드릴 모든 공식은 온갖 시행착오와, 테스트와, 실제 경험으로 증명됐다.

나는 많은 상품을 개발하고 성공적으로 런칭했다(그리 성공적이지 못했던 경우들도 있는데, 진짜로 많은 것을 배우는 건 바로 그때마다였다!). 하지만 개인적으로 이루어낸 성과보다 훨씬 더 중요한 것은 나에게서 배운 사람들의 성공이다. 그들은 전 세계의 수많은 시장과 틈새시장에서 헤아릴 수도 없을 정도로 많은 런칭들을 시도했고 지금도 하고 있다. 이 책에서 이들의 시행착오와 눈부신 성공을 소개할 것이다. 나는 실제 사례를 통해 배우는 게 중요하다고 생각한다. 앞으로 보게 될 내용들이 어떤 가설에 기반을 둔 시나리오가 아니라는 말이다. 특정한 방법론을 설명하면서 가상의 케이스 스터디를 사용하는 경제경영서들을 많이 봐왔겠지만, 이 책은 그런 책이 아니다.

우리 수강생들의 런칭 스토리를 공유할 수 있다는 것은 정말 멋진 일이다. 이들의 경험으로부터 배울 점이 무수히 많다. 혁신적인 사업가들이야말로 우리 인류의 미래다. 이들은 세계를 발전시키고, 일자리를 만들고, 세상에 진정한 가치를 만들어내는 사람들이다. 이러한 이유로 나는 나의 일을 정말 사랑한다.

수많은 사람들을 성공으로 이끈 나의 공식을 이제는 소개해야겠다. 바로 '프로덕트 런치 포뮬러Product Launch Formula®', 줄여서 PLF다. PLF는 내가 1996년부터 개발을 시작하고 2000년대 초부터 강습을 시작한 시스템이다. 지금까지 전 세계 수백 개 시장에서 헤아릴 수 없을 만큼 많은 수의 사람들이 이 시스템을 활용하여 자신의 제품과 사업을 런칭해오고 있다. 그리고 그 가운데 많은 이들이 이 책으로 PLF를 배웠다.

이 책에서 소개하는 PLF의 핵심은 처음 이 공식을 내놓았던 초창기와 달라지지 않았으며 지금도 효과적으로 작동하는 중이다. 물론

PLF에 대한 개선 작업을 지속적으로 진행해왔고, 새로운 도구들도 계속 적용하는 중이다. 이 책에는 소셜미디어의 라이브 방송을 활용해 런칭에 필요한 콘텐츠의 일부나 전부를 공개하는 라이브런칭이라는 방식도 있고, 광고 같은 유료 트래픽을 활용하는 방식도 담았다.

현재 PLF의 성과는 1990년대 후반 내가 처음 PLF를 처음 생각해냈을 때와는 비교도 할 수 없을 정도로 한참이나 앞서나가고 있으며, 사람들에게 처음 소개했던 2014년보다도 월등히 좋은 성과를 내고 있다. 수십 년의 시간을 초월해 PLF가 여전히 유효한 이유는 이것이 지난 수천 년 동안 우리 인간에게 작용해온, 그리고 앞으로도 1000년은 거뜬히 작용하게 될 심리학에 기반을 두고 있기 때문이다. 요즘처럼 빠르게 유행이 변하는 디지털 세상에서는 어떤 작업물이든 한두 해만 지나면 (심지어는 한두 달만 지나도) 시대에 뒤쳐졌다고 판단해버리기 쉽다. 하지만 앞으로 70년이 지난 뒤에도 이 책의 PLF는 여전히 효과적으로 작동한다고 확신한다.

특별 강습 프로그램인 PLF 코칭 프로그램에 대해서도 잠깐 소개하려고 한다. PLF 코칭 프로그램은 내가 진행하는 유료 프로그램으로 비용이 저렴하지는 않다. 이 책을 대학교 강의 교과서라고 한다면, PLF 코칭 프로그램은 내가 진행하는 그 교과서를 기반으로 진행되는 강의라고 보면 된다. 사실 전 세계의 수많은 사람들이 오직 이 책만 가지고 자신들의 제품과 사업을 런칭하는 데 성공했지만, PLF 코칭 프로그램에 직접 참여한 사람도 지금까지 수만 명에 이른다.

이 책에서 말하는 'PLF'는 내가 만든 방법론, 즉 공식을 가리킨다. 강습 프로그램을 지칭할 때는 'PLF 코칭 프로그램'이라고 할 것이다. PLF 코칭 프로그램에 관심이 생긴다면 다음 링크로 접속해 더 많은 정보를 얻을 수 있다.

ProductLaunchFormula.com

이 사이트 또는 다음 페이지로 이메일 주소를 남기면 실시간으로 PLF의 사례를 지켜볼 수 있다.

thelaunchbook.com/member

보통 1년에 두세 번 정도의 런칭 프로젝트를 직접 진행하는데, 이메일 리스트에 있는 사람들은 그 전체 과정을 보고받게 된다. 내가 PLF를 어떻게 활용하는지 지켜보시라. 최고의 마케팅 수업이 될 것이다.

지금은 사업가가 되고 사업가로서 성장할 기회가 가장 풍부한 시대다. 사업을 시작하고 성장시키는 일이 지금처럼 쉬웠던 시대도 없었다. 지구상 곳곳에 있는 틈새시장을 파고드는 일이 지금처럼 가능한 적도 없었다고 봐야 한다. 내 사업 최초의 매출은 스위스에 있는 어느 남성 고객 덕분에 발생했다. 제품의 판매는 콜로라도에 있는 우리 집 지하실에서 일어났다.

물론 쉬운 일은 아니다. 인간 세상의 여느 성공과 마찬가지로, 이 책을 읽고 있는 당신의 성공 역시 많은 노력이 뒷받침되어야 가능한 일이다. 부자가 되는 속성 과정을 알려주겠다는 것도 아니다. 하지만 이 책의 공식은 실제 세상에서 반복적으로 검증된 방법이며, 당신의 제품이나 사업을 빠르게 시장에 자리잡게 할 길을 제시할 것이다. 어쨌거나 시작하기로 했다면 확실하게 검증된 시스템을 사용하는 게 좋다.

내 경우엔 상상할 수 있는 가장 초라한 상황에서 사업을 시작했지만, 내 제품들로 수천만 달러의 매출을 만들어냈다. 그런데 내 수강생들과 고객들이 이루어낸 성과에 비하면 내 성과는 초라하다. 이들은 자기 제품과 서비스를 팔아 10억 달러가 훌쩍 넘는 매출을 만들어냈다. 이제 이런 엄청난 결과를 당신이 보여줄 차례다.

이 책을 더욱 효과적으로 읽는 법

이 책의 내용을 더 자세하고 더욱 깊이 알고자 하는 사람들을 위해 별도의 웹사이트에 오디오와 비디오 케이스 스터디들을 올려놓았다 (모두 무료다). 동영상을 포함한 다양한 자료들도 함께 올려놓았다. 이 책의 마지막 쪽에 '무료 멤버십 가입' 사이트에 들어가면 확인할 수 있다.

내 책에 대한 긍정적 리뷰는 수천 개가 넘는다. 물론 이 책에 실린, 엄청난 매출을 일궈낸 성공 사례가 일반적이거나 평균적인 것은 아니다. 아무것도 하지 않고 이뤄낸 성공도 아니다. 성공 후기를 읽을 때는 늘 성공 뒤에 있는 엄청난 노력과 밤잠을 설치게 만드는 고심을 볼 수 있어야 한다. 하지만 분명 현실에 있는 이야기다. 그리고 그들은 이 책에서 배운 것들을 기반으로 자기 사업을 만들었다고 분명하게 말하고 있다.

이 책에는 별점 하나짜리 리뷰도 달렸다. "쓸모없는 책이다, 이 책도 그렇고, 책에 나오는 방법도 그렇고, 무슨 소리를 하는 건지 진짜로 모르겠다. 저자가 말하는 내용 가운데 유용한 것은 하나도 없다."

오랫동안 대중 앞에서 강연을 하며, 내가 모든 사람을 만족시킬 수는 없다는 것을 깨달았다. 누군가는 이 책의 내용도, 이 책에서 내가 제시하는 실제의 사례들도 전부 믿지 않으려 할 것이다. 1000만 달러짜리 사업 후기와 별점 하나짜리 리뷰의 차이는 뭘까? 의심을 미뤄두고 실제의 행동에 착수하려는 마음가짐이라고 나는 생각한다. 만약 이 책이 지니고 있는 가능성을 믿고 PLF에 대해 접근한다면 그 무엇이든 상상을 뛰어넘을 것이다.

1부

PLF의
비밀

1장

전업주부 아빠였던 내가
어떻게 한 주 만에 억대 매출을
냈을까

마우스 클릭 한 번이면 되는 일이었다.

마우스 클릭이라면 하루에도 수백 번, 혹은 수천 번은 한다. 하지만 이 클릭은 너무나도 중요했다. 내 손가락은 주저주저하며 계속 마우스 위만 맴돌았다. 5초가 지나고, 10초가 지나도 계속 망설였다. 솔직히 말해 두려웠다. 그전까지 몇 년이나 꿈꾸고 상상했던 일이었고, 수개월에 걸친 작업의 결과물이었다. 우리 가족의 미래가 걸린 일이기도 했다.

클릭.

그리고 이후 일어난 일들은 마케팅과 인터넷 비즈니스를 크게 바꾸어놓았다. 하지만 클릭을 망설이던 당시만 하더라도 나는 앞으로 일어날 상황에 대해서는 짐작도 못하고 있었다. 어두침침한 우리 집 지하실의 한구석의 허접한 셀프 제작 책상 앞에 앉아 있던 내게 세상을 바꾸겠다는 거대한 꿈은 없었다. 7년 넘게 직업도 없이 너무나도 초라한 상태였다.

클릭을 망설인 진짜 이유는 절박함 때문이었다. 나는 절박하게 변화를 바랐다. 성공해야 했고, 돈을 벌어야 했다. 내 인생을 바꿔야만 했다. 변화를 위한 그 순간을 너무나도 오래 기다렸다.

인생의 변화를 간절히 바라게 된 건 아내 메리가 눈물을 흘리며 집으로 들어오는 모습을 보게 되면서부터다. 그 모습은 영원히 잊지 못할 것이다. 한창 일하고 있어야 할 시간에 퇴근하더니 내 앞에서 눈물을 흘렸다. 혼자 가족을 부양하는 일이 너무나도 힘들었던 것이다. 우리의 어린 두 아이들이 잠에서 깨기도 전에 아침 일찍 출근을 하고, 아이들이 잠자리에 들 시간이 되어서야 집으로 돌아오는 생활에 메리는 완전히 지쳐 있었다.

집에서 하루 종일 아이들을 돌보는 사람은 나였다. 요즘은 아빠가 집에서 아이를 키우는 주양육자라고 말해도 존중을 받지만, 그 당시만 하더라도 그런 아빠는 '미스터 맘'이라 부르면서 경멸하는 분위기였다. 원래는 나도 남들이 알아주는 회사에 관리직으로 일한 적 있지만 그만둔 지 오래였다. 그 회사에서 나는 동그란 구멍 위에 올린 네모처럼 잘 맞지 않았다. 회사 내의 정치를 이해할 수 없었고, 일을 좀 하려고 할 때마다 방해하는 조직 분위기는 마치 발목 잡힌 채 걷는 것처럼 힘겨웠다. 회사에서는 늘 내가 실패자라는 생각을 지울 수가 없었다. 그래서 아들이 돌이 지나고 아내가 콜로라도대학교 졸업 후 미국 국토개발국에 취업한 뒤로는 회사를 그만두었다.

계획이 있는 건 아니었다. 뭘 해야 할지도 몰랐다. 그저 회사라는 생태계에서는 더 이상 살아갈 수 없겠다는 판단만 있었다.

미스터 맘 생활은 예상보다 길어졌다. 둘째가 태어난 것이다. 이제 아이 둘을 돌보는 미스터 맘이 되었다. 어린아이를 양육해본 사람은 알겠지만, 나 역시 집에서 하루 종일 바쁘게 시간을 보냈다. 하지만 달라져야 했다. 내가 가족을 부양하고, 아내에게 숨 쉴 공간을 마련해주어야 했다. 우리 가족을 억누르는 그 모든 압박을 덜어내고 싶었다.

바로 그런 의미를 다 담은 막중한 '클릭'이었다. 우리 가족의 삶을 바꾸고, 우리 가족에게 새롭고도 더 나은 미래를 만들어줄 시도였다. 내가 만든 상품의, 내 사업의 런칭을 앞둔 것이다. 우리 가족에게 소득을 만들어주고, 우리 가족의 미래를 바꿔줄 런칭이었다. 그렇다고 그걸로 세상이 바뀌리라고는 전혀 생각도 하지 못했다.

직장을 그만두고 싶다면
관둬도 괜찮다

마침내 용기를 내자 엄청난 반응이 나타났다. 마치 포르쉐911 트윈 터보 모델의 가속페달을 밟은 것 같았다.

문제의 '클릭'을 통해 보낸 이메일은 매우 짧았다. 50글자도 채 되지 않았다. 그저 내가 만든 상품을 주문하는 웹사이트 연결 링크를 이메일 말미에 붙여놓았다. 그 상품이라는 건 내가 무료로 발송하던 뉴스레터의 업그레이드 버전으로, 주식시장의 시황을 분석하고 가까운 미래에 주식시장에서 발생할 만한 일들을 예측해놓은 자료였다. (사실 그 메일을 보내던 시점에는 아직 상품이 만들어진 게 아니었다. 이에 대해서는 뒤에서 구체적으로 설명하겠다.)

메일 전송 버튼을 누른 이후에는 시간이 아예 멈춘 느낌이었다. 숨 한 번 내쉬는 시간마저 영원으로 이어지는 것 같았다. 과연 사람들이 내 상품을 사줄까?

이메일 전송 버튼을 누르고 30초가 지난 후에 나는 기대감을 갖고 구매자가 있는지 확인해봤다. 없었다.

40초 후에 확인해봤다. 없었다.

50초 후에 확인해봤다. 없었다.

59초 후에 확인해봤다... 첫 번째 구매자가 나타났다!

그로부터 몇 초 더 지나자 구매자가 한 명 더 나타났다. 그리고 한 명 더, 또 한 명, 그런 다음 세 명의 구매자가 더 나타났다. 확인할 때마다 구매자 숫자가 계속 늘어났다.

한 시간 만에 8000달러 넘는 매출이 발생했다. 그렇게 해서 첫 날에 발생한 매출은 전부 1만 8000달러가 넘었다. 꽤나 조잡한 이메일을 보냈음에도 한 주 만에 벌어들인 돈이 3만 4000달러 이상이었다. 그 전에 회사에서 일을 할 때 받던 연봉과 비슷한 액수였다.

이제야 사랑하는 메리가 가정으로 돌아올 수 있겠다는 생각이 들었다. 사실 이게 내 첫 번째 런칭은 아니었다(뒤에 들려줄 내 첫 번째 런칭 이야기는 상당히 황당하다). 하지만 이번 런칭에 대한 사람들의 반응을 보면서 이제 내 사업이 우리 가족을 부양할 수 있겠다는 확신이 들었다. 그로부터 몇 달 후에 아내는 직장을 그만두고 집에서 가족과 함께 지내기 시작했다. 우리 모두에게 너무나도 만족스러운 일이었다. (당시 아내는 자신이 "은퇴했다"고 표현했지만, 퇴사 이후 사실은 내 사업의 경영관리를 맡아서 하게 되었다.)

돈이라는 건 참 재밌다. 어떤 사람에게 3만 4000달러는 믿기지 않을 만큼 흥분되는 액수지만(당시 내게는 인생의 경로를 바꿀 정도였다) 어떤 사람에게는 그렇게 많은 금액이 아니다. 그런데 이 일을 시작으로 나는 어떤 기준에서 보더라도 놀라울 정도의 성공을 거두게 되었다.

내가 첫 주에 벌어들인 3만 4000달러의 매출은 시작에 불과했다. 우리 집 지하실 한구석에 앉아 있던 그 시절의 나는 절대로 몰랐지만, 내가 만들어낸 공식은 말 그대로 수많은 사람들의 인생을 바꾸게 된다.

다른 사람들이 부자가 될 수 있도록
도와주면서 수익을 낸다면?

다시 한번 강조하지만, 이 책은 부자가 되는 속성 과정을 알려주는 책이 아니다.

물론 내 PLF 공식을 통해 나를 포함한 수많은 사람들이 부자가 되고 행복한 인생을 살고 있지만, 공식을 따른 사람들이 누리는 돈, 부, 영향력은 하룻밤 사이에 운 좋게 나타난 것이 아니다.

모든 성공 뒤에는 성공의 방법이라는 게 존재한다. 성공이라는 장막 뒤에 가려진 채로 존재하는 그 방법을 알려주는 것이 바로 이 책을 쓴 이유다.

대부분의 사람들이 모르고 있는 그 세상을 보여주겠다. 그건 바로 평범한 사람들이 엄청난 사업을 이루어내는 세상이다. 아무런 자본도, 투자금도 없이 방 한가운데에서 사업을 시작하고, 아주 짧은 시간 안에 그 사업을 이익을 내는 기업으로 만드는 사람들이 있다. 이 책에 나오는 성공의 방법을 기존의 사업에 적용하여 폭발적인 매출 증대를 이루어내는 사람들도 있다.

내가 말하는 세상이란 소수의 재능 있는 프로그래머들이 모여 하루 20시간씩 일을 하고, 벤처투자자들로부터 투자를 받고, 유망한 하이테크 스타트업으로서 유명세를 타고, 최종적으로는 구글 같은 기업에 1억 달러에 매각되는 그런 기업들의 세상이 아니다. 이런 하이테크 스타트업의 세상에 도전하고자 하는 사람들에 대해서는 행운을 빌겠지만, 이 책은 그들을 위한 책은 아니다.

내 책은 현재의 위치에서 자기 사업을 만들어(혹은 기존의 사업을 성장시켜) 곧바로 수익을 창출하는 방법에 대해 알려주는 책이다. 그리고 그 사업이란 주로 창업비용이 매우 적게 들고, 직원 숫자는 최소한으로 유지되거나 전혀 없고, 간접비용도 매우 적다. 이런 사업은 사업주의 삶에 최대한 유연하게 맞추어 움직일 수 있고, 투자금 대비 수익성이 매우 높다. 그리고 수익을 창출하는 것 못지않게 중요한 일, 바로 세상에 훌륭한 가치를 창출하고 옳은 일을 행하는 것을 가능하게 해준다.

젖과 꿀이 흐르는 땅이라도 발견한 거냐고 묻고 싶은 사람들이 있을 것이다. 너무나도 좋은 소리만 하니까 현실성이 있다고 믿기가 어려울 것이다.

이런 생각은 당연하다. 나도 잘 알고 있다.

나 역시 수많은 사례들을 직접 경험하고 목격하지 못한 상태에서 누가 이런 소리를 했다면 믿지 않았을 것이다. 그런데 이런 사업을 만드는 것이 가능한 이유는 인터넷과 디지털 미디어 덕분이다. 인터넷과 디지털 미디어는 사업을 하려는 사람들의 게임 규칙을 완전히 바꿔버렸다. 과거의 그 어느 때보다 사업을 시작하고 운영하는 일이 더 용이하고, 더 빠르고, 더 저렴한 때가 바로 지금이다.

이미 자신의 사업을 소유하고 있는 사람들에게도 인터넷과 디지털 미디어는 그 사업을 더 빠르고 쉽게 성장시킬 수 있게 한다.

내가 직접 경험했기에 이렇게 말하는 것이다. 내가 첫 번째 온라인 사업을 시작했던 건 인터넷의 태동기라 할 수 있는 1996년인데, 내 사업은 그 이후로 지금까지 매년 성장하고 있다. 그사이 닷컴버블붕괴도 있었고, 리먼 사태로 인한 경제위기 내지 대침체기도 있었고, 구글의 업데이트와 페이스북의 알고리즘 변화도 있었고, 글로벌 팬데믹도 있었다. 이 모든 일을 거치는 동안 나는 네 개의 서로 다른 시장에서 내 상품들로 수천만 달러의 매출을 냈고, 수많은 사람들에게 사업을 시작하고 성장시키는 방법을 알려주었다. 지금까지 우리 수강생들과 고객들이 발생시킨 매출액은 10억 달러가 훌쩍 넘는다(그 숫자는 지금도 커지고 있다).

본격적인 이야기를 시작하기 전에 내가 디지털 마케팅 분야 최고의 전문가이자 리더들 가운데 한 명으로 인정받고 있다는 것은 말하고 싶다. 전문가이자 리더로서의 경력 또한 굉장히 긴 편이다. 사람들에게 내 PLF 공식을 가르친 것도 이 글을 쓰는 시점에 벌써 15년째 이상이다.

당연히 처음부터 이렇지는 않았다. 마케팅에 처음부터 재능을 보였던 것도 아니고, 첫 번째 온라인 사업을 시작하기 전에는 사업을 경영해본 적이 한 번도 없었다. 판매와 관련된 훈련을 받아본 적도 마케팅에 관한 지식도 없었다. 어렸을 때는 보이스카우트 활동을 하면서 자선기금 마련을 위해 도넛을 팔기도 했는데 많이 팔아야 고작 도넛 두 박스였다(심지어 한 박스는 우리 집에서 사준 것이었다).

비즈니스와 마케팅 게임의 규칙이 변하다

세상은 거대한 변화의 한가운데에 있다. 지난 20년 사이 사람들의 의사소통 방식과 일상은 완전하게 달라졌다. 사업을 하는 사람들은 고객들과 실시간으로 연결되어 경쟁제품과 자사제품에 대한 고객들의 수많은 의견을 즉각적으로 파악할 수 있게 되었고, 그런 만큼 고객들을 두고 벌이는 경쟁은 전례 없이 극심해졌다. 그런가 하면 시장에 낀 '마케팅의 안개'는 날이 갈수록 짙어져, 고객들과 형성한 신뢰의 가치도 그만큼 더 높아지고 있다.

비즈니스와 마케팅에 관한 게임의 규칙도 크게 달라졌다. 이러한 변화로 인해 많은 기업이 시장에서 사라지게 되었지만, 동시에 새로운 기회도 생겨났다. 규칙의 변화를 이해하는 사람들에게는 고객들과의 관계를 강화하고 고객들과 신뢰를 구축하는 일이 훨씬 더 쉬워졌다. 이 책에서 이러한 변화에 대해 깊이 있게 다룰 것이다.

변화의 시기를 맞아 자기 사업을 시작해야 하는 절박한 상황에 있는 사람들, 대기업에서 조직의 책임자로 있으면서 수익성을 더욱 높여야 하는 사람들, 1인 사무실을 운영하며 정해진 수임료나 시급을 받는 일에 지친 전문직(변호사, 마사지 치료사, 상담사 등), 조만간 크게 성장할 거라는 확신이 드는 분야에서 일하는 사람들, 매출 정체를 겪고 있는 온라인 사업에 새로운 활력을 불어넣고자 하는 사람들, 수많은 동료 예술가들 사이에서 이름을 드러내고자 하는 예술가들(화가들, 작가들, 보석 가공사들)까지.

이런 당신에게 필요한 것은 효과적인 런칭이다. 모든 성공적인 제품과 사업과 브랜드는 성공적인 런칭으로 시작한다. 시장에 느긋하게 접근하는 식으로는 성공할 수 없다. 효과적인 런칭을 통해 추진력과 현금 흐름을 만들어내는 게 중요하다. 추진력과 현금 흐름은 모든 성공적인 사업의 혈액과도 같다.

억대 매출은 꿈이 아니다

3만 4000달러의 매출을 올리고, 아내가 기존의 직장을 그만두고 집에서 가족과 함께 지낸 이후로 사업은 성장을 거듭했다. 런칭은 점점 더 좋은 성과로 이어졌고, 그러다 런칭 7일 만에 10만 6000달러가 넘는, 한화로는 억대의 매출이 발생했다. 전부 우리 집에서, 직원 한 명 없이, 거의 아무런 비용을 들이지 않고 이루어낸 성과였다.

사업과 인생이 순조롭게, 만족스럽게 흘러갔다. 예상한 것보다 더 많은 돈을 벌고 있었고, 아내는 전업주부가 되어 아이들과 함께 집에서 시간을 보냈다. 내가 꿈꾸던 산악 자전거, 급류 카약, 스키 같은 아웃도어 스포츠를 쉽게 즐길 수 있는 콜로라도 두랑고로 이사도 갔다.

그러다 2003년 2월, 댈러스에서 열린 어느 인터넷 마케팅 세미나에 참석하면서 모든 것이 달라졌다.

세미나 참석을 위해 댈러스 공항에서 내릴 때까지만 해도 나는 내 사업이 그렇게 특별하다고 생각하지는 않았다. 나와 같은 방식으로 온라인 비즈니스를 하는 사람이 꽤 많을 거라고 예상했다. 내가 이루어낸 성공은 나에게 있어 꽤나 만족스러운 것이었지만, 1인 사업으로 7일 만에 10만 달러가 넘는 매출을 만들어냈다는 사실이 다른 사람들로부터 그렇게까지 큰 관심을 이끌어낼 줄은 상상하지 못했다.

댈러스에서의 마케팅 세미나가 열리는 3일 동안 새로운 사람들을 많이 만났는데(그곳에서 소중한 친구들을 여럿 만났고 지금도 교류 중이다), 나와 같은 방식으로 사업을 하는 사람이 아무도 없다는 사실을 알게 되었다. 누구도 나와 같은 방식으로 런칭을 한 적이 없었고, 그런 식의 성과를 만들어내는 사람도 없었다. 놀랍게도 내가 만들어낸 게 완전히 새로운 방식의 마케팅이라는 걸 그곳에서 확인하게 되었다. 그리고 이 새로운 마케팅 방식은 PLF라는 이름으로 정립된다.

그 세미나에서 만났던 사람들 중에 존 리스라는 사람이 있다. 첫인상부터 매우 똑똑해 보이는 사람이었다. 매우 유능한 인터넷 마케팅 전문가였는데, 당시에는 세상의 주목을 받지 못했다.

우리는 그 세미나 후에도 계속 연락을 주고받았고, 친구가 되었다. 그에게 내 런칭의 비밀도 알려주었다. 2004년에 존은 내가 알려준 방법을 기반으로 두 개의 런칭을 개시했다. 하나는 그가 진행하는 3일 동안의 세미나 런칭이었는데 그걸로 45만 달러 가까이 벌어들였다. 그가 이루어낸 성과를 보면서 주식시장을 분석하고 예상하는 기존의 내 사업 외 영역에서도 나의 런칭 방식이 효과가 있다는 걸 확인하게 되었다.

존의 또 다른 런칭은 웹사이트로 트래픽을 끌어오는 방법을 알려주는 강습이었는데, 하루 동안 108만 달러를 벌어들였다. 존 역시 집을 사무실로 사용하고 직원은 한두 명만을 두면서 이와 같은 성과를 냈다. (존이 상시로 고용하고 있던 직원은 한 명이고, 파트타이머로 고객응대 직원을 두었던 것으로 기억한다.)

내가 만든 새로운 마케팅 방식이 이런 엄청난 성과를 만들어냈다는 사실에 나 스스로도 놀랐다. 존의 성공 이후 런칭을 도와달라는 요청이 여기저기서 들어왔다. 하지만 나는 주식시장을 분석하고 예상하는 뉴스레터를 만들어 판매하는 내 사업에 집중하고 있었기 때문에 다른 사람들을 본격적으로 도와주지는 못했다. 나는 두랑고에서의 행복한 삶에 만족하고 있었다. 일도 하고, 아이들과 스키도 타고 산악 자전거도 타느라 바빴다. 다른 사람들 앞에 나서겠다는 생각 같은 건 전혀 하지도 못했다.

그런데 존이 공개적인 자리에서 자신의 성공에 관해 나에게 감사를 전한 이후 나에게 런칭을 도와달라는 사람들의 요청이 폭발적으로 늘어났다. 존을 비롯한 몇몇 지인들은 런칭에 관한 나의 방법론을 만들어 사람들에게 알려주는 게 어떻겠냐고 제안했다. 그렇게 하기로 했다. PLF라는 것을 만들어 사람들에게 가르쳐주기로 한 것이다.

마케팅이 변화한 날

새로운 사업의 시험일은 2005년 10월 21일로 정했다. PLF 강습을 만들어 공개하기로 했고, 성공 여부에 따라 나에 대한 평판이 (그리고 사업가로서 나의 미래가) 달려 있었다. 어쨌거나 사업가로서의 평판을 높이려면 성과가 중요하다. 내가 런칭 전문가라고 주장하려면 나 자신이 직접 진행하는 런칭에서 뛰어난 결과를 만들어보여야 한다는 게 자명한 사실이다.

그런데 그전까지 내가 이루어낸 몇 차례의 성공, 그리고 다른 사람들의 런칭을 성공적으로 도와주었던 경험들에도 불구하고 몇 가지 불리한 점들이 있었다. PLF를 가르치는 일은 기존에 내가 하던 사업과는 완전히 다른 것으로, 아무런 기반도 없는 분야에 도전하는 셈이었다. 그전까지 성공은 주식시장을 분석하고 예상하는 분야에서 이룬 것이었는데, 이제는 제품과 사업을 런칭하는 방법을 사람들에게 가르쳐줘야 했다. 이 새로운 시장에 접근하는 데 사용할 만한 이메일 리스트조차 없었다. 원래 가지고 있던 주식투자자들의 이메일 리스트는 소용이 없었다. 새로운 시장에서 신뢰할 만한 전문가 위치도 아니었다. 아니, 마케팅 강습 시장에서 내 이름은 거의 알려져 있지 않았다. 내게 직접 도움을 받았던 몇 사람들만이 내 이름을 알고 있을 뿐이었다. 하지만 이와 같은 한계에도 불구하고 나는 그 한계를 극복하는 방법을 찾아냈다

(이에 대해서는 나중에 JV런칭을 다루면서 자세히 설명하겠다).

꽤 압박감을 느끼기는 했지만, 제법 능숙하게 런칭을 진행해나갔다. 이번 런칭 역시 커다란 성공이었다. PLF 코칭 프로그램 출시 첫 주에 나는 60만 달러의 매출을 올렸다. 새로운 시장에서 새로운 사업 런칭을 진행하며 수백 명의 새로운 고객들을 만들었고, 잠재고객 수천 명의 이름이 담긴 이메일 리스트도 얻었다. 기대했던 만큼의 성과가 나타난 것이다.

그 이후 PLF는 엄청난 여정을 겪게 된다. PLF 코칭 프로그램이 더욱 완전해지도록 지속적으로 보완 수정을 했고, 그 결과 다른 그 어떤 디지털 마케팅 프로그램보다 수강생들에게 더 나은 성과를 가져다주었다고 자신한다.

지금까지 헤아릴 수도 없을 만큼의 사람들이 이 프로그램을 수강했고, 그들 가운데 많은 이들이 엄청난 성공을 이루어냈다. 그들이 이루어낸 성과를 정량화하는 것은 사실상 불가능한 일이지만, 내 코칭 프로그램을 거친 사람들이 창출한 부는 대충 가늠해봐도 10억 달러가 훌쩍 넘는다. 금액은 이 순간에도 증가하는 중이다.

PLF의 수강생들과 고객들은 거의 다(전부는 아니지만) 소규모 내지 1인 기업을 경영하는 사람들이다. 구글 같은 매출 수십억 달러 기업이 나에게 뭔가를 배우겠다고 오는 것은 아니다. 하지만 소규모 기업들이 창출하는 가치를 합쳐놓으면 그 숫자는 엄청나게 커진다. 실제로 PLF의 수강생들 중에는 내가 이루어낸 '한 주 만에 10만 달러 이상의 매출'과 같은 성과를 이룬 사람들도 많고, 100만 달러 이상의 매출을 만들어낸 사람들도 적지 않다.

PLF는 매우 다양한 시장에 적용되어 엄청난 성공을 만들어냈다. PLF가 적용된 시장 분야 가운데 일부를 소개하면 다음과 같다.

다시 한번 말하지만, 여기 나열된 리스트는 PLF가 적용된 시장 가운데 일부에 불과하다. PLF가 적용된 시장을 전부 나열하면 지금의 리스트보다 훨씬 더 길어진다. 혹시라도 자신의 시장에서만큼은 PLF가 작동하지 않을 거라고 생각하는 사람이 있다면, 틀린 생각일 가능성이 크다.

연애상담 서비스	표면 패턴 디자인
반려동물 돌봄	시험 준비
포토샵 배우기	캘리그래피
강아지 장애물 놀이 및 대회 훈련	마사지 치료
아마존 셀러 되기	저글링
테니스 강습	퍼스널 트레이닝
대학 진학	야구
요가	소설 집필
종합격투기	아동도서 집필
유소년 축구 코칭	코바늘 뜨개질
케이크 데코레이팅	명상
손금 보기	트레이딩 (외환, 선물, 주식 등)
뜨개질	태아 알코올 증후군 치료
뇌과학	부동산 투자
뮤추얼펀드 투자	의사들을 위한 초음파 해석법
마장마술	결혼식 주례
여행	작사 작곡
악기 배우기	글로벌 비즈니스 코칭

인도어 자전거 트레이닝	자기방어법
훌륭한 부모 되기	그림 그리기
생채식	영적 성장

또한 PLF는 국가를 가리지 않는다. 지금까지 남극을 제외한 나머지 대륙에서 전부 효과적으로 작동했다.

PLF가 특히 효과적으로 작동하는 시장을 상품별로 구분해보면 다음과 같이 정리해볼 수 있다.

여기 나열된 리스트 역시 PLF가 효과적으로 작동하는 상품시장 가운데 일부에 불과하다. PLF는 상품이 판매되는 방식을 완전히 새롭게 정의했으며, 수강생들은 새로운 방식으로 시장에 접근하며 성공을 이루어내고 있다.

온라인 수업	B2B 시스템 세일즈
온라인 멤버십 사이트	예술품 거래
소형 장치 및 부품 개발	보드게임
전문 서비스(치과, 세무)	비영리단체 기금 모금
온라인 서비스	부동산
부동산 거래	선교 활동
전자책	소프트웨어
코칭	패키지 여행
소규모 모임 관리	홈스터디 관리
컨설팅	앱

이 책의 내용을
받아들일 준비가 됐는가?

지금까지 내 PLF 방식이 많은 사람들의 성공을 도와주었다는 이 야기를 했는데, 당신에게도 효과가 있을까? PLF가 당신의 성공을 도와 줄 수 있을까?

내 경험에 의하면 당신이 (가솔린이나 모래 같은) 제품을 파는 사람 이든, 아니면 (자물쇠 수리나 법무 상담 같은) 서비스를 공급하는 사람이 든, PLF는 분명히 도움이 된다. PLF는 사업의 유형이나 분야를 가리지 않고 효과가 있었으며, 그래서 나는 PLF의 효과성에는 경계가 없다고 확신한다.

이 책에서는 여러 다른 사람들의 실제 성공 스토리를 공유할 것이 다. 저마다의 인생 궤적을 가지고 있는 이들이 매우 다양한 제품 분야 와 사업 영역에서 PLF를 이용하여 성공을 이루어낸 이야기를 들을 수 있다.

에이미 스몰은 털실 판매 사업을 하며 꽤 고전하고 있었는데, PLF 의 방식을 도입한 이후 사업 양상이 완전히 달라졌다. 존 갤러거는 식용 및 약용 식물 제품을 만들어 파는 사업을 운영했고, PLF를 이용하기 전 에는 푸드 스탬프에 의존하여 가족을 부양했지만 지금은 연 매출 100만 달러가 넘는 사업을 경영하는 사업가다. 테니스 강습 프로그램 사업을 운영 중이던 윌 해밀턴은 PLF를 이용하여 브랜드를 강화하는 데 성공했 고, 지금은 세계 최고 수준의 테니스 프로들과 협업을 진행한다. 앤 라 폴리트는 회사에서 오래 재직하다 예순이 다 되어 자신의 온라인 사업 을 시작한 사람이다. 표면 패턴 디자인 만드는 법을 사람들에게 가르치 고 있으며, 창업 2년 차에 10만 달러가 넘는 매출을 올리는 데 성공했다.

이와 같은 성공 스토리에 대해 믿기 어렵다, 이해할 수 없다, 나는 못 한다는 반응이 나올지도 모르겠다. 그러나 이 책을 다 읽고 난 후에는 이와 같은 성공이 가능하다는 것을 알게 될 것이다. PLF는 당신의 일에서도 그 효과를 반드시 낸다.

이 책의 진행을 개괄적으로 설명하면 다음과 같다.

'PLF의 비밀'에서는 전체적인 프로세스를 비롯하여 PLF의 기본적인 장치들, 즉 이메일 리스트, 심리적 방아쇠, 사이드웨이 세일즈 레터 Sideways Sales Letter® 등에 대해 다룰 것이다. 'PLF 진행하기'에서는 PLF의 진행, 즉 프리-프리런칭, 프리런칭, 오픈 카트 등의 과정을 다룰 것이다. 'PLF 활용하기'에서는 시드런칭(완전 처음으로 시도하는 런칭), JV런칭(대규모 런칭), 라이브런칭 등을 설명하며, 소셜미디어와 유료 트래픽 같은 PLF의 활용에 대해 논할 것이다. 그리고 마지막 'PLF 이후의 삶'에서는 PLF로 달라지는 인생에 대해 이야기한다.

책을 본격적으로 시작하기에 앞서 분명하게 말하지만, PLF는 쉬운 과정도 아니고, 자동적으로 성과를 만들어주는 방법도 아니다. PLF는 상당한 노력을 요하는 방법론이다. 앞서 말했듯이 이 책은 부자가 되는 속성과정을 알려주는 책이 아니다. 하지만 이 책의 방법을 이용하여 성공적인 온라인 비즈니스를 이루어낸 사람들이 셀 수도 없이 많이 존재하는 것은 분명한 현실이다. 이들은 PLF를 이용하여 제품 혹은 사업을 효과적으로 런칭했으며, 그 결과 즉각적으로 매출을 키우고 사업 추진력을 얻는 데 성공했다.

자신감이 좀 드는가? 이 성공의 대열에 동참할 준비가 되었는가? 이제 PLF의 기본 구조에 대해서부터 말하겠다. PLF가 매우 다양한 시장과 상품과 사업 유형에 대해 효과적인 동시에 완전히 혁신적인 방법임을 실감하게 것이다.

2장

PLF는
어떻게 작동하는가

존 갤러거의 삶은 정신없이 바빴다. 아내와 두 아이가 있고, 침술을 가르쳐주는 학교에 진학할 계획이었고, 설립 단계부터 관여한 비영리단체 WASWilderness Awareness School에서 전임으로 활동하고 있었다. 존을 만나본 사람이라면 그가 열정과 에너지로 넘치고 매우 성실한 사람이라는 걸 누구나 알 수 있다. 하지만 존에게는 늘 시간과 돈이 부족했다(비영리단체의 상당수는 충분한 활동비나 급여를 지급하지 못한다). 가족을 부양하기 위해서는 지역사회의 도움을 받아야 했다. 그는 자신이 푸드 스탬프(취약계층에 식료품 구매비를 지원하는 미국의 사회보장제도)에 의존해야 할 거라고는 생각해본 적이 없었다. 그는 사업을 하고 싶었고, 괜찮은 사업 아이디어도 가지고 있었다.

한편 존은 식용이나 약용 식물과 허브를 활용하는 일에 관심이 많았고, 아이들이 허브에 대해 배울 수 있는 교육용 보드게임도 아내와 함께 개발한 바 있었다. 존은 아내와 함께 개발한 그 게임을 시장에 내놓고 싶어 했다.

보드게임을 출시하려면 최소 주문량을 맞춰야 하기에 상당한 초기비용을 들여야 한다. 존은 아버지에게 약 2만 달러를 빌려 보드게임 1500세트를 제작했다. 수많은 창업자들이 그랬듯 그는 자신의 사업을 시작하기 위해 기꺼이 빚을 냈다. 존은 일단 매출이 궤도에 오르기만 하면 빚은 금세 갚을 수 있다고 생각했다.

그러다 보드게임 공장에 주문한 물량이 집에 도착하는 바로 그 날이 되어서야 그는 1500개가 얼마나 많은 양인지 비로소 알게 되었다. 배달 트럭에서 끝도 없이 내려지는 상자들에 흥분은 걱정으로 변해가기 시작했다. 게임 상자들은 차고를 다 채웠고, 그다음에는 남는 방 하나를 다 채웠고, 그다음에는 욕실 하나를, 심지어 샤워부스까지 다 채웠다.

하지만 존은 걱정은 옆으로 밀어두었다. 직접 만든 보드게임을 세상에 내놓아야 할 때였기 때문이다. 제작한 게임 세트는 아주 예쁘고 완성도도 높았다. 앞으로 많은 가족들이 이 게임을 하며 즐거움도 찾고 허브에 대해 배우게 될 것이라고 믿었다. 존과 그의 가족은 빚도 다 갚고 성공할 수 있다고 확신했다.

존은 제품 출시 파티를 기획하고, 친구들을 비롯하여 자신의 지인들을 잔뜩 초대했다. 그 파티로 보드게임을 얼마나 팔 수 있을지도 모르는 일이었지만 어쨌거나 존은 단 한 가지 시나리오는 전혀 생각하지 않고 있었다. 바로 처참한 실패 말이다.

그 많던 사업가들의 꿈은
어디로 갔을까

사업을 시작하는 데는 훌륭한 아이디어 외에도 훨씬 많은 것들이 필요하다. 사실 창업에 도전했다가 영혼까지 박살나는 참담한 실패로 끝이 나는 사례는 셀 수도 없을 만큼 많다. 쇼핑몰에 새로운 상점이 열리고 도심에 새로운 음식점이 생기지만, 얼마 후에는 '임대'라는 종이가 붙게 된다. 누군가는 의욕적으로 블로그를 시작하고 예쁘게 꾸미지만 금세 방치되기 일쑤다. 방문자도 없고, 댓글도 없고, 새로운 글도 더 이상 올라가지 않는다. 너무나도 마음 아픈 일이다. 그렇게 무너져내린 건 단지 하나의 사업이 아니라 누군가의 꿈이기 때문이다. 그 꿈을 실현하기 위해 수많은 시간과 돈이 투입되었지만, 결국엔 실패만이 남았을 뿐이다.

존 갤러거의 경우는 더욱 참담했다. 그가 제품 출시 파티를 통해 판매한 보드게임은 고작 12개였다. 그러니까 1488개를 더 팔아야 했다. 그의 인생에서 이렇게나 낮은 실적을 낸 건 이번이 처음이었다. 그는 패배감을 느꼈고 자신의 실패를 말해주는 증거들에 둘러싸이게 되었다. 그와 그의 가족은 팔리지 않은 게임 상자들이 가득 들어차 있는 집에서 살아야 했다. 그런 집에서 살다보니 마치 게임 상자들이 하루 종일 자신을 내려다보는 것 같았다. 게다가 존에게는 더 큰 문제가 있었다. 앞으로 무엇을 해야 할지 감을 잡을 수 없다는 것이었다. 그는 깊은 빚의 구덩이에 빠진 상태였고, 당장 빠져나올 수 있는 방법이 보이지 않았다.

사업을 시작한 많은 사람이 그랬던 것처럼 존은 자신의 꿈이 산산이 부서지는 걸 지켜봤다. 이른 바 '희망 마케팅'을 좇다가 그렇게 된 것이다. 그는 자기 제품을 만들고 그것이 잘 팔리기를 희망했다. 어떤 사업가가 제품을 만들고 그것이 잘 팔리기를 바라기만 하다가 실패한다는 이야기는 아주 흔하다. 다만 존의 경우는 그 흔한 결말과는 아주 다른 이야기로 이어졌지만 말이다.

패배를 뒤로하고 승리를 이뤄내다

존은 아내의 설득에 구글에서 제품 런칭 방법을 찾아보았고, PLF 코칭 프로그램을 알게 되었다. 프로그램의 가격이 저렴하지는 않았기 때문에 존은 아버지를 찾아가 돈을 더 빌렸다. (내가 개발한 코칭 프로그램은 결과적으로 효과가 있었지만, 그것 때문에 돈까지 빌리라고 말하고 싶지는 않다.)

존은 곧바로 PLF를 공부하기 시작했고, 그것이 자신의 보드게임을 시장에서 판매하는 데 딱 맞는 공식이라는 걸 금세 알게 되었다. 그렇게 몇 주 만에 그는 제품 런칭을 위한 새로운 계획을 수립했고, 그 계획을 실행할 준비를 마쳤다. 런칭을 준비할 때 존이 추가로 들인 돈은 거의 없었다. PLF는 막대한 비용으로 비즈니스를 해결하는 것이 아닌, 효과적인 접근법을 제시하는 프로그램이다. 이제 존은 새로운 접근법에 기반한 제품 런칭을 앞두고 있었다.

새로운 프로그램의 결과를 확인하기까지는 오래 기다릴 필요가 없었다. 그리고 그 결과는 놀라웠다. 실패한 첫 번째 시도와는 완전히 달랐다. 런칭 초기에 존은 670개의 게임을 팔았고, 2만 달러의 매출을 냈다! 게다가 새로운 런칭을 위해 사용한 돈은 거의 없었기 때문에 이 매출액은 게임제작에 투입된 비용을 상쇄하는 데 거의 전액 사용될 수 있었다.

존의 보드게임 판매를 점수로 정리하면 희망 마케팅의 점수는 12점이고 PLF의 점수는 670점이다. 점수가 55배로 늘어난 셈이다. 게임 한 개의 가격이 30달러였으니, 돈으로 환산하면 360달러 대 2만 100달러가 된다. 분명히 말하지만 이 새로운 제품 런칭에 있어 존은 광고비를 한 푼도 쓰지 않았다. 홍보대행사를 쓰지도 않았고, 미디어 광고도 하지 않았다. 그는 새로운 런칭을 실행할 때 본인이 가진 것 외에는 사용하지 않았다. 심지어 그는 컴퓨터도 빌려서 사용했고, 지역 도서관의 공유 인터넷을 사용했다.

존이 새로운 런칭 초기에 이루어낸 성공은 정말로 대단한 것이었지만, 그건 시작일 뿐이었다. 그의 보드게임은 지금까지 15만 개가 넘게 팔렸다. 그는 사업의 영역을 계속 확장 중인데, 그가 만든 허브멘토닷컴 같은 경우도 상당히 성공적으로 자리를 잡고 있는 중이다. PLF를 활용한 이후 지금까지 존의 성과를 보면 그가 새로운 런칭 초기에 이루어낸 성과는 평범해 보일 정도다. 존이 이루어낸 엄청난 성공 스토리에 대해서는 뒤에서 더 상세하게 다룰 것이다. PLF 프로그램에 기반하여 제대로 실행된 제품 런칭이 단기간에 어떤 결과를 만들어낼 수 있는지를 보여주는 매우 좋은 사례이기 때문이다. 이제 존의 이름 뒤에는 푸드 스탬프에 의존하다 수백만 달러 규모의 사업을 소유하게 된 사람이라는 말이 붙는다.

제품 런칭 당시 존이 가지고 있던 자산이라고는 짧은 이메일 리스트 하나뿐이었다. 그와 이메일로 연락을 주고받던 사람들의 이메일 리스트였다. 이메일 리스트가 지니고 있는 엄청난 잠재력에 대해서는 다음 장에서 다룰 것이다. 다만 여기서 짧게 설명하자면, PLF에 이메일 리스트를 결합하는 것은 돈을 찍어내는 자격증을 취득하는 것과 다를 바 없다고 말하고 싶다.

이 책의 숫자들은 전부 진짜다

지난 장에서 나는 엄청난 숫자들을 보여줬다. 우리 집 지하실에서 아무것도 없이 사업을 시작하여 한 주에 10만 6000달러를 벌어들였던 일 같은 것들 말이다(그 당시 내 사업에는 직원도 없었고, 물리적인 판매점도 없었고, 창고도 없었다. 오직 인터넷이 되는 컴퓨터만 있었을 뿐이다). PLF를 활용한 사람이 단 하루 만에 108만 달러의 매출을 올린 일도 얘기했다. 그 친구 역시 사무실도 없었고 직원도 거의 없었다. 그다음에 나는 한 시간 동안에 100만 달러가 넘는 매출을 올렸을 정도로 성공의 수준을 높였다(이 때에도 나는 여전히 집에서 일을 하고 있었고, 나 혼자서 모든 일을 처리하고 있었다).

내 프로그램의 수강생들과 고객들이 이루어낸 성공에 대해서도 얘기를 했다. 그들은 다양한 유형의 시장에서 온갖 종류의 제품들을 팔면서 10억 달러가 넘는 매출을 이끌어냈는데, 그들 가운데 상당수는 아무런 자산 없이 소규모 사무실만을 운영하며 그와 같은 성과를 이루어냈다. 그리고 존 갤러거가 있다. 그는 생활비가 부족하여 푸드 스탬프에 의존하는 상황에서 사업을 시작했지만, 지금은 수백만 달러 규모의 매출을 내는 사업을 소유하고 있다.

물론 내가 보여주는 숫자들이 터무니없어 보일까 걱정이 되기도 한다. 이제 막 이 책을 읽기 시작한 상황에서 그런 엄청난 성과들을 사실로 받아들이는 게 어려울 수 있다는 점은 나도 잘 알고 있다. 하지만 두 가지를 기억해주었으면 한다. 첫째, 내가 제시하는 숫자들은 전부 진짜다. 둘째, 내 첫 번째 성과는 1650달러였고 나는 그런 결과에 충격을 받았었다. 나도 처음에는 존 갤러거나 내 프로그램의 많은 수강생과 마찬가지로 완전히 미숙한 사람이었다.

만약 사업을 처음 시작했을 때의 나와 같다면 지금 당장 상품을 런칭하여 100만 달러 수준의 성과를 낼 가능성은 복권 1등에 당첨될 가능성보다 아마도 더 작을 것이다. 그건 시작하자마자 단번에 이루어낼 수 있는 게 아니다. 하지만 내가 그랬듯 아무것도 없이 시작을 하고, 빠르게 사업을 만들고, 빠르게 성과를 높여나갈 수 있다. 이것만은 확실하다.

나는 이 책을 통해 PLF를 활용하는 방법을 상세히 알려주고자 한다. 그에 앞서 보통의 사람들이 엄청난 사업을 이루어내는, 초기 투자금이 거의 없는 상태에서 빠르게 이루어내는 '숨겨진' 세상을 공개한다.

'숨겨진' 세상과 마케팅의 발전

내가 처음 사업을 시작했던 1990년대 중반부터 2000년대 초의 시기에 나는 대다수가 모르던 비즈니스의 '숨겨진' 세상을 알게 되었다. 그 세상에는 기회의 제한이 거의 없으며, 다양한 사람들이 무일푼에서 부자가 되는 일이 빈번하게 일어나고 있었다. 이제는 그 '숨겨진' 세상을 아는 사람들이 많아지기는 했지만, 여전히 대다수에게는 비밀로 남아 있다.

그 세상에서는 누구나 아이디어만 가지고, 아무런 투자금 없이도, 며칠 만에 자신의 사업을 시작하는 게 가능하다. 자신의 집을 업무 공간으로 사용해 즉흥적으로 사업을 시작했다 하더라도 그 사업을 수백만 달러 매출을 내는 회사로 성장시키는 게 가능하다. 시간과 공간의 제약도 받지 않는다. 원하는 스케줄에 따라 일을 할 수 있으며, 원한다면 발리 같은 휴양지에 자리를 잡고 일을 할 수도 있다. 많은 것을 가지고 있지 않아도 사업을 시작할 수 있고, 추가 자본이 없어도 성공을 향해 나아갈 수 있다.

그리고 그 세상에서는 사업 경력과 성공 여부가 상관이 없다. 아무런 사업 경력이 없어도 사업을 성장시키는 것이 가능하며, 어떤 계기를 통해 소득을 단번에 크게 늘리는 것도 가능하다. 보통의 사람들이 아무런 기반 없이 사업을 시작하고, 부자가 될 수 있다.

그 세상은 바로 다이렉트 마케팅 기반의 온라인 비즈니스 창업의 세상이며, 나는 운 좋게도 그 세상이 시작된 초기에 그곳으로 뛰어들게 되었다. 나의 인생은 그전과는 완전히 달라졌으며, 다른 수많은 사람들의 인생 역시 그렇게 되었다. 다이렉트 마케팅 기반의 온라인 비즈니스의 발전 역사는 놀라운 이야기들로 가득하다. 그 세상의 시작부터 직접 경험하고 목도한 것들이 많기 때문이다. 하지만 이 책에서는 PLF에 집중할 것이다. PLF를 이용하여 사업을 시작하고, 사업을 성장시키고, 일과 인생에서 성공을 이루어내는 방법을 많은 사람에게 알려주기 위해 이 책을 쓰게 됐다.

분명히 얘기하지만, 하려는 사업의 규모와 유형이 무엇이든 (혹은 이루고자 하는 꿈이 무엇이든) 당신은 그 세상에서 꿈을 이룰 수 있다.

내가 온라인 비즈니스를 시작했던 1996년 무렵은 인터넷 이용자들의 숫자가 매우 빠른 속도로 늘어나던 때였다. 인터넷의 성장 속도는 기하급수적이라는 표현이 딱 들어맞는 수준이었다. 시간이 지날수록 인터넷 이용자들의 숫자는 빠르게 증가했다. 갑자기 모든 사람이 인터넷에 대해 이야기하기 시작했다. 그런데 그 당시만 하더라도 인터넷을 비즈니스에 이용하는 법을 제대로 알고 있던 사람은 아무도 없었다. 다들 "어떻게 해야 이걸로 돈을 벌 수 있을까?"라며 인터넷의 이용에 대해 고민하는 정도였다.

대기업들은 인터넷으로 뭘 하겠다는 계획조차 세우지 않고 있었다. 돌이켜보면 그 당시의 인터넷은 안정적인 비즈니스 기반을 갖춘 곳이 아니라 개척 시대 미국 서부 같은 곳이었는데, 이는 대기업들이 선호하지 않는 환경이다. 초기의 인터넷은 '몸집이 작은 기업들'에게 더 적합한 곳이었고, 실제로 초기 인터넷 시대에 성과를 낸 건 거의 다 규모가 크지 않은 기업들이었다.

초기의 인터넷은 소규모 사업체들이 새로운 사업을 시작하기에 완벽한 기회를 제공했다. 사업을 시작하는 비용이 매우 적게 들고, 시간의 제약이 없으며(이것이야말로 온라인의 본질이다), 사업을 하는 물리적인 장소가 별로 중요하지 않다는 특징 때문이다. 게다가 진입장벽이 높지 않고, 규제가 거의 없었으며, 실시간으로 전 세계 시장에 접근할 수 있었다. 무엇보다 인터넷은 매우 빠르게 성장하는 시장이었다.

초기의 인터넷 사업은 주로 '정보'를 제공하는 일에 관한 것이었는데, 이때 정보는 크게 두 가지로 분류될 수 있었다. 하나는 (기타 치는 법 강습, 크라운몰딩 설치하는 법 강습 같은) 문제를 해결해주는 정보였고, 다른 하나는 (이야기, 사진, 게임 같은) 재미를 주는 정보였다.

내가 온라인 비즈니스를 시작했던 1996년 무렵 온라인 비즈니스 기업들 가운데 이익을 내는 기업들의 숫자를 정확히는 알 수 없지만, 그 숫자가 그리 많지는 않았을 것이다. 내 추측으로는 많아야 몇 백 개 정도였을 텐데, 어쨌든 전체 온라인 비즈니스 기업들 가운데 이익을 내는 기업들의 비중이 매우 작았던 것만큼은 분명하다. 하지만 그 숫자는 빠르게 증가했다. 인터넷이라고 해서 사업의 법칙을 역행하는 것은 아니라서 창업하는 사업체들 가운데 대부분은 오래 존속하지 못하지만, 어쨌든 스타트업의 숫자가 늘어나면 그에 따라 이익을 내는 온라인 비즈니스의 숫자도 늘어나게 된다.

그리고 이익을 내는 온라인 비즈니스들 중에서 진정한 시장 개척자들이 나타나게 된다. 그 시기에 나타났던 온라인 비즈니스의 진정한 개척자들 가운데 하나가 아마존의 제프 베이조스Jeff Bezos다. 이처럼 1996년 무렵은 인터넷 비즈니스의 세상이 막 생겨나던 시기였고, PLF를 구성하는 방법론과 개념들은 그 시기의 혼돈 속에서 생겨난 것들이다.

비즈니스의 방식이 완전히 달라졌음을 이제는 깨달아야 한다

지금까지 PLF를 계속 언급해왔는데, 이쯤 되면 다음과 같은 질문이 나올 것 같다. "PLF가 정확히 뭐야?" 그리고 더욱 중요한 질문도 있다. "그게 내 비즈니스에서도 작동을 할까?"

PLF를 큰 그림으로 설명하면 다음과 같다. PLF는 당신의 표적시장이 당신의 제품을(혹은 당신의 사업을) 너무나도 필요로 한다는 점을 인식시켜 그 표적시장이 당신에게 제품의 판매를 요청하도록 만드는 시스템이다. 그리고 이와 같은 일은 제품 출시 이전에 일어난다.

PLF는 모든 종류의 시장과 모든 종류의 제품에 효과가 있으며, 새로운 제품을 출시하거나 새로운 사업을 시작할 때의 모든 상황에 적용이 가능하다. 나는 1996년부터 지금까지 PLF를 실제로 사용하며 이를 보완 수정해왔고, 2005년부터 이에 대한 유료 강습을 해오고 있는데,

PLF가 만들어내는 성공을 계속 목도하는 중이다. 수강생들이 만들어내는 이 시스템의 효과성에 증거는 셀 수도 없을 정도로 많다.

모두가 알고 있는 사실부터 이야기해보겠다. 1990년대 후반부터 이어져온 인터넷과 디지털 미디어의 성장은 우리가 살고 있는 세상을 근본적으로 바꾸어놓았다. 지금 우리는 그전과는 완전히 다른 세상에서 살고 있으며, 예전의 세상으로 되돌아가는 일은 없을 것이다. 특히 비즈니스 쪽에서는 이와 같은 변화가 더욱 두드러진다. 인터넷과 디지털 미디어의 성장으로 인해 비즈니스가 작동하는 방식은 크게 달라졌는데, 그 변화를 이끌어낸 요인들 가운데 우리는 다음과 같은 세 가지 요인들에 집중하려고 한다.

1 소통의 속도 오늘날 우리는 그 어느 때보다도 훨씬 더 쉽고 빠르게 시장과 소통하고 있는데, 이 변화는 너무나도 명백해서 이제는 사람들이 신경 쓰지 않고 있을 정도다. 지금은 이메일을 작성하고 수많은 사람들에게 이메일을 발송하는 일이 당연하게 여겨지고, 사람들은 받은 이메일을 곧바로 읽어볼 수 있다. 소셜미디어에 새로운 자료를 업데이트하면 당신의 팔로워들은 게시글을 즉각 확인할 수 있다. 그 전에는 최초의 구상이 제안되고, 창작 과정을 거치고, 작품으로 완성되고, 시장에서 소비되기까지의 과정이 짧아야 며칠이나 몇 주, 보통은 몇 달씩 걸렸지만, 지금은 이 과정이 전부 몇 분 만에 끝날 수도 있다.

2 소통의 비용 이메일이나 소셜미디어를 이용하는 데 소요되는 비용은 아주 저렴해졌다. 이제는 개인도 게임을 만들고 판매하는 것이 가능하다. 진입장벽이 사라진 것이다. 게임을 판매하기 위해 필요한 것이 무엇일까? 페이스북, 인스타그램, X(이하 '트위터') 등에 계정을 만들고,

게임의 출시를 발표하면 된다. 10년 전만 하더라도 게임의 출시를 발표하고 판매하기 위해서는 아무리 적어도 수천 달러의 비용을 들여야만 했다.

3 **상호작용의 수준** 팔로워들이 메시지에 응답을 했다면 그때부터 온갖 종류의 트래킹 데이터를 얻게 된다. 그리고 이를 통해 메시지에 대한 표적시장의 반응을 확인할 수 있다. 거의 실시간으로 말이다. 몇 년 전까지만 하더라도 개인이 뭔가를 출시한다는 것은 아무도 없는 산속에서 소리를 지르는 것과 마찬가지의 일이었다. 여러 가지 조건이 맞아떨어져야 아주 미약한 긍정적인 반응을 얻어낼 수 있었고, 대부분의 경우는 아무런 반응도 얻지 못한 채 그대로 시장에서 사라졌다.

아마도 이와 같은 변화에 대해 별로 신경 쓰지 않았거나, 아니면 이와 같은 변화를 당연한 것으로 인식해온 사람들도 있을 것이다. 그런데 이러한 변화는 정치, 엔터테인먼트, 의료, 인간관계 등 우리 삶의 다양한 영역에서 커다란 영향을 끼치고 있다. 특히 이 책에서는 비즈니스 영역에서의 영향에 주목할 것이다. 소통의 속도, 소통의 비용, 상호작용의 수준 등에서 일어난 커다란 변화는 비즈니스와 마케팅의 작동 방식을 바꾸어놓았고, 이로 인한 새로운 환경을 이해하고 활용할 줄 아는 사업가들은 엄청난 성공을 이루어낼 수 있다. 이 책을 읽어나가다 보면 내가 지금까지 제시한 성공의 숫자들이 실현 가능한 것이라는 생각을 갖게 될 것이다.

마케팅을 이벤트로
만들라

영화에 대한 사람들의 관심을 이끌어내는 할리우드의 방식을 알고 있는가? 우선 영화 개봉 6개월 전에 (심지어는 1년 전에) 트레일러 영상을 공개한다. 그런 다음 개봉하기 몇 개월 전부터 TV 광고를 내보내고, 영화 개봉이 임박하면 영화의 출연 배우들이 유명 토크쇼 같은 방송들에 직접 출연하여 영화 홍보를 한다. 그리고 여기에 더해 소셜미디어 캠페인도 적극적으로 이루어진다.

애플이 신제품을 출시할 때는 또 어떤가? 애플은 언제나 신제품 공개를 앞두고 사람들의 관심을 대대적으로 이끌어낸다. 신제품 공개일 몇 달 전부터 모든 애플 애호가들의 커뮤니티에서는 제품이 언제 공개될지, 제품의 실제 출시일은 언제가 될지, 이번 제품이 지니고 있는 기능이나 특징은 무엇일지에 대한 온갖 루머들이 난무한다.

할리우드와 애플은 **제품이 실제로 공개되거나 출시되기 이전에** 제품에 대한 사람들의 관심을 대대적으로 이끌어낸다. 제품의 공개나 출시를 이벤트 그 자체로 만드는 것이다. 이들은 제품의 런칭에 대한 사람들의 기대를 이끌어내고, 이러한 기대는 제품에 대한 큰 관심으로 이어진다.

그런데 이와 같은 마케팅과는 다른, 내가 앞에서도 언급한 희망 마케팅이라 부르는 접근법이 있다. 제품을 개발하거나, 사업을 시작하거나, 새로운 광고캠페인을 내보내면서 막연히 일이 잘 되기를 희망하는 것이다.

희망이라는 건 좋은 말이다. 그리고 우리 삶의 많은 부분에서 놀라운 결과를 만들어내는 비결이기도 하다. 바다에서 조난사고를 당하는 경우, 희망은 조난자가 구조될 때까지 버티도록 만드는 원동력이 된다. 그런데 비즈니스 쪽에서 희망이라는 건 매우 나쁜 말이다. 그건 비즈니스의 영혼을 갉아먹는 단어다. 우리는 우리의 성공을 스스로 통제할 수 있어야 하며, 성공을 위해 최선을 다하되 요행을 바랄 수는 없다. 자기 사업의 미래를 희망이라는 단어에 의지해서는 안 된다.

제품의 출시, 사업의 런칭, 프로모션 등을 체계적으로 기획하여 제품이나 사업에 대한 잠재고객의 기대감을 한껏 높이는 건 좋은 일이다. 그렇지 않은가? 할리우드의 대형 영화배급사들이나 애플이 그러는 것처럼 말이다. 제품의 출시 직후부터 시장의 긍정적인 반응을 보고 싶지 않은가? 대형 영화배급사들이나 애플처럼 시작할 수만 있다면 사업이 얼마나 달라질지 상상해보라. 심지어 제품이 출시되기 전부터 제품에 대한 사람들의 기대감을 크게 높일 수만 있다면 그건 완전한 게임 체인저가 된다.

물론 한 가지 문제가 있다. 이런 프로모션을 하려면 수백만 달러의 예산과 최고 수준의 마케팅 조직을 보유하고 있어야 한다. 애플이나 유니버설 스튜디오 정도의 예산과 조직을 가지고 있지 못한 경우에는 결국 희망 마케팅으로 돌아가는 것 외에는 방법이 없어 보인다.

이런 상황에서 내가 제안하는 것이 바로 PLF다. 비즈니스가 행해지는 방식을 바꾸어놓은 세 가지 변화, 소통 비용의 감소, 소통 속도의 증대, 높아진 상호작용 수준을 기억하라. 성공의 열쇠가 바로 여기에 있다. 이 세 가지 변화 덕에 평범한 사람들이 경영하는 소규모 온라인 비즈니스에도 완전히 새로운 활동 무대가 열린 것이다. 이 새로운 활동 무대에는 전례 없는 새로운 기회가 있다.

대화로 시장에 접근하라

아주 일반적인 이야기를 먼저 해보겠다. 사람들은 독백이나 강의보다는 대화를 훨씬 더 즐거운 것으로 인식한다. 그리고 인터넷의 발달은 대화의 확대라는 방향으로 나아가는 거대한 흐름이라고 볼 수 있다. 전 세계의 수많은 사람들과 대화하고 소통하는 일이 인류 역사상 지금처럼 쉬웠던 적은 없다.

물론 가끔 유튜브 댓글판에서 이루어지는 사람들 사이의 대화를 읽다보면 인류의 미래에 대해 의문을 갖게 되기도 하지만, 어쨌든 오늘날의 우리는 과거 그 어느 때보다도 서로 간에 더 많은 소통을 하고 있다. 그리고 이는 비즈니스와 마케팅 쪽에서도 마찬가지다.

이제 사람들은 제품의 특징을 일방적으로 소개하는 TV 광고 같은 것에는 더 이상 관심을 갖지 않는다. 사실 사람들은 이미 오래전부터 일방적인 광고를 좋아하지 않았는데, 매우 다양한 정보에 노출이 되는 요즘에는 더욱 그런 현상이 심해졌다. 이제는 누가 "제 제품을 사세요, 제 제품을 사세요, 제 제품을 사세요!"라고 외치면 곧바로 그런 외침에 대해서는 눈과 귀를 닫는다.

따라서 잠재고객에게 접근할 때는 일방적으로 외치는 게 아니라 그들과 대화를 시도해야 한다. 예를 들어 기타를 아주 잘 치는 사람이 온라인 기타 강습을 시작하려 한다면 잠재고객에게 다음과 같은 식으로 접근할 수 있다.

안녕하세요, 제가 이번에 매주 한 곡씩 기타연주를 배우는 정말로 재미있고 새로운 방법을 찾아냈어요! 이 '비법'을 알려주는 기타 강습과정을 만들어야겠다는 생각을 하게 되어 여러분 앞에 섰습니다.

사실 이걸 비법이라고까지 할 수 있을지는 잘 모르겠습니다만, 제가 찾아낸 것과 같은 방법을 사용하거나 가르쳐주는 사람은 아직 못 봤습니다. 제 주위의 몇몇 친구들에게 이 방법을 알려줬더니 정말로 효과가 좋았고, 제 수강생들에게도 놀라운 결과가 나타났습니다.

그런데 이 새로운 기타 강습과정을 만들기에 앞서 제가 놓치고 있는 부분은 없는지, 이걸 확인하는 데 여러분의 도움이 필요합니다. 여러분이 기타연주를 처음 연습할 때 가장 어려운 점이 무엇인지 알려주실 수 있으신가요?

대화라는 건 간단하다. 질문이나 요청을 함으로써 대화를 시작하게 되는 것이다. "제 제품을 사세요"라고 일방적으로 외치는 것과는 분명히 다른 접근법이다.

잠재고객과 대화를 시작하는 걸 두고 나는 '관계 개시'라고 부르며, 이는 프리런칭을 시작하는 매우 좋은 방법이다. 지금까지 PLF가 만들어낸 성공은 셀 수도 없을 만큼 많은데, 그 출발점은 각각의 개별 시장에 알맞은 단순한 질문이나 요청이었다.

PLF의 구성 요소

PLF의 프리런칭을 시작하는 방법을 짧게 소개했는데, 아직까지는 특별한 점이 무엇인지 감이 제대로 오지는 않을 것이다. 하지만 다소 어설프게 보일 수 있는 그 시작은 수많은 성공의 출발점이었으며, 당신이 시작한 대화는 그 자체로 생명력을 지니며 성장하게 된다.

기본적으로 PLF는 순차적 접근법이다. 그리고 이야기와 심리적 방아쇠를 적극적으로 활용한다. 우선 순차적 접근법에 대해 이야기를 해보겠다.

오늘날 우리에게 매일같이 쏟아져 들어오는 정보의 양은 어마어마하다. 이메일, 보이스메일, 문자, 메시지, SNS, 눈만 돌리면 존재하는 광고들(말 그대로 눈만 돌리면 광고다)처럼 우리에게 쏟아져 들어오는 정보의 양은 증가해왔으며, 앞으로도 그렇게 될 것이다. 그리고 마케팅 메시지 역시 이러한 흐름에서 예외가 아니다.

하지만 정보를 수용하고 이해하는 사람들의 능력까지 확장된 것은 아니며, 이는 사람들이 자신에게 들어오는 정보를 차단하기 위해 부단하게 노력하고 있다는 것을 의미한다. 우리는 외부로부터의 정보를 적극적으로 회피하고 걸러낸다. 외부로부터의 정보를 차단하기 위해 첨단기술을 이용하기도 하고, 차단을 뚫고 유입된 정보라 하더라도 대부분은 그냥 무시해버린다.

전쟁터에서의 불확실성을 나타내는 '전장의 안개'라는 표현이 있다. 그런데 시장에는 '커뮤니케이션의 안개'라는 게 있으며, 이걸 뚫어내야 잠재고객에게 도달할 수 있다. 이걸 해내지 못하면 결과는 명료하다. 사업은 그대로 소멸된다.

그런데 단발성 마케팅 메시지만으로는 커뮤니케이션의 안개를 뚫어내기 어렵다. 순차적으로 여러 단계에 걸쳐 접근해야 한다. 메시지를 잠재고객에게 전달하기 위해서는 일회성 소통에 의존하는 게 아니라, 체계적이고 순차적인 소통을 해야 한다. PLF에서는 프리-프리런칭, 프리런칭, 오픈 카트, 포스트런칭 등의 단계를 거치며 순차적으로 고객들에게 접근한다.

해리포터 시리즈를 생각해보라. 해리포터 시리즈 가운데 첫 번째 책이 더 많이 팔렸을까, 아니면 마지막 책이 더 많이 팔렸을까? 답은 마지막 책이다. 해리포터는 시리즈가 진행되면서 순차적으로 더 많은 관심을 받았고 더 많은 팬들이 생겨났다. 늘어난 팬들은 시리즈 후속편의 구매자들이 되었다.

PLF를 구성하는 각 단계에 대해 짧게 설명하면 다음과 같다.

프리-프리런칭 PLF를 시작하는 단계다. 이 단계에서는 당신 제품의 충성 팬들의 기대감을 높이게 된다(물론 처음 사업을 시작하는 사람이라면 충성적인 팬이 없을 것이다. 이에 대해서 3장에서 자세히 논할 것이다). 또한 이 단계에서는 시장이 제품에 대해 얼마나 수용적인지, 그리고 잠재고객이 가지고 있는 주요한 거부감으로는 무엇이 있는지를 파악하게 된다. 거부감은 잠재고객의 제품 구매를 가로막는 주요 요인이 된다. 프리-프리런칭 단계를 거치면서 최종 판매조건은 바뀔 수도 있다.

프리런칭 이 단계는 PLF의 심장이자 영혼이다. 프리런칭에서는 보통 세 가지 프리런칭 콘텐츠를 이용하여 시장과의 친밀도를 높이게 된다. 사람들의 심리적 방아쇠를 활성화하는 것도 이 단계다. 여기서 권위, 사회적 증거, 커뮤니티, 기대감, 상호관계 등의 장치들을 이용한다. 그리고 이 단계에서는 잠재고객의 거부감에 대해서도 대응해야 한다. 프리런칭 콘텐츠, 줄여서 PLC는 보통 5일에서 12일의 기간을 두고 공개 및 배포하는데, 콘텐츠의 포맷은 동영상, 팟캐스트, PDF 문서, 웨비나, 라이브 방송 등 매우 다양한 것들이 활용될 수 있다. 물론 이런 포맷 외에도 시간이 지나면 지금은 없는 새로운 콘텐츠 포맷들이 추가로 나타날 것이다.

오픈 카트 제품이나 서비스를 판매조건과 함께 세상에 내보내고 주문을 받기 시작하는 날이 오픈 카트 데이다. 여기서 오픈 카트는 온라인 사이트에 판매를 오픈했다는 의미를 담고 있다. PLF는 순차적 접근법이며, 그동안 응축해온 힘을 터뜨리는 곳이 바로 이 단계다. 오픈 카트는 기본적으로 "이제 제품을 주문할 수 있다!"는 내용을 담고 있는 이메일로 그 시작을 알리게 되는데, 최초 판매조건이 적용된 판매는 제한된 시간 동안만 진행된다. 여기서 제한된 시간이라는 건 보통 짧으면 하루에서 길면 일주일로 정해지고, 이 시간이 지나면 최초 판매조건을 마감한다.

포스트런칭 전체적인 과정을 마무리하는 단계다. 여기서는 새로운 고객들만이 아니라, 아직 제품을 구매하지는 않은 잠재고객까지 함께 관리해야 한다. 다른 단계에 비해 긴장도는 떨어지지만, 이 단계 역시 중요하다. 브랜드의 가치와 신뢰를 높일 수 있는 기회이기 때문이다. 그리고 이 단계를 제대로 수행했다면 포스트런칭은 다음 런칭을 위한 훌륭한 자산이 된다.

보다시피 실행하기 어려운 내용은 하나도 없다! 그리고 여기에 이야기의 힘을 더할 줄만 안다면 PLF의 효과는 훨씬 크게 증폭된다.

이야기의 힘을
활용해야 한다

이야기가 지니는 힘은 강력하다. 우리 인류는 아주 오래전부터 지금까지 이야기를 통해 지혜와, 지식과, 문화를 나누고 전파해왔다. 학교에 다니면서 아주 오래전에 배웠던 것들 가운데 기억이 나는 것들을 떠올려보라. 아마도 이야기에 기반을 둔 가르침이 가장 오래 기억에 남아 있을 것이다. 종교도 마찬가지다. 종교의 가르침 대부분은 이야기라는 형식을 통해 전 세계로 확산되고 오늘날까지 이어지고 있다.

나는 이성적인 사람이고, 지식과 사실을 사랑한다. 내가 사는 세상도 그런 세상이다. 이 책에서 나는 실제의 데이터, 이론, 사례들, 그리고 더 많은 데이터를 제시할 것이다. 그런데 지금까지 내가 이야기했던 내용 가운데 가장 먼저 떠오르는 것이 무엇인지 생각해보자. 그리고 한 주가 더 지났을 때는 어떤 내용이 기억에 남아 있게 될까? 아마도 "미스터 맘이 한 주 만에 10만 달러 이상의 매출을 올렸다"는 이야기와 "푸드 스탬프에 의존하던 아빠가 연매출 100만 달러가 넘는 사업을 경영하게 되었다"는 이야기일 것이다. 이것이 바로 이야기의 힘이다.

당신의 사업과 마케팅이 사람들의 기억에 남는 것이 될 수 있으려면 거기에 이야기가 있어야 한다. 소설가가 되라는 말이 아니다. 하지만 제품이나 서비스가 잠재고객의 관심을 붙잡을 만한 이야기를 지니고 있을 필요가 있다. 그리고 그 이야기를 기반으로 잠재고객과 소통할 필요가 있다.

이야기는 잠재고객에게 메시지를 전하는 가장 강력한 수단이며, PLF에서는 숨겨진 비밀병기 가운데 하나가 된다. 특히 이야기가 가장 큰 효과를 나타내는 단계는 프리런칭이다.

그래서 프리런칭 단계에는 대부분의 경우 세 가지 PLC가 따라붙는다. 보통 영화나 소설을 보면 발단, 전개, 결말로 이야기가 구성되고, 연극에도 3막극이라는 게 있다. 세 부분으로 구성되는 이야기라는 형식은 인류에게 오래전부터 익숙한 형식이기 때문에 마케팅과 제품 런칭을 할 때 사용하지 않을 이유가 없다. PLF만 하더라도 크게 본다면 프리-프리런칭, 프리런칭, 런칭 등의 세 부분으로 진행된다고 할 수 있다.

다시 한번 강조하지만, PLF는 단순한 구조를 지니고 있으면서도 매우 강력한 효과를 만들어낸다. PLF를 순차적으로 진행해나가며 여기에 이야기의 힘까지 활용할 줄을 안다면, 매우 성공적인 사업을 만들어낼 수 있다.

심리적 방아쇠의 영향력은
시대와 국경을 넘어선다

인간은 흥미로운 존재다. 우리는 스스로가 이성적이고 논리적인 결정을 내린다고 생각하지만, 사실은 그렇지 않다. 오히려 우리가 내리는 결정과 우리의 행동은 심리적인 부분의 영향을 많이 받는다. 그런 결정과 행동을 정당화하기 위해 논리를 사용하는 것이다.

우리의 결정과 행동에 영향을 끼치는 심리적 방아쇠들이 있다. 이 심리적 방아쇠들은 우리의 의식 바로 아래에서 작용하는데, 우리의 결정과 행동에 끼치는 영향력이 무척이나 크다. 예를 들어 어떤 물건이 희소하다고 인식하게 되면 우리는 자연스럽게 그 물건에 높은 가치를 부여하게 된다. 어떤 사람을 권위자로 인식하게 되면 거의 자동적으로 그 사람의 행동이나 의견에 수용적인 태도를 지니게 된다. 그리고 우리 자신을 어떤 커뮤니티의 일원으로 인식하게 되면 우리는 해당 커뮤니티의 일원에게 기대되는 행동을 자연스럽게 취하려고 한다.

방금 언급한 희소성, 권위, 커뮤니티는 인간에게 작용하는 심리적 방아쇠의 일부분이다. 인간에게 작용하는 심리적 방아쇠는 훨씬 더 많다. 심리적 방아쇠의 영향력은 시대와 국경을 초월한다. 아마 당신이 상상하는 영향력보다 훨씬 클 것이다. 그 영향력은 앞으로 시간이 흘러도, 언어와 나라가 달라져도, 시장이 바뀌어도 전혀 줄어들지 않을 것이다.

당신이 어떤 사업을 하더라도 사업의 본질은 고객과 잠재고객에게 영향력을 행사하는 것이다. 그리고 PLF가 사람들의 심리적 방아쇠를 활성화시켜 그들에게 영향력을 끼칠 수 있도록 하는 수단 혹은 기회가 될 것이다.

이야기의 힘과 심리적 방아쇠를 함께 활용하라

이번 장에서는 PLF가 무엇인지 개괄적으로 설명했다. 그리고 앞으로는 PLF 각 단계의 진행에 대해 상세하게 설명할 것이다. PLF를 순차적으로 진행하며, 그 과정에서 이야기의 힘과 심리적 방아쇠들을 효과적으로 활용하도록 하는 것이 이 책의 목표다.

심리적 방아쇠의 경우 어느 한 가지에만 의존하는 게 아니라 여러 방아쇠들을 동시에 활용해야 한다. 그래야 메시지의 영향력을 극대화할 수 있다. '마케팅의 안개'를 뚫고 사람들을 움직일 수 있으려면 사람들의 기억에 남을 만한 강렬한 이야기를 만들고 거기에 심리적 방아쇠들을 심어놔야 한다. 제품이나 서비스가 잠재고객의 희망, 꿈, 두려움, 동경 등에 이야기로써 연결되어야 한다. 이야기를 기반으로 제품 런칭을 하나의 큰 이벤트로 만들라. 잠재고객의 상상력을 사로잡고 잠재고객으로 하여금 당신의 제품 런칭을 기다리도록 만든다면 성공 가능성은 훨씬 더 커진다. 이것이 놀라울 정도로 성공적인 제품 런칭을 위한 PLF다.

기존의 희망 마케팅 방식으로 12개의 보드게임만을 팔았던 존 갤러거는 PLF를 이용하면서 곧바로 670개의 보드게임을 팔았다. 그리고 나중에는 자신이 찾아낸 작은 영역에서 확고하게 자신의 사업을 구축하는 데 성공했다.

PLF에는 핵심이 되는 도구가 있다. 나는 이 도구가 '돈 찍어내는 기계'가 되어줄 거라고 확신한다. 이 도구에 대해 돈 찍어내는 기계라는 표현을 쓴 건 정말로 그렇게 생각하기 때문이다. 당신도 그 기계를 한 대 들일 수 있다.

내가 말하는 돈 찍어내는 기계는 다름 아닌 이메일 리스트다. 그리고 이것이 다음 장의 주제다.

3장

이메일 리스트는
돈을 찍어내는 기계다

지금까지 몇 가지의 실제 런칭 사례들을 소개했는데, 그 과정에서 '마우스 클릭'이나 '전송 버튼' 같은 표현이 사용되었고, 이와 같은 표현들은 앞으로도 계속 사용될 것이다. 혹시 클릭을 하거나 버튼만 누르면 마법과도 같은 일이 일어나는 걸까? 그렇다면 그런 버튼은 어디에서 찾을 수 있는 걸까?

마법의 버튼 같은 것은 어디에도 없지만, 런칭을 시작하려면 버튼을 누르기는 해야 한다. 그 버튼을 누르면 상상했던 일이 현실이 될 수도 있다. 바로 이메일 리스트에 있는 주소로 이메일을 전송하는 버튼 말이다. 런칭을 위한 연료는 바로 여기에서 만들어진다.

물론 아무런 기반도 없이 처음 사업을 시작하는 경우라면 이메일 리스트가 아직 없을 수도 있다. 그건 괜찮다. 다들 처음에는 그렇게 시작하고, 나 역시도 그랬다. 이번 장에서는 이메일 리스트를 만드는 방법부터 시작할 것이다. 만약 당신에게 기존의 고객들이 있고 이미 이메일 리스트가 있다면 당신은 다른 사람들에 비해 한참 앞서나가고 있는 셈이다. 그만큼 런칭을 훨씬 더 빠르게 시작할 수 있기 때문이다.

이메일 리스트를 마련하고 그를 PLF에 활용하기 시작한다면 이제 돈을 찍어낼 수 있는 능력을 보유한 것과 마찬가지다. 이메일 리스트는 로켓의 발사 버튼과 같다. 이는 내가 직접 경험한 바가 있기에 이야기를 들려줄 수 있다. 우리 부부는 원래 살던 덴버에서 이사를 가야겠다는 판단을 내리기는 했지만 당장은 시기가 적절치 않다고 생각했다. 내 사업은 이제 막 매출이 발생하기 시작했고, 아내도 이제 막 직장을 그만두고 집에서 아이들과 함께 시간을 보내며 내 일을 도와주기 시작했던 때였다. 우리는 콜로라도의 산과 가까운 쪽으로 이사를 가고 싶었다. 특히 콜로라도 남서부에 있는 아름다운 동네인 두랑고가 마음에 들었다. 하지만 직장을 그만 둔 메리가 집에서의 생활에 완전히 적응할 때까지는 기존에 살던 집에서 계속 사는 게 좋겠다는 생각이 들었다. 게다가 내 사업에서 발생하는 수입이 우리 가족의 부양에 충분한지 아직 확고한 자신감이 들지 않았기 때문에 상황을 지켜보다가 이사를 가는 편이 여러모로 합리적이었다.

그런데 최고의 계획이라는 건 즉흥적인 계획인 경우가 많은 게 세상일이다. 아내 메리가 기존의 직장을 그만둔 지 두어 달 쯤 된 시점에 우리는 주말에 두랑고를 방문했다. 그리고 그곳에서 마음에 드는 집을 발견했다. 말 그대로 우리가 꿈꾸던 집이었다. 마침 집도 비어 있는 상태로 매물로 나와 있었다. 분명 머지 않아 팔릴 게 분명한 집이었다.

문제는 이사 시기였다. 우리는 적어도 아이들이 다니던 학년은 마친 후에 이사를 가고 싶었다. 그렇다면 기존에 살고 있던 집을 매물로 내놓기에 앞서 두랑고의 집을 미리 계약해두는 방법이 있는데, 그러기 위해서는 돈이 더 필요했다. 7만 달러 정도의 돈이 더 필요했다.

이런 상황에서 대부분의 사람들은 은행이나, 지인이나, 다른 가족으로부터 돈을 빌릴 생각을 할 것이다. 그러나 내 경우는 그렇지 않았다. "뭘 팔아야 할까? 이메일 리스트의 사람들에게 어떤 상품을 팔면 단기간에 필요한 돈을 마련할 수 있을까?" 나는 이런 생각부터 떠올렸다.

이것이 이메일 리스트의 힘이다. 이메일 리스트를 가지고 있다는 건 원하는 경우 돈을 만들어낼 수 있다는 걸 의미한다. 내 경우가 그랬다. 나는 내 이메일 리스트에 있는 사람들과의 기존 교류 내용을 참고하여 그들이 원할 거라고 생각하는 상품을 구상해냈다. 그리고 그 상품의 런칭을 곧바로 준비했다.

1장에서 "한 주 만에 10만 달러가 넘는 매출을 만들어냈다"고 했는데, 내 첫 번째 수억 달러 매출 런칭의 배경에는 이런 이야기가 있다. 그렇게 해서 내가 한 주 만에 벌어들인 돈은 10만 6000달러였고, 순이익은 10만 3000달러였다. 새 집의 계약금으로 쓸 돈을 금세 만들어낸 것이다. 이메일 리스트가 있고, 그를 기반으로 PLF를 효과적으로 활용한다면 그건 돈을 찍어내는 기계가 된다.

다만 이건 어느 순간 갑자기 만들어지는 마법 같은 건 아니다. 내게는 그런 능력이 없다. 이메일 리스트를 만드는 일은 상당한 노력을 요하는 일이다. 하지만 누구라도 할 수 있는 일이다. 이메일 리스트는 사업과 인생에 있어 매우 소중한 자산이 된다. 그런 가치 있는 자산이 당신 삶의 모든 측면에 대해 어떤 변화를 만들어낼 수 있을지 생각해보라.

반응이 오는 이메일 리스트는 삶을 바꿀 수 있는 막대한 힘을 지니고 있다. 이번 장에서 그런 이메일 리스트를 만드는 법을 배울 것이다.

온라인에서는
이메일 리스트가 최고의 무기다

이메일 리스트의 작성은 내가 소유한 모든 사업에 있어 내가 항상 신경 쓰는 핵심전략들 가운데 하나다.

이 책에서 다른 것들은 다 놓치더라도 이메일 리스트 작성에 관한 개념 하나만 잡고 가도 책 값의 1만 배가 넘는 가치를 얻는 것과 마찬가지다.

그렇다면 이 책에서 말하는 이메일 리스트는 정확히 무엇을 의미하는 걸까? 답은 정말로 간단하다. 당신으로부터 이메일을 수신하겠다고 신청한 사람들의 이메일 리스트를 의미한다. 일반적으로 대부분의 웹사이트에는 이메일을 받고자 하는 사람들이 자기 이메일 주소를 입력하는 온라인 양식이 있다. 지금까지 수많은 이메일 리스트에 자신의 이메일을 입력했을 것이다. 관심 주제에 관한 소식을 지속적으로 듣기 위해서 혹은 온라인 판매점의 최신 소식을 받기 위해서 말이다.

사람들을 이메일 리스트에 넣기 위해서는 끌어들일 무언가가 필요하다. 뉴스레터, 어떤 주제에 관한 정기적인 정보, 특별 할인에 대한 정보, 새로운 콘텐츠 같은 것 등이 있다. 무엇이 되었든 당신은 사람들이 필요로 하는 뭔가를 제공하고, 그 대가로 사람들의 이메일 주소와 이메일 수신 동의를 얻어내는 것이다.

예를 들어 나는 스키 타는 걸 좋아하기 때문에, 겨울이 되면 집 근처에 있는 두 곳의 스키장으로부터 매일 눈에 관한 정보를 받아본다.

매일 아침이 되면 스키장 두 곳에서 밤 사이 눈이 왔는지를 알려주는 이메일을 보내온다. 또한 나는 몇 곳의 웹사이트들로부터 새로운 기타 강습법에 관한 정보를 받는다. 맥 컴퓨터 유저로서 새로운 맥 소프트웨어에 대한 소식도 받고 있다. 나는 이 밖에도 수많은 이메일 리스트에 내 이메일을 올려놓았다. 당신 역시 마찬가지일 것이다.

일단 사업에 필요한 이메일 리스트를 갖게 되었다면 자신이 계획하는 성공을 향해 크게 전진한 셈이다. 어떤 유형의 사업이라도 이 사실은 달라지지 않는다. 이메일 리스트는 가장 중요한 자산 가운데 하나다.

드라이클리닝 매장을 경영하는 경우 정기적으로 매장을 방문해주는 고객들은 사업의 가장 중요한 고객들이다. 음식점을 경영하는 경우 매주 1회, 혹은 매월 1회씩 방문해주는 고객들은 사업이 유지되도록 해주는 존재들이다. 하지만 온라인의 세상에서는 모든 게 더 빠르고 규모도 더 커진다. 잠재고객의 리스트에 있어서도 마찬가지다. 온라인 세상에서는 이메일 리스트가 당신의 모든 것이다. 말 그대로 모든 것이다.

이메일 리스트를 만들고 실제로 이메일 전송 버튼을 눌러보기 전까지는 이메일 리스트의 힘이 어느 정도나 되는지 실감할 수 없을 것이다. 그러다 이메일 전송 버튼을 눌러보면 단지 몇 초 만에 사람들이 응답하기 시작하고, 웹사이트에 접속하는 사람들의 숫자가 늘어나는 걸 확인하게 될 것이다. 이메일 리스트가 지니는 거대한 힘을 확인하는 순간 당신의 인생은 이전과는 완전히 달라진다.

지금은 데이터 트래킹 기법들이 너무나도 많기 때문에 이메일 전송이 만들어내는 결과를 실시간으로 확인할 수 있다. 대형 이메일 리스트가 있더라도 (여기서는 1만 개 이상의 이메일 주소를 가지고 있는 리스트를 대형 리스트라고 하겠다) 몇 분이면 전체 이메일 주소에 대한 이메일 발송이 완료된다. 그리고 이메일이 일단 전송되면 그에 대한 사람들의 반응은 몇 초만 지나도 나타나기 시작한다. 정말로 큰 대형 이메일 리스트를 이용할 때는 (내 경우에는 30만 개가 넘는 이메일 주소를 가지고 있으며, 세상에는 이것보다 훨씬 더 큰 이메일 리스트도 많이 있다) 트래픽 초과 등의 문제도 신경 써야 한다. 예전에 JeffWalker.com에 첫 블로그 포스트를 올리면서 나는 그 사실을 내 이메일 구독자들에게 알렸는데, 한 꺼번에 너무 많은 수의 사람들이 내 블로그에 몰리면서 서버 용량이 초과되어 문제가 발생했던 적이 있다.

사실 이메일 리스트에 대한 논의 시작부터 너무 기술적인 주제를 다루거나, 발생 가능성이 매우 낮은 문제에 대해 이야기하고 싶지는 않다. 이제 막 이메일 리스트를 만들기 시작했다면 서버 용량 초과 같은 문제는 앞으로도 오랫동안 신경 쓰지 않아도 된다. 내가 서버 용량 초과에 대해 이야기를 한 건 이메일 리스트가 지니고 있는 힘을 다시 한 번 강조하기 위해서였다.

온라인 비즈니스를 하는 사람들이 하는 이야기가 있다. "전송 버튼을 누르고, 돈을 벌어라." 이메일 리스트를 갖는다는 건 의지에 따라 돈을 만들어낼 수 있는 힘을 가졌다는 말이다. 나는 우리 아이들의 대학교육비도 따로 저축하지 않는다. 나에게는 이메일 리스트가 있기 때문이다.

스팸메일은
절대로 안 된다

논의를 더 진행하기에 앞서 분명히 해둘 점이 있다. 보내는 이메일이 스팸메일이어서는 절대로 안 된다. 이메일 리스트는 이메일 수신에 동의한 사람들의 이메일 주소로 구성된 합법적인 것이어야 한다.

스팸메일에 대한 정의는 매우 다양하고, 시간이 흐르면서 계속 변하기도 한다(스팸메일에 관한 법규정도 계속 변하고 있다). 하지만 상대방이 요청하지 않은 상업용 이메일은 전부 스팸메일로 보는 게 사업을 하는 사람의 올바른 태도다. 나는 1996년부터 온라인 사업을 해오고 있는데, 지금까지 한 단 통의 스팸메일도 보낸 일이 없다. 내가 하는 모든 일은 (그리고 가르치는 모든 것은) 스팸메일 같은 것과는 정반대의 것이다.

스팸메일을 이용하는 것은 비즈니스에서 퇴출되는 가장 빠른 방법이다. 절대로 하지 말라. 이메일은 오직 이메일 수신에 동의한 사람들에게만 보내야 한다.

이메일 리스트는
절대적인 전략이다

앞부분에서 이미 언급했지만, 이메일 리스트를 만드는 것은 언제나 나의 사업의 핵심이었다. 솔직히 말하면 내가 처음 사업을 시작했을 때 내가 가지고 있던 유일한 전략이었다. 나는 웹사이트가 없을 때부터 이메일 리스트를 작성하기 시작했다(소셜미디어가 존재하기 한참 전의 일이다).

처음에 무엇을 계기로 이메일 리스트를 만드는 일에 그렇게 신경 쓰게 되었는지는 정확히 기억나지 않는다. 그렇지만 나는 그리 오래 지나지 않아 이메일 리스트의 힘을 실감했고, 이메일 리스트는 내가 하는 모든 일의 토대가 되었다. 시간이 지나면서 점점 더 많은 사람들이 이메일 리스트의 힘을 강조하기 시작했는데, 나의 전략에는 대부분의 사람들과 다른 점이 하나 있다. 바로 관계성을 기반으로 한다는 점이다.

수천 명의 사람들에게 한꺼번에 보내는 이메일에서 무슨 관계성을 찾느냐고 할 수도 있지만, 우리가 보낸 이메일은 개인들의 수신함으로 들어가게 된다. 분명히 이메일 리스트에 있는 모든 사람은 개성을 지니고 있는 개인들인데, 이메일 리스트를 만들고 이용하는 많은 사람들이 이러한 사실을 종종 망각한다. 심지어 대량의 이메일을 발송하는 사람들 중에는 "이메일을 쏴버렸다"고 표현하는 사람들도 있다. 하지만 생각해보자. 대량으로 쏴버린 이메일을 받는 걸 좋아하는 사람이 있을까?

이메일은 매우 사적인 공간에 도착한다는 것을 잊지 말자. 수신자 개인의 메일 수신함 말이다. 누군가 메일 수신함을 들여다봤다고 생각하면 정말로 기분이 나쁠 것이다. 이메일 리스트는 그러한 사적인 공간에 대한 접근 동의를 해준 사람들의 이메일 주소 모음이기 때문에 매우 강한 힘을 가지고 있는 것이다.

많은 경우 내가 어느 세미나에 참석이라도 하게 되면 그 자리에 참석한 다른 사람들이 (실제로는 그전까지 한 번도 만난 적이 없는 사람들이) 나에게 와서 마치 오랫동안 만나지 못했던 친구라도 되는 것처럼 말을 걸어준다. 그들과 대화를 하다 보면 나 역시 그들과 오랜 친구라도 되는 것 같은 기분이 들 정도다. 그들은 내가 이메일을 통해 그들과 공유한 나의 일상에 대해 질문하기 시작한다. 지난 번 스키는 즐거웠는지, 산악 자전거를 여전히 즐기는지, 아이들이 잘 크고 있는지 등을 물어본다. 이렇게 내 이메일 구독자들이 나와 개인적으로 연결되어 있다고 인식한다면, 그들은 내 이메일을 더 많이 열어볼 것이고, 더 기다릴 것이고, 이메일에 연결되어 있는 링크를 더 많이 클릭하게 될 것이다.

이메일 구독자들이 이메일을 열어보지 않는다면 이메일 리스트에 아무리 많은 이메일 주소가 있더라도 의미가 없는 일이다. 그런 이메일 리스트는 처음부터 만들 필요가 없다.

중요한 것은 클릭률이다. 어떤 이메일 리스트는 수신자의 60퍼센트가 이메일을 열어본다. 매우 높은 클릭률이다. 그런가 하면 클릭률이 1퍼센트도 안 되는 이메일 리스트도 있다. 매우 낮은 클릭률이다. 당연히 클릭률이 높은 이메일 리스트가 좋다. 클릭률 60퍼센트인 100명짜리 이메일 리스트가(여기서는 60명이 이메일을 열어본다) 클릭률 1퍼센트인 1000명짜리 이메일 리스트보다(여기서는 10명이 이메일을 열어본다) 훨씬 더 낫다.

그렇다면 어떻게 해야 이메일 클릭률을 높일 수 있을까? 이를 위한 많은 전략과, 전술과, 기술이 있지만, 본질은 '관계성'이다. 이메일 클릭률을 높이는 가장 효과적인 방법은 당신과 이메일 구독자들 사이의 관계성을 높이는 것이다. 다음 두 가지를 기억하라.

1. 이메일 리스트의 절대적인 크기보다는 클릭률이 더 중요하다. 따라서 이메일 구독자들과의 관계성이 매우 중요하다.
2. 앞으로 배우게 될 PLF의 전체 과정은 당신의 이메일 리스트에 있는 잠재고객과의 관계성을 높이는 가장 좋은 방법들 가운데 하나다.

소셜미디어는 어떨까?

이메일 리스트만 있는 것은 아니다. 인스타그램, 스냅챗, 유튜브, 트위터 같은 소셜미디어의 팔로워들도 관계성을 기반으로 하는 소통의 대상이 될 수 있다. 게다가 소셜미디어의 팔로워 숫자를 늘리는 일은 이메일 리스트 숫자를 늘리는 일보다 여러 면에서 더 간단하다. 사진이나 동영상 몇 개만 올려놓아도 팔로워 숫자는 전보다 눈에 띄게 늘어난다. 회원들의 이메일 주소와 수신 동의를 얻기 위해 행해야 하는 일련의 작업들이 (이러한 작업들에 대해서는 나중에 자세히 다룰 것이다) 필요 없는 것이다. 그렇다면 소셜미디어 쪽이 훨씬 더 나은 거 아닐까?

하지만 클릭과 매출이라는 측면에서 본다면 이메일 리스트 쪽이 훨씬 더 강력한 수단이다. 내 사업의 경우는 이메일 구독자들의 응답률이 소셜미디어 팔로워들의 응답률보다 최소 20배 이상 더 높게 나타난다. 그러니까 페이스북 팔로워 2만 명보다 1000명의 이메일 리스트가 더 나은 것이다. 물론 이와 같은 결과는 여러 요인들에 따라 크게 달라질 수는 있다. 그렇지만 업계에서 진행된 연구 결과들도 내 경험과 맥락을 같이한다. 클릭과 매출로 나타나는 응답률에 있어 이메일 구독자들 쪽이 소셜미디어 팔로워들 쪽보다 유의미하게 더 높게 나타난다는 게 여러 연구들의 결과다.

소셜미디어를 무시하라는 뜻은 아니다. 다만 이메일 리스트를 만드는 게 어렵다고 하여 그를 회피하고 소셜미디어에만 의존해서는 안 된다는 뜻이다.

이메일 리스트를 늘리는 데 소셜미디어를 활용하는 건 바람직하다. 소셜미디어는 미래의 고객들에게 접근하는 매우 효과적인 수단이다. 이미 수많은 사람들이 소셜미디어에 모여 서로 소통하고 있다. 그들과의 대화에 참여하고, 그들에게 가치를 제공하고, 그들을 당신의 이메일 리스트에 초대하라.

소셜미디어+이메일 리스트
=성공을 향한 필승 조합

　나는 이메일 리스트를 강조하는 편이지만, 소셜미디어 역시 놀라운 수단임에는 분명하다. 그리고 이메일 리스트와 소셜미디어를 동시에 사용한다면 어떤 프로모션이든 전체적인 성과를 크게 높일 수 있다. 소셜미디어에는 이미 많은 사람이 참여하고 있기 때문에 이메일을 활용함과 동시에 소셜미디어에서도 사람들과의 소통을 늘린다면 응답률은 그만큼 높아지게 된다.

　소셜미디어를 활용할 때는 기본적으로 소셜미디어 광고를 이용할 수 있다. 소셜미디어 광고의 이용은 플랫폼에 따라 다르고 시장에 따라서도 다르지만, 소셜미디어 광고를 이메일 리스트에 있는 사람들에 대해 맞춤형으로 실행하는 게 가능하다. 그러니까 PLC로 사람들을 초청하는 이메일을 보내고, 그와 동시에 같은 이메일 리스트의 사람들에게 소셜미디어 광고를 실행하는 것이다. 이와 같이 이중으로 프로모션을 실행하는 경우 더 높은 성과로 이어지게 된다. 소셜미디어가 전력 증강자가 되는 것이다.

　나는 이메일 리스트를 프로모션의 중심에 두라고 강조하지만, 사람들이 이메일 링크를 통해 콘텐츠를 클릭하든, 소셜미디어를 통해 콘텐츠를 클릭하든, 중요한 것은 일단 클릭하는 것이다. 더 많은 사람들을 당신의 세계로 유인하는 게 중요하다.

　12장과 13장에서는 소셜미디어와 유료 트래픽을 이용하는 방법에 대해 자세하게 알려줄 것이다.

잠재고객 리스트와
고객 리스트

세상에는 여러 종류의 리스트들이 있는데, 그 차이점을 구분하는 게 중요하다. 많은 경우 사람들은 무의미한 숫자에 의미를 부여하려고 한다. "나는 3만 명짜리 명단이 있어!"라고 말을 하는 식이다. 하지만 3만 명짜리 명단이 무엇인지가 중요하다.

지금까지 우리는 두 가지 종류의 리스트에 대해 다뤘다. 하나는 이메일 리스트고, 다른 하나는 소셜미디어 팔로워 리스트다. 나는 이메일 리스트가 더 중요하다고 생각하지만, 이메일 리스트와 소셜미디어 팔로워 리스트를 함께 사용하는 경우 더 강력한 효과를 만들어낼 수 있다고 이야기했다.

그다음으로 구분해야 하는 것으로 '잠재고객' 리스트와 '고객' 리스트가 있다. 구분은 매우 간단하다. 잠재고객은 아직 제품을 구매하지 않은 사람이고(잠재고객은 '미래고객'이라고 생각할 수도 있다), 고객은 당신의 제품을 구매한 이력이 있는 사람이다. 사업을 하는 사람이라면 잠재고객 리스트와 고객 리스트 둘 다 갖게 되는데, 고객 리스트가 훨씬 더 가치 있는 리스트라는 점을 기억해야 한다. 내 경우는 고객 리스트에 있는 사람의 가치가 잠재고객 리스트에 있는 사람 대비 10배에서 15배에 달하는 것으로 나타나고 있다.

이러한 사실은 두 가지 중요한 사실을 시사한다. 첫째, 잠재고객 리스트에 있는 사람들을 고객 리스트 쪽으로 옮기려고 해야 한다(PLF는 이 작업을 위한 가장 효과적인 방법이다).

둘째, 잠재고객 리스트와 고객 리스트는 서로 다르게 취급해야 한다. 두 리스트 모두에 대해 관계성을 강화할 필요는 있지만, 시간과 노력을 어느 한 리스트에 더 써야 한다면 그 대상은 고객 리스트여야 한다. 고객 리스트에 있는 사람들에게 재미있는 콘텐츠를 더 많이 공개하고 선물도 더 많이 제공하는 것이다. 예전에 내가 가끔 이용했던 한 온라인 스토어에서는 택배 상자 안에 사탕이나 작은 선물을 함께 넣어 보내주곤 했다(항상 그러는 것은 아니었지만 대부분은 작은 선물을 넣어주었다). 사탕이나 작은 선물을 위해 그들이 추가로 지출한 비용은 매우 작았을 테지만, 나는 그들의 선물이 아직도 기억이 난다. 내가 그 온라인 스토어에서 마지막으로 주문한 건 벌써 몇 년 전의 일이다. 작은 선물이나 인간적인 관계는 그 효과가 매우 오래 간다. 우리의 경우는 PLF 프로그램을 구입해주는 고객들에게 감사의 마음을 담은 손편지를 작성하여 우편으로 발송한다. 매우 쉬운 방법이지만, 고객들과의 관계성을 강화하는 데에 효과가 매우 뛰어나다.

온라인 비즈니스의 경우는 보너스 콘텐츠를 만들어 제공하는 방식이 용이하다. 트레이닝 영상이나 보고서 등을 추가로 만들어 부가적으로 제공하는 것이다. 이러한 방식은 온라인 교육 서비스 등에 적합하지만(기타강습 프로그램 같은 것을 생각해보자), 다른 분야의 비즈니스에서도 얼마든지 활용할 수 있다.

방금 전 예시를 든 온라인 기타강습 프로그램을 제공하는 비즈니스의 경우 추가적인 연주법 강습 영상을 만들어 기존 고객들에게 무료로 제공할 수 있는데, 이 방식은 기타를 판매하는 상점에서도 그대로 활용할 수 있다. 기타 판매점에서도 연주법 강습 영상을 만들어 고객들에게 무료로 제공하거나, 기타 관리법에 관한 영상을 만들어 고객들에게 무료로 제공하는 식으로 말이다.

이와 같은 보너스 영상은 제작비가 거의 들지 않는다. 이런 보너스 영상이 고객들이 이메일을 한 번 더 눌러보고 싶게 만든다. 종종 이메일에 이와 같은 가치 있는 링크를 연결해놓는다면 많은 고객들이 이메일을 기다리게 될 것이다.

이메일 리스트
만드는 법

이번 장에서는 이메일 리스트의 중요성에 대해 계속 강조하고 있는데, 사업을 시작하기로 마음을 먹었다면 이메일 리스트를 최대한 빠르게 만들어야 한다. 이제부터는 이메일 리스트 만드는 법에 대해 이야기를 해보려고 한다.

물론 이메일 리스트 만드는 법에 대해서는 책 한 권 분량을 써야 할 정도로 다뤄야 할 내용이 많다. 따라서 여기서 하는 이야기는 이메일 리스트 만드는 법에 관한 초간단 요약본 정도라는 점을 미리 알아두기 바란다. 실제로 나는 이메일 리스트 만드는 법에 관한 강습 과정을 따로 만들어 제공하고 있다. 이메일 리스트 만드는 법은 그 정도로 중요하면서 내용도 많다. 이 책 마지막 쪽에 '무료 특강: 이메일 리스트'의 웹사이트로 들어가면 강의를 볼 수 있다.

이메일 리스트를 만들 때 가장 먼저 할 일은 잠재고객이 누구인지를 분명히 하는 것이다. 여기서 나는 아바타avatar라는 표현을 사용한다. 사업의 전형적인 잠재고객을 아바타로 인식하라. 골프를 가르친다고 할 때 이 세상의 모든 골퍼에게 접근하려는 것은 아닐 것이다. 예를 들면 골프 강습사업의 대상은 대학에서 선수장학금을 받으려고 하는 학생일 수도 있고, 아니면 아이들을 전부 대학에 보내고 이제 처음 골프를 시작하려는 45세~55세 여성일 수도 있고, 핸디캡 10 미만으로 쇼트

게임에서의 실력을 더욱 높이고자 하는 남성일수도 있다.

사실 나는 골프 시장에 대해서는 잘 모른다. 위의 시장 구분도 생각나는 대로 즉흥적으로 해본 것이다. 하지만 내가 말하고자 하는 것은 이것이다. 마케팅 활동은 어떤 잠재고객을 표적으로 두느냐에 따라 완전히 달라져야 한다.

이메일 리스트는 마케팅 활동의 출발점이다. 사람들과의 관계가 여기서 시작되는 것이다. 따라서 이메일 리스트는 처음부터 제대로 만들어져야 하며, 그렇게 하기 위한 첫 번째 단계는 아바타가 어떤 사람들인지를 정확하게 이해하는 것이다. 이는 스퀴즈 페이지squeeze page(잠재고객의 이메일 주소를 얻기 위한 링크와 연결되어 있는 최초의 페이지-옮긴이)를 만들 때 반드시 필요한 정보다. 스퀴즈 페이지에는 리드 마그넷lead magnet이 들어가게 되는데, 여기서 리드 마그넷은 웹사이트를 방문한 사람이 이메일 주소를 제공하고 이메일 수신에 동의하는 경우 무료로 받아볼 수 있는 가치 있는 콘텐츠나 서비스를(동영상, 특별 보고서, 무료 온라인 강의, 무료 검사 등) 의미한다. 스퀴즈 페이지와 리드 마그넷은 잠재고객 이메일 리스트를 만드는 데에 핵심이 되는 요소들이다.

이메일 리스트를 만들 때 유의해야 할 점

이메일 리스트 만들기는 마케팅 활동의 출발점으로, 처음부터 제대로 만들어야 한다. 이는 매우 중요한 작업이다. 이메일 리스트는 전투로 치면 선발부대인 셈이다. 다만 처음부터 완벽한 리스트를 만들려고 할 필요는 없다. 누구도 사업 초기부터 완벽한 이메일 리스트를 만들 수는 없다. 이메일 리스트는 사업을 진행해나가며 개선하는 식으로 접근해야 하며, 이는 그리 어려운 일은 아니다. 일단은 스퀴즈 페이지를 만들고, 그를 계속 보완하라.

온라인 비즈니스의 가장 좋은 점들 가운데 하나는 데이터를 얻고 테스트를 진행하기가 매우 쉽다는 것이다. 이건 온라인 비즈니스에 있어서는 가장 기본적인 방식인데(그리고 가장 유용한 방식들 가운데 하나이기도 하다), 두 가지 버전의 스퀴즈 페이지를 만들어 각각에 대한 웹사이트 방문자들의 반응을 살펴본 다음 더 좋은 반응이 나온 스퀴즈 페이지를 선택하는 것이다. 이 방식을 활용할 때 한 번 선택했다고 해서 거기서 끝나는 게 아니라, 또 다른 버전의 스퀴즈 페이지를 만들어 기존의 것과 비교하는 식으로 계속 스퀴즈 페이지를 개선하고, 이메일 리스트를 보완해나갈 수 있다.

이 같이 일대일로 비교하여 경험적으로 더 나은 결과를 채택하는 방식을 A/B 테스트라고 하는데, 이는 웹사이트 전환율을 높이는 핵심적인 접근법이다. 그리고 스퀴즈 페이지에서의 전환율이라고 하면 스퀴즈 페이지 접속자들 가운데 이메일 주소를 제공하고 이메일 수신에 동의하는 사람들의 비율을 의미한다.

마지막으로 당부하고 싶은 것은 처음부터 완벽을 추구하지는 말라는 것이다. 시작할 때부터 오류 없이 완벽한 사람은 없다. 중요한 것은 일단 시작을 하고, 첫 번째 버전을 만들고, 그를 개선해나가는 것이다.

이메일 리스트
얻는 법

그렇다면 스퀴즈 페이지란 무엇일까? 내가 아는 한 스퀴즈 페이지라는 개념은 딘 잭슨 같은 사람들이 처음으로 소개하고 발전시켜온 것인데, 온라인 마케팅 쪽에서는 매우 중요한 개념으로 자리를 잡았다. 스퀴즈 페이지에 접속한 방문자들에게는 두 가지 선택이 있다. 이메일 주소를 제공하고 무료의 콘텐츠나 서비스를 이용하거나(이러한 무료의 콘텐츠와 서비스가 리드 마그넷이다), 아니면 그대로 스퀴즈 페이지를 떠날 수 있다.

웹사이트 방문자들은 어떤 선택이든 하게 된다. 그리고 대부분의 웹사이트에서 대부분의 방문자들은 그대로 떠나는 선택을 한다. 사업자에게는 상당히 고통스러운 현실이지만, 부정할 수 없는 현실이다. 그리고 따지고 보면 모든 웹사이트 방문자들은 어쨌거나 그 웹사이트를 떠난다. 이때 이메일 주소를 남기거나 제품을 구매하지 않고 떠나는 방문자들의 경우 그런 방문자들이 다시 돌아올 가능성은 지극히 낮다. 여기서 "지극히 낮다"는 말은 "다시 돌아올 가능성이 거의 없다"는 의미다.

아무 생각 없이 방문했던 웹사이트를 나중에 다시 방문한 적이 얼마나 되는가? 그 웹사이트가 꽤 흥미로웠고, 그래서 즐겨찾기를 해놓아도 나중에 다시 방문하는 경우는 별로 없을 것이다. 그리고 방문하지 않으면 결국은 잊게 된다. 당신이 만든 웹사이트를 찾는 사람들도 마찬가지다. 일단 웹사이트를 떠나면 나중에 다시 기억하고 찾아와줄 가능성은 별로 없다. 그들의 이메일 주소를 가지고 있지 않다면 말이다. 하지만 방문자들의 이메일 주소를 가지고 있다면 모든 게 달라진다. 그 이메일 주소를 이용하여 재방문을 유도할 수 있기 때문이다.

이메일 리스트가 갖는 의미는 바로 이런 것이다. 스퀴즈 페이지를 만들고, 방문자들의 이메일 주소를 수집하라. 이메일 주소를 가지고만 있다면 방문자들이 일단 떠나더라도 기회는 계속 남아 있게 된다.

스퀴즈 페이지의 가치가 의심된다면?

스퀴즈 페이지를 만들어야 할지 말지 고민하고 있다면 이메일 구독자의 가치를 생각해보라. 이제 막 사업을 시작한 단계라면 이메일 구독자 한 명의 가치가 얼마인지 가늠하기 어렵겠지만, 수많은 온라인 시장에서는 이메일 구독자 한 명의 가치를 월간 1달러, 연간 12달러로 인식한다. 이 숫자는 온라인 사업자들의 경험에서 나온 대략의 추정치일 뿐이고 누구도 명확한 근거를 대지는 못하지만, 일단 여기서는 이 숫자를 그대로 인용하겠다.

스퀴즈 페이지 없이 이메일 구독 신청 양식만 있는 웹사이트가 있다고 해보자. 이와 같은 웹사이트의 방문자들은 스스로 메뉴를 찾아 '뉴스레터 구독 신청'을 눌러야 한다. 이런 방식의 웹사이트 방문자가 뉴스레터 구독자로 변하는 전환율이 매우 낮을 수밖에 없다. 이 경우의 전환율은 보통 3퍼센트로 보는데, 이는 한 명의 방문자가 갖는 가치가 연간 36센트라는 걸 의미한다. 이 때 사용되는 수식은 매우 단순하다. 이메일 구독자 한 명의 가치가 연간 12달러인데, 보통의 웹사이트 방문자가 이메일 구독자로 전환되는 비율이 3퍼센트라면 0.03×12달러=0.36달러라는 계산이 나온다.

이번에는 스퀴즈 페이지가 있는 경우를 생각해보자. 스퀴즈 페이지 방문자들은 이메일 구독을 신청하거나, 아니면 스퀴즈 페이지를 그대로 떠나게 된다. 스퀴즈 페이지 방문자들의 전환율은 매우 높게 나타나는데, 여기서는 20퍼센트라고 가정해보겠다. 스퀴즈 페이지에서 20퍼센트의 전환율이라면 매우 현실적인 수치다. 이때 스퀴즈 페이지 방문자 한 명의 가치는 0.2×12달러, 연간 2.4달러가 된다.

이는 스퀴즈 페이지를 만들지 않아서 방문자 한 명당 2.04달러의 손해를 보고 있다는 의미가 된다. 물론 이 같은 계산은 지나치게 단순한 가정의 결과이고, 방문자의 가치를 결정하는 데는 수많은 요인들과 변수들이 작용하게 된다. 그렇지만 스퀴즈 페이지를 만드는 것만으로도 웹사이트의 수익성을 크게 높인다는 사실만큼은 달라지지 않는다.

스퀴즈 페이지에서 가장 중요한 것은 방문자들의 이메일 구독을 유인하는 효과적인 유인 수단이다(이 유인 수단이 바로 리드 마그넷이다). 방문자들이 스스로 알아서 이메일 구독을 신청하지는 않는다. 가치 있는 뭔가를 제공해야 방문자들의 이메일 구독 신청을 이끌어낼 수 있다.

그렇다면 무엇을 리드 마그넷으로 해야 할까? 이건 전적으로 당신의 아바타에 달려있는 문제다. 그들이 정말로 원하는 것은 무엇인가? 그들이 가장 두려워하는 것은 무엇인가? 그들의 가장 큰 욕망은 무엇인가? 그들이 밤잠을 이루지 못하고 있다면 그 원인은 무엇인가? 골프 강습으로 돌아가보자. 당신의 아바타가 주말에 친구들과 골프를 치는 평범한 골퍼라면 그가 바라는 것은 다른 친구들보다 더 멀리 공을 보내는 일일 것이다. 그것도 첫 티샷에서 말이다. 그렇다면 이 경우 효과적인 리드 마그넷은 강한 티샷 날리는 법에 대한 동영상 강의가 된다. 아니면 강한 티샷 날리는 법을 알려주는 PDF 문서가 될 수도 있다.

스퀴즈 페이지를 효과적으로 운용한다는 것은 효과적인 리드 마그넷을 활용한다는 것과 거의 같은 의미다. 물론 리드 마그넷의 활용 역시 처음부터 완벽할 수는 없다. 하지만 효과적인 리드 마그넷을 찾는 과정은 그리 어려운 과정이 아니다. 리드 마그넷의 성과는 즉각적으로 나타나기 때문에 테스트를 통해 아바타의 희망, 꿈, 욕망에 더 잘 부합하는 리드 마그넷을 찾는 게 가능하다.

다음 사진이 효과적인 스퀴즈 페이지의 실제 사례다.

[사진1] PLF 코칭 프로그램

[사진2] 앤 라폴리트의 표면 패턴 디자인 강의

[사진3] 캐시 헤이의 드레스 디자인 강의

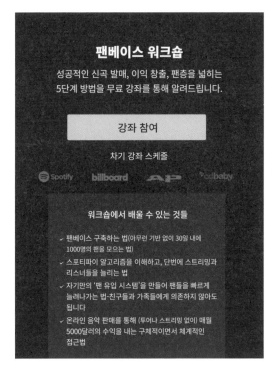

[사진4] 마이클 워커의 팬덤 확대 강의

이메일 리스트는 돈을 찍어내는 기계다

지금까지 아바타에 대한 정의, 스퀴즈 페이지 만들기, 이메일 구독을 이끄는 리드 마그넷 만들기를 다뤘다.

이제 이메일 리스트를 만들기 위해 남은 한 가지 일은 스퀴즈 페이지로 트래픽을 유도하는 일이다. 웹사이트로 트래픽을 유도하는 것 역시 책으로 한두 권은 써야 할 정도로 거대한 주제다. 게다가 트래픽을 유도하는 방법은 시간의 흐름에 따라 너무나도 빠르게 변하기 때문에 책을 쓴다 하더라도 그 책이 서점에 나올 무렵이 되면 이미 낡은 방법이 된다. 하지만 기본적인 원리는 있다.

웹사이트에 트래픽이 발생하는 몇 가지 경로가 있는데, 가장 대표적으로 구글 같은 검색 엔진을 들 수 있다. 사람들이 검색 엔진에서 정보를 찾아보다 자연스럽게 당신의 웹사이트를 방문하게 되는 것이다. 검색 결과에서 맨 위에 나올수록 해당 웹사이트의 트래픽은 증가하게 되는데, 검색 결과의 윗부분으로 올리는 작업은 과학과 예술이 복합적으로 작용하는 영역이고, 이 작업만 전담하며 직업으로 삼는 사람들이 있을 정도다. 스퀴즈 페이지를 구글 검색 결과의 윗부분으로 올리는 일은 무척이나 어려운 일이지만 불가능한 일은 아니며, 내 웹사이트들은 검색 엔진의 윗부분에 나오는 편이다.

트래픽을 유도하는 또 다른 방법은 광고를 하는 것이다. 구글, 페이스북, 인스타그램 같은 곳에 뜨는 광고들을 생각하면 되는데, 기본적으로 이런 곳의 광고 공간은 경매 형태로 거래된다. 더 좋은 자리를 차지하기 위해서는 더 높은 비용을 지불해야 하는 것이다. 물론 실제로는 더 복잡한 구조로 광고비가 결정되기는 하는데, 지금은 이 정도로만 설명하겠다. 어쨌거나 유료 트래픽은 꽤 많은 비용이 드는 방법이다. 하지만 효과는 확실해서, 광고를 개시하고 몇 분만 지나도 스퀴즈 페이지에 사람들이 몰려오는 걸 실감하게 될 것이다.

트래픽을 유도하는 방법으로 유튜브, 트위터, 인스타그램 같은 소셜미디어 이용도 있다. 나는 내가 처음 사업을 시작했을 때 페이스북 같은 소셜미디어가 있었다면 얼마나 좋았을까 하는 생각을 지금도 한다. 누구나 페이스북 계정을 만들고 팔로워들을 늘릴 수 있다. 소셜미디어를 이용하여 스퀴즈 페이지로 트래픽을 유도할 수도 있고, 더 나아가 소셜미디어 팔로워들을 이메일 리스트 쪽으로 이동시킬 수도 있다.

이 밖에도 스퀴즈 페이지로 트래픽을 유도하는 방법은 많이 있다. 멋진 콘텐츠를 만들어 입소문이 나도록 만들 수도 있고(나는 개인적으로 이 방법을 아주 좋아한다), 다양한 광고 수단을 이용할 수도 있고, 온라인 포럼 같은 형식을 이용할 수도 있다.

그 중에서도 내가 가장 좋아하는 방식은 제휴 파트너들을 이용하는 것이다. 이메일 리스트를 가지고 있는 제휴 파트너들이 내 쪽으로 트래픽을 유도해주는 방식인데, 이는 초기 비용이 하나도 들지 않는다는 장점이 있다. 제휴 파트너들에게는 발생한 매출에서 일정 부분의 수수료를 지급하면 된다. 이는 대규모 이메일 리스트를 즉각적으로 만들어낼 수 있는 궁극의 지름길이다. 나는 제휴 파트너들을 통해 며칠 만에 5만 개가 넘는 이메일 주소를 기존의 내 이메일 리스트에 추가한 적도 있다. 하지만 이 방식은 상당히 정교한 전략이기 때문에 책의 뒷 부분에서 더 자세히 설명하겠다.

런칭 리스트도
이메일 리스트만큼 중요하다

앞에서 잠재고객 리스트와 고객 리스트를 이야기했는데, 둘의 차이를 구분하는 것은 정말로 중요한 일이다. 사업의 목표라는 건 잠재고객 리스트에 있는 사람들을 고객 리스트 쪽으로 이동시키는 것이라 할 수 있다. 그리고 이미 고객 리스트에 있는 사람들에게 제품을 파는 건 상대적으로 훨씬 더 용이한 일이다. 그런데 중요한 한 가지 유형의 리스트가 더 있다. 바로 런칭 리스트다.

런칭 리스트에는 런칭 과정에 대해 특별히 관심을 보이는 사람들의 이름이 들어간다. 어떤 사업을 처음 시작하고 해당 사업의 런칭에 관심을 보이는 사람들을 리스트로 만들었다면 그 리스트가 바로 런칭 리스트가 된다.

사업을 오래 진행하면서 이메일 리스트를 확장해나가면 그 리스트에는 매우 다양한 이유로 당신의 제품에 관심을 보이고 이메일 구독을 신청하는 사람들이 모이게 된다. 그리고 이 리스트의 사람들은 기존 제품에 관한 내용의 이메일과 기존의 이메일 발송 빈도에 익숙해지게 된다. 그런데 새로운 제품의 런칭을 시작하게 되면 이메일의 내용도 기존 제품에 관한 것과는 달라지고, 이메일 발송 빈도 역시 더욱 잦아진다. 이런 경우에는 기존의 이메일 리스트가 아니라 새로운 런칭 리스트를 활용하는 게 좋은 전략이다.

예를 들어 명상 프로그램을 판매하면서 몇 년에 걸쳐 이메일 리스트를 만들었다고 가정해보자. 그러다 이번에 트라우마 치유를 위한 새로운 제품을 런칭하기로 결정했다. 명상과 트라우마 치유는 서로 연관이 있는 주제이기 때문에 기존의 명상 프로그램 고객들 가운데 상당수는 새로운 제품에 관심을 보일 것이다. 그러나 기존의 모든 고객이 새로운 제품에 관심을 갖는 것은 아니다. 그래서 런칭 리스트가 사용되어야 한다.

이 경우 런칭 리스트를 만들기 위해서는 우선 새로운 제품을 소개하는 웹사이트를 만들고 기존의 이메일 리스트에 있는 사람들 모두를 새로운 웹사이트에 초대한다. 그런 다음 새로운 제품을 소개하는 이메일을 보내고(PLC 소개), 새로운 제품에 관한 정보를 받기 위한 이메일 구독을 유도한다(새로운 런칭에 대한 참여 유도).

그리고 새로운 런칭이 시작되면 그때부터는 기존의 이메일 리스트가 아닌, 새로 만들어진 런칭 리스트의 사람들에게만 이메일을 보낸다. 새로운 제품에 관한 이메일은 트라우마 치유를 위한 제품에 관심을 보인 사람들에게만 보내는 것이다.

이미 많은 분량의 이메일 리스트를 가지고 있는데도 그 가운데 새로운 제품에 관심을 보인 일부의 사람들에게만 이메일을 보낸다는 건 사업가의 본능에 반하는 일이다. 그러나 결국에는 이것이 이기는 전략이다. 새로운 제품에 대해 아무런 관심을 보이지 않는 기존 고객들에게 자꾸 이메일을 보내는 건 기존 고객들을 성가시게 하는 일이다. 새로운 제품에 관해서는 런칭 리스트의 사람들과 새로운 관계성을 만들고, 기존의 명상 프로그램에만 관심을 갖는 고객들과의 관계성 유지를 위해서는 그들을 지나치게 귀찮게 해서는 안 된다.

일단 시작하는 게
중요하다

지금까지 설명한 이메일 리스트의 힘, 그리고 사업에 있어 이메일 리스트의 절대적인 필요성이 와닿았기를 바란다. 사업을 하겠다고 하면서 여전히 이메일 리스트 만들기를 하지 않는 사람들을 보면 너무나도 답답하다. 잠재고객 리스트와 고객 리스트는 매출을 발생시키고 이익을 내는 데 있어 기본이 되는 자산이자, 가장 중요한 자산이다. 특히 온라인 비즈니스를 하는 사람들에게 있어서는 많은 경우 거의 유일한 진짜 자산이라고 말하고 싶다.

사람들에게 PLF를 가르쳐온 이후 가장 많이 받아온 질문은 다음과 같은 것이었다. "이메일 리스트가 없으면 어떻게 되나요?" 아니면 막연히 다음과 같은 불안감을 표출하는 사람들도 많았다. "당신은 기다란 이메일 리스트를 가지고 있으니 좋겠네요. 나는 그런 걸 가질 수가 없는데."

하지만 내 이메일 리스트 역시 처음에는 아무도 없었다. 체계적으로, 꾸준하게, 서서히 늘려온 것이다. 한동안은 노력을 해도 이메일 리스트가 늘지 않았고, 며칠씩 노력을 해도 겨우 한 명이 추가된 적도 있다. 하지만 어느 시점부터 성과에 속도가 붙기 시작했다. 하루에 서너명이 늘어난 날도 있었고, 계속 노력을 하다 보니 하루에 30명이나 이메일 리스트에 추가되는 날도 있었다. 하루에 30명이라면 한 달이면 900명이고, 1년이면 1만 800명이다. 놀랍게도 1만 명짜리 이메일 리스트만 가지고 있다면 1년에 수십만 달러의 매출을 올릴 수 있다.

온라인 비즈니스를 통해 돈을 벌고 싶다면 반드시 일정 규모 이상의 이메일 리스트를 만들어야 한다. 이메일 리스트 만들기를 책의 앞부분에 배치한 이유도 그만큼 중요하기 때문이다. PLF는 성과를 극대화하는 방법인데, 그 성과의 근간은 바로 이메일 리스트다.

이메일 리스트를 빠르게 확장하는 가장 좋은 방법이 뭘까? 바로 제품 런칭을 일단 시작하는 것이다! 보드게임을 런칭했던 존 갤러거를 기억하는가? 처음에 그에게는 매우 짧은 잠재고객 리스트 밖에는 없었고, PLF를 이용하기 전에는 고작 12개의 제품을 판매하는 데 그쳤다. 그 이후 PLF를 이용한 런칭에서 670개의 제품을 팔았는데, 사실 그는 그 런칭 과정에서 1000명이 넘는 이메일 리스트를 만들어냈다.

PLF를 충실히 이행하는 경우 당신의 이메일 리스트 역시 자연스럽게 늘어나게 된다. 즉, 이메일 리스트를 확장하는 가장 좋은 방법은 일단 PLF를 시작하는 것이다.

: **4장** :

사이드웨이 세일즈 레터로
잠재고객과 소통하고
신뢰를 형성하라

내가 온라인 비즈니스를 처음으로 시작했던 1996년으로 돌아가 보면 그 당시 나는 세일즈나 마케팅에 대해 아무것도 모르던 사람이었다. 사업에 필요한 모든 것을 직접 부딪혀가며 하나씩 배워가야 했다. 그러다 남들이 사용하지 않던 전혀 다른 방식 하나를 도입하게 되는데, 그 도전 하나가 모든 것을 바꾸게 된다. 이는 나에게 수백만 달러를 벌어다준 핵심적인 전략이 되었고, 수많은 내 고객들을 부자로 만들어주었고, 온라인 비즈니스의 방식을 바꾸어놓았다. 그 도전은 바로 사이드웨이 세일즈 레터를 만든 것이다.

처음 사업을 시작하던 당시의 나는 어떻게 제품을 팔아야 하는지

감을 잡지도 못하고 있었고, 심지어 세일즈 기법을 가르쳐주는 기관들이 있다는 사실조차 모르고 있었다. 세상에는 온갖 세일즈 이론들과 교육 프로그램들이 있었지만 나는 관련 정보를 '아예' 모르고 있었다.

나는 제품을 판매하는 방식을 스스로 만들어야 했다. 다행히도 내가 만든 방식은 온라인 비즈니스라는 새로운 흐름에 완벽하게 들어맞았다. 인터넷이 등장하면서 사람들 사이의 연결성은 전례 없이 강해지고 있는데, 이러한 변화로 제품을 판매하는 방식 자체가 완전히 달라지고 있다. 그리고 나의 공식은 이러한 변화에 완전하게 부합하는 매우 효과적인 접근법이다.

생각해보자. 요즘은 어떤 물건이든 물건을 살 때 아마존 같은 곳에 있는 실사용 후기를 읽어본 다음에 최종 구매 결정을 한다. 휴가여행을 가게 되면 트립어드바이저 같은 곳에 있는 후기를 읽어본 다음 여행지와 숙소를 고른다. 영화 한 편을 볼 때도 인터넷에 있는 영화 평점을 참고한다. 사회적 연결성이 커질수록 사람들은 다른 사람들의 평가를 중요시하고 다른 사람들의 평가를 더 열심히 알려고 한다. 더 많이 의심하고 언제나 거짓말 탐지기를 가동시키고 다니는 동시에 믿을 수 있는 권위에 더욱 의지하게 된다. 사람들은 모르는 사람의 권유나 제안은 불신한다. 온라인에서는 자신에게 접근하는 사람이 어디에 사는 누구인지 전혀 알 수가 없기 때문이다. 그래서 대부분의 경우 전통적인 세일즈 방식은 예전만큼 효과가 없다. 적어도 사이드웨이 세일즈 레터에 비해서는.

원래 세일즈 레터는 아주 오래된 전통적인 세일즈 방식이다. 아마 롱 폼 세일즈 레터long-form sales letter라는 표현에 더 익숙한 사람들도 있을 것이다. 기본적으로 롱 폼 세일즈 레터는 편지 형식으로 작성된 긴 분량의 광고문이며, 분량은 8쪽, 12쪽, 24쪽 정도로 길어질 수 있다. 롱 폼 세일즈 레터를 받게 된 사람들의 반응은 두 가지로 나타난다. 세일즈 레터가 평소 관심을 갖고 있던 제품에 관한 것이면서 글도 잘 읽히도록 작성되어 있다면 레터를 다 읽어보고, 어쩌면 설득이 될 수도 있다. 반면에 세일즈 레터가 관심 없는 제품에 관한 것이거나, 글이 엉망으로 작성되어 있다면 읽지 않는다.

롱 폼 세일즈 레터는 역사가 오래된 마케팅 방식이며, 지금까지 롱 폼 세일즈 레터가 이끌어낸 매출은 가늠할 수 없을 정도로 막대하다. 분명 롱 폼 세일즈 레터는 세일즈와 마케팅 분야에서 이루어진 가장 중요한 진보 가운데 하나다. 광고계의 전설 앨버트 래스커의 표현을 빌자면 롱 폼 세일즈 레터는 '인쇄 판매술'이라는 한 분야의 탄생이었다. 미래의 고객들을 직접 만나지 않고도 효과적으로 복잡 정교한 세일즈를 할 수 있도록 해주는 수단이 바로 롱 폼 세일즈 레터다.

새로운 시대의
오래된 기법

그렇다면 인터넷 시대에 세일즈 레터는 어떻게 되었을까? 일단 온라인 세계로 올라타는 데는 성공했다. 사실 인터넷 시대 초기에 세일즈 레터는 매우 인기 있는 마케팅 수단이었다. 게다가 인터넷상에서는 그전까지 들던 인쇄비마저 들지 않으니 세일즈 레터의 길이는 더욱 길어졌다. 기존의 12쪽짜리를 넘어 40쪽짜리 세일즈 레터를 작성하더라도 별도의 제작비는 들지 않았다.

아마 롱 폼 세일즈 레터가 있는 웹사이트에 들어가 본 적이 있을 것이다. 이런 웹사이트는 매우 단순하게 구성되어 있다. 하나의 페이지에 제품 하나에 대한 긴 설명이 있다. 제품 설명 페이지에 별도의 링크는 없고, 구매 버튼이나 카트에 담기 버튼 정도만 보인다. 해당 페이지에 접속한 사람들은 제품을 구매하거나 아니면 그대로 웹사이트를 떠나게 된다. 롱 폼 세일즈 레터 대신에 세일즈 동영상이 있는 경우도 있다. 짧게는 15분에서 길게는 한 시간이 넘는 분량의 세일즈 동영상이 있다는 걸 제외하면 매우 단순하게 구성되어 있다. 그리고 제품 설명 페이지에는 구매 버튼이나 카트에 담기 버튼 정도만 보인다.

이커머스와 온라인 판매 사이트들이 크게 늘어나기 시작한 1998년에서 1999년 사이에 온라인 사이트에서의 롱 폼 세일즈 레터 사용이 크게 유행했었다. 특히 이런 분위기는 소규모 온라인 비즈니스와 정보 마케팅 쪽에서 강하게 나타났었다.

그런데 그 시기는 유명 온라인 기업들 쪽에서 닷컴 버블이 한창 일어나고 있던 시기이기도 했다. 그 당시 유명 온라인 기업들은 전환율에도 관심이 없었고, 이익도 크게 신경 쓰지 않았다. 그들이 관심을 두고 있던 것은 단순한 웹사이트 이용자 수와 이용자들이 웹사이트에 머무는 시간이었다. 온라인 기업들을 바라보는 월스트리트의 시각 역시 마찬가지였다. 믿기 어려운 일이지만, 닷컴 기업들에 관해서는 매출이나 이익은 투자자들의 관심사가 아니었다. 그 당시 매출이나 이익에 관심을 갖던 온라인 기업들은 1인 기업 혹은 소규모 기업들이었다. 그리고 온라인 비즈니스 쪽에서의 다이렉트 마케팅 기법을 개척하고 발전시켜 온 것도 그런 작은 기업들이다.

어쨌든 롱 폼 세일즈 레터는 온라인 비즈니스의 초기부터 마케팅에 도입되어 꽤 효과를 발휘했었다. 롱 폼 세일즈 레터를 이용하는 온라인 사업자들은 전환율과 이익이라는 측면에서 좋은 성과를 만들어냈다. 그러나 그런 시절은 곧 막을 내리게 된다.

사이드웨이 세일즈 레터는
어떻게 다를까?

그렇다면 내가 사용하는 사이드웨이 세일즈 레터가 롱 폼 세일즈 레터보다 특별한 점은 무엇일까? 나는 분량이 많은 롱 폼 세일즈 레터를 한번에 공개하는 방식을 사용하지 않았다. 나는 그 대신에 시간을 이용했다. 10페이지짜리 세일즈 레터를 쓰는 게 아니라, 10일의 시간을 두고 순차적으로 잠재고객과 소통하는 방식을 이용했다. 하나의 긴 레터가 아니라, 사람들의 관심을 이끌어낼 수 있는 콘텐츠를 일정 기간 동안 나누어 공개하는 식으로 접근했다. 바로 내가 PLC라고 부르는 것들이다.

나는 내가 작성한 장문의 세일즈 레터가 사람들을 매혹시키고 그들이 내 레터를 전부 읽게 되는 마법 같은 일이 일어나기를 기대하지 않았다. 대신에 나는 일련의 콘텐츠를 순차적으로 공개하며 잠재고객의 관심을 이끌어내려고 했다. 길고 지루한 이야기를 나 혼자 떠들어대는 게 아니라 잠재고객과 대화를 나누려고 했다. 이런 대화를 런칭 대화라고 부른다. 세일즈 페이지에 접속한 잠재고객이 제품을 구매하거나 그렇지 않으면 영원히 떠나도록 하는 방식이 아니라, 순차적으로 콘텐츠를 공개하고 소통을 늘림으로써 내 제품에 대한 기대감을 높이는 방식을 택했다. 마케팅을 하나의 이벤트로 바꾼 것이다.

사이드웨이 세일즈 레터를 간단하게 설명하자면 PLC를 순차적으로 공개한 다음에 세일즈 메시지를 던지는 방식이다. 이때 PLC는 보통 세 부분으로 구성되고, 공개 기간은 최대 12일이다. 20년 가까이 PLF를 이용하고, 또 강습을 해오는 동안 PLC의 형식은 무척이나 다양해졌지만, 기본적인 전략은 달라지지 않았다. 최근에는 PLC로 동영상이 많이 사용되고 있는데, 이메일, 블로그 포스트, PDF 문서 등도 사용될 수 있다. PLC는 처음부터 잠재고객에게 깊은 인상을 남길 수 있어야 하고, 가치 있는 것이어야 하며, 자연스럽게 제품의 구매를 유도할 수 있어야 한다. PLC의 목표는 잠재고객을 세일즈 페이지로 이끌고, 최종 결제까지 이끌어내는 것이다.

사이드웨이 세일즈 레터에서 내가 가장 강조하는 것은 잠재고객에게 가치를 제공하는 것이다. 12일에 걸쳐 제품 홍보에만 집중하는 것은 사이드웨이 세일즈 레터의 방식이 아니다. 그런 식으로는 사람들의 관심을 붙잡을 수 없다. PLC는 미래의 고객들에게 가치를 제공하는 것이어야 한다.

사이드웨이 세일즈 레터를 이용한 런칭 프로세스의 실제 사례를 보면 이해가 빠를 것이다. 결론부터 말하자면 사이드웨이 세일즈 레터의 방식은 사례의 주인공에게 엄청난 성과를 안겼다.

돈과 시간을 교환하는 방식에서 벗어나다

배리 프리드먼은 프로 저글러이자, 저글링 쪽에서는 자타공인 대가로 불리는 사람이다. 그는 열다섯 살 때 저글링을 처음 시작하게 되었는데, 그 이후 저글링에 푹 빠져들었다. 배리는 저글링 공연자가 되겠다는 꿈을 꿨다. 그의 이야기를 들은 고등학교 진로상담교사는 저글링 공연자가 되었다가는 몇 년 내로 파산하고, 집도 없는 신세가 될 거라고 경고했다. 하지만 그 상담교사의 예상은 완전히 빗나갔다. 배리는 프로 저글러로서 엄청난 성공을 거두었고, 미국의 인기방송 〈투나잇 쇼

The Tonight Show〉에도 출연을 했고, 백악관에 초청되어 성공적인 공연까지 보여줬다. 배리는 저글링 능력만 뛰어났던 게 아니라 비즈니스 능력도 뛰어났다. 그는 많은 출연료를 지급하는 대기업 행사 위주로 활동을 했기 때문에 벌이도 아주 좋았다. 그는 윤택한 생활을 누렸다.

하지만 그러던 어느 날, 배리는 산악 자전거를 타던 도중 큰 사고를 당해 어깨뼈와 쇄골이 부러졌다. 수술을 해야 했고, 한동안 병원에 입원한 상태로 있어야 했다. 문제는 앞으로의 생계였다. 전국을 돌아다니며 무대에 오르고 공연을 해야 했지만, 병원에서는 6개월 동안 치료가 필요하다고 했다. 게다가 수술 이후 몸이 회복된다 하더라도 다시 예전처럼 저글링을 할 수 있을지는 미지수였다. 전처럼 공연을 할 수 없게 된다면 그의 수입 역시 사라지게 될 상황이었다.

한 사람의 경제적 안정성은 일을 할 수 있는 신체적 능력에 달려있다. 대부분의 사람들이 그렇다. 겉으로 보기에 배리의 삶은 보통의 사람들보다는 화려해 보였지만, 배리의 직업은 아침에 출근하고 컴퓨터 앞에 앉아 사무를 보는 사람들의 것과 본질적으로 다를 게 없었다. 그 역시 자신의 시간을 돈과 교환하고 있었던 것이다. 물론 배리는 많은 사람들 앞에서 공연을 하고 공연료도 많이 받았었지만, 그가 일터에 나가 몸을 움직이지 않는다면 수입은 발생하지 않는다.

산악 자전거 사고와 그 이후 진행된 장기간의 치료를 계기로 배리는 그전과는 다른 인생 경로를 생각하기 시작했다. 시간을 돈과 교환하는 방식에서 벗어나 내가 레버리지 열차라고 부르는 방식으로 올라서기로 결심했던 것이다. 배리는 보통의 공연자들이 겪고 있는 고충이 무엇인지 잘 알고 있었다. 그들은 자신을 마케팅하는 데 서툴렀다. 그러다 보니 출연 제안은 쉽게 오지 않았다. 반면에 배리는 이런 일에 아주 능숙했다. 그는 저글링 실력만 뛰어났던 게 아니라 사업 수완도 좋아서 출연 제안도 여기저기서 많이 받았다. 자신의 기술을 제값 받고 파는 방법을 잘 아는 사람이었다.

그는 이런 능력을 다른 사람들에게 가르쳐야겠다고 결심했다. 다른 공연자들에게 높은 출연료를 받으면서 일도 더 많이 하는 방법을 가르쳐주는 온라인 트레이닝 프로그램을 개설하기로 한 것이다. 그 무렵 배리는 PLF를 알게 되었고, PLF 코칭 프로그램도 이수했다. 그는 '대기업 공연 따내는 법'이라는 멤버십 사이트를 개설했다. 매월 37달러의 구독료를 내면 배리의 온라인 트레이닝을 이용할 수 있는 사이트였다.

배리의 첫 번째 온라인 멤버십 사이트는 성공적으로 시장에 안착했는데, 내가 주목하는 것은 그의 두 번째 런칭이다. 그는 훨씬 비싼 강습료를 받는 개인 코칭 프로그램을 만들기로 하고, 두 번째 제품 런칭 준비를 시작했다.

그는 비싼 강습료를 받는 온라인 개인 코칭 프로그램의 시장성을 봤고, '쇼비즈 블루프린트'라는 웹사이트를 만들었다. 이 프로그램은 소규모 인원을 대상으로 진행되는 10주짜리 프로그램인데, 프로그램 참가자들은 매주 한 번씩 모여 배리로부터 직접 코칭을 받는다. 이 프로그램의 참가자들은 배리를 직접 만나 자신들의 비즈니스 문제에 관한 피드백을 받을 수 있고, 커뮤니티를 구성하게 되며, 배리가 제공하는 부가적인 혜택을 누릴 수 있다. 배리는 프로그램 참가자 개개인에게 충분한 피드백을 해줄 수 있도록 소그룹 규모는 15인 이내로 제한했다. 강습료는 일시불로 지불하는 경우 2000달러였고, 할부를 이용하는 경우에는 수수료가 추가되었다.

쇼비즈 블루프린트는 기존의 멤버십 프로그램보다 훨씬 더 수준 높은 코칭 프로그램이었으며, 가격도 훨씬 비쌌다. 사실 PLF는 이와 같은 고가 제품의 런칭에 적합한 접근법이다. 고가 제품의 경우 고객들은 선뜻 구매 결정을 못하게 되는데, 그렇기에 더 정교한 소통과 설득 과정이 필요하기 때문이다. 이런 고가 제품에 대해서는 사이드웨이 세일즈 레터를 통해 제품의 진정한 가치를 잠재고객에게 충분히 알리는 식으로 접근해야 한다.

두 번째 제품에 대한 런칭에 들어갈 때 배리의 이메일 리스트에 들어 있던 사람들의 숫자는 1000명 미만이었다. 그의 첫 번째 PLC는 동영상이었는데, 그는 그 동영상에서 잠재고객이 겪고 있는 고통을 잘 이해하고 있다는 점을 강조하며 사람들과의 신뢰를 형성하려고 했다. 사실 그는 그 고통과 함께 평생을 살아온 사람이었기에 고객들을 이해하는 것 그 이상이었다. 그의 잠재고객이자 동료 공연자들은 무료 공연(혹은 매우 낮은 공연료만을 지급하는 공연)에 익숙한 사람들이었다. 주로 도서관 이벤트, 지역 축제, 생일파티 같은 곳에서의 공연이었다. 그들은 낮은 공연료를 지급하는 시장에서 주로 활동하느라 높은 공연료를 지급할 수 있는 시장에서 활동할 수 있는 가능성을 스스로 포기하고 있다는 사실도 모르고 있었다.

또한 배리는 (사이드웨이 세일즈 레터 방식으로 공개하던) PLC에서 대부분의 공연자들이 마주하고 있던 가장 큰 걱정, 바로 공연에서 돈을 벌지 못해 다른 직업을 구해야 하는 상황에 대한 우려에도 공감했다. 재능 있는 마술사, 복화술사, 코미디언, 저글러 같은 사람들이 식당에서 서빙을 하거나 화물차를 운전하는 일로 내몰리는 건 그들에게는 악몽과도 같은 상황이다.

첫 번째 PLC에서 배리는 자신이 잠재고객의 상황을 잘 이해하고 있다는 점과 함께 얼마든지 높은 소득을 올리고 안정적으로 생활할 수 있다는 메시지도 담았다. 그가 진행한 콘텐츠의 내용이다.

저도 여러분과 똑같았습니다. 어렸을 때 저글링의 매력에 푹 빠지게 되었는데, 주위에서는 그런 일로는 생계를 꾸려나갈 수 없다고들 했죠. 제 고등학교 진로 담당 선생님은 제가 저글러가 된다면 집도 사지 못하고, 22세에는 파산하게 될 거라고 말씀하셨습니다. 그래서 저는 그 선생님의 생각이 틀렸다는 걸 증명하겠다고 다짐했습니다.

그로부터 몇 년 후, 저는 23세가 되던 해에 투나잇 쇼에 출연을 하게 됩니다. 저는 투나잇 쇼의 무대에 오르기 전에 속으로 이런 생각을 했어요. '진로 담당 선생님이 이 방송을 꼭 보시길.' 투나잇 쇼의 진행자였던 조니 카슨이 저와 제 파트너의 이름을 부를 때까지 저는 이 생각뿐이었죠.

저는 어렸을 때부터 저글러는 직업이 될 수 없다는 말을 수도 없이 들었지만, 그런 말을 받아들이지 않았습니다. 그리고 저는 지금까지 100번도 넘게 방송에 출연했습니다. 여러분도 그렇게 될 수 있습니다! 이번 무료 강습을 통해 여러분에게 그 방법을 알려드리겠습니다.

그는 PLC를 통해 잠재고객과 자신 사이의 연결점을 강조하고, 신뢰를 형성하고, 잠재고객에게 용기를 주려고 했다. 그와 동시에 높은 공연료를 지급하는 공연을 찾아 충분한 소득을 올리는 법을 알려주겠다는 메시지로 잠재고객이 원하는 진정한 가치를 제공했다. 그는 높은 공연료를 지급하는 주최자들에게 스스로를 마케팅하고, 결국은 높은 수입을 내는 것이 학습 가능한 기술이라는 점을 알려주려고 했다. 그는 누구든지 그와 같은 기술을 배울 수 있고, 높은 소득을 올릴 수 있다는 점을 강조했다. 배리는 PLC 어디에도 자신의 프로그램을 구입해달라는 메시지를 넣지 않았다.

사이드웨이 세일즈 레터에서 가장 중요한 부분은 런칭 컨버세이션이라는 것을 알고 있었기 때문이다. PLC는 일반적으로 블로그나 웹사이트를 통해 공개되는데, 동영상 아래에는 댓글을 달 수 있는 공간이 있다. (앞부분에서도 언급했지만, PLC는 다양한 형식으로 만들어질 수 있다. 다만 이 글을 쓰고 있는 시점에 대부분의 PLC는 동영상 형식으로 만들어지고 있기 때문에 여기서는 PLC를 그냥 동영상이라고 부르겠다) 동영상 말미에 잠재고객에게 질문이나 의견을 남겨줄 것을 요청하면 잠재고객은 댓글을 달 것이다. 배리 역시 그런 요청을 했고, 잠재고객이 남긴 질문이나 의견을 기반으로 잠재고객과의 대화를 시도했다. 그는 잠재고객의 질문에 답하며 계속 그들과 소통을 이어나갔다. 이렇게 하면 런칭은 일방적인 연설이 아니라 잠재고객과의 대화가 된다. 그리고 일방적인 연설보다는 대화가 잠재고객 사이에서 더 좋은 반응으로 이어진다.

잠재고객이 남긴 의견은 그들의 생각과 느낌을 파악하는 데 큰 도움이 된다. 잠재고객이 남긴 질문은 그들이 겪는 문제들을 파악하고 그에 대한 해답을 찾는 데 유용하게 활용될 수 있다. 그리고 사이드웨이 세일즈 레터를 이어나가는 데 필요한 가치 있는 정보가 되기도 한다.

두 번째 PLC에서 배리는 공연자들이 겪고 있는 실패에 대한 두려움을 다시 한번 언급했다. 그런 다음 코칭 프로그램을 소개했다.

일이 잘 풀리지 않아 부모가 옳았다는 게 증명된다면 어떨 것 같나요? 공연자로서의 일을 더 이상 하지 못하게 된다면 무슨 기분일까요? 공연자로 성공하고 싶다면 비즈니스 마인드를 가지고 있어야 합니다. 아마도 지금까지 공연 연습을 하느라 엄청난 시간을 써왔을 것입니다. 하지만 그렇게 쓴 시간은 성공을 구성하는 일부일 뿐입니다. 훌륭한 공연을 할 수 있는 것만으로는 충분치 않습니다. 비즈니스도 잘 해야 합니다. 스스로를 마케팅하고 홍보해야 살아남습니다.

저는 훌륭한 공연을 하는 것과 비즈니스를 잘 하는 것 두 가지를 항상 같이 고민했습니다. 저글러로서 큰 성공을 거두는 과정에서 알게 된 것들이 있습니다. 어떤 방법이 통하고 어떤 방법이 통하지 않는지도 알게 되었습니다. 공연자들이 흔히 저지르는 실수에 대한 해결책도 알고 있습니다.

그런 다음 배리는 공연자들이 알아야 하는 마케팅 방법과 마케팅의 기본 원리 강의를 시작했다. 프리런칭을 진행하는 사람들은 핵심적인 콘텐츠를 처음부터 너무 많이 공개하는 건 아닌지 걱정하는 경우가 많다. 처음에 핵심이 되는 내용을 너무 많이 공개해버리면 사람들이 무료로 공개된 콘텐츠만 이용하고 제품 구매를 하지 않을 거라고 걱정하는 것이다. 그런데 내 경험에 의하면 오히려 문제는 가치 있는 콘텐츠를 너무 조금 공개할 때 일어난다. 게다가 배리가 런칭하는 제품은 무려 2000달러짜리였다! 내가 아는 한 그 당시 2000달러짜리 코칭 프로그램을 판매하려는 사람은 배리 외에는 없었다. 그 정도로 비싼 제품을 판매하려면 잠재고객에게 자신의 프로그램이 가치가 있다는 걸 런칭 과정에서 제대로 보여줘야 한다. 그리고 배리는 그렇게 했다.

이 점을 기억해야 한다. 배리는 분명 저글러로서 성공했고, 전 세계를 다니며 공연을 했고, 100회가 넘는 방송 출연에 백악관 공연까지 했던 사람이다. 그러나 그가 제품을 팔려는 사람들 사이에서 배리는 마케팅으로 유명한 인물이 전혀 아니었다. 비즈니스와 마케팅에 대해 다른 공연자들을 가르치려 하고는 있었지만, 그에게 관련 자격증이나 학위나 직함이 있는 것도 아니었다. 그가 믿는 거라고는 자신의 경험이 전부였다(물론 최고의 스승을 만드는 건 경험이기는 하다). 그러나 그의 잠재고객에게 단번에 믿음을 줄 수 있는 사람은 아니었다.

그래서 그는 프리런칭 동영상에서 정말로 가치 있는 콘텐츠를 과감하게 공개해서 사람들의 신뢰를 얻으려고 했다. 그는 높은 공연료를 지급하는 주최자들을 찾고 그들로부터 일감을 얻어내는 방법을 가르쳐 줄 수 있는 능력이 자신에게 있다는 점을 프리런칭 과정에서 잠재고객에게 보여주었다.

그는 첫 번째 PLC에서처럼 두 번째 PLC에서도 제품을 사달라는 이야기는 전혀 하지 않았다. 단지 그는 사람들에게 가치 있는 정보를 제공하려고 했고, 이와 같은 방식으로 배리는 잠재고객과 신뢰와 상호관계를 형성할 수 있었다.

PLC에서 너무 많은 내용을 무료로 공개하는 건 아닌지 우려하는 사람들에게 해주고 싶은 말이 있다. 잠재고객이 PLC만 보고 제품은 구입하지 않을 거라는 생각은 절대적으로 옳은 생각이다! 사실 대부분의 잠재고객은 제품을 구입하지 않을 것이다. 이는 거의 모든 런칭에서 일어나는 현실이다. 어떤 마케팅이든 접근하는 잠재고객의 극히 일부만이 제품 구매를 한다. 하지만 그 일부의 제품 구매자들이 모든 차이를 만들어낸다. 배리가 2000달러짜리 제품을 얼마나 팔아야 상당한 수입을 올릴 수 있을까? 답은 "그렇게 많이 팔지 않아도 된다"이다.

세 번째 프리런칭 동영상에서 배리는 코칭 내용을 더 많이 공개했다. 그리고 그는 다른 공연자들의 웹사이트를 분석하고, 그들이 자주 하는 실수를 지적하고, 실수에 대한 해법을 제시했다.

그런 다음에야 배리는 제품 판매에 대한 이야기로 들어갔다. 자신이 쇼비즈 블루프린트 프로그램을 통해 15인 이내의 인원들에 대해서만 개별 코칭을 진행할 거라는 점, 자신에게는 이미 높은 공연료를 지속적으로 받는 데 사용할 수 있는 검증된 프로모션 시스템이 있다는 점을 강조했다(그는 자신의 시스템 덕분에 〈투나잇 쇼〉에도 출연하고 백악관에서도 공연하게 되었다는 점을 밝혔다). 프리런칭 과정에서 배리가 제품에 대해 이야기를 한 건 이번이 처음이었고, 이는 곧이어 제품 판매가 시작될 거라는 암시이기도 했다.

마지막 PLC에서 판매 제품에 대한 이야기를 하는 걸 잊으면 안 된다. 그런데 의외로 이 단계에서 사람들이 실수를 가장 많이 저지른다. 가치 있는 콘텐츠 제공에 지나치게 몰입한 나머지 마지막 PLC에서조차 제품 판매에 대한 이야기를 하지 않는 것이다.

케이스 스터디를 위해 배리와 인터뷰를 진행하면서 나는 이 문제에 대해 배리에게 질문을 했다. 그러자 그는 자신 역시 마지막 PLC까지도 제품에 대한 이야기를 하고 싶지 않았다고 답했다. 그는 다른 사람에게 뭔가를 가르쳐주는 게 즐겁고, 잠재고객도 자신이 제공하는 콘텐츠를 좋아했기 때문에 그 상황에서 제품 판매 이야기를 꺼냈다가 좋은 분위기를 깨트릴까봐 우려됐다고 했다. 하지만 결국 그는 PLF를 따라 세 번째 PLC에서는 제품에 대한 이야기를 했고, 역시 그러길 잘했다고 답했다.

배리의 프리런칭 동영상 3개는 6일의 기간을 두고 순차적으로 공개되었다. 그리고 배리가 코칭 프로그램 등록 페이지를 열었을 때 15개의 자리는 순식간에 전부 판매되었고, 거기서 발생한 매출은 2만 9555달러였다. 쇼비즈 블루프린트 프로그램 때문에 배리가 지불한 비용은 거의 없었다. 신용카드 수수료 정도만 발생했을 뿐이다. 배리의 코칭 프로그램 1기는 참가자들에게 큰 성과를 만들어주었고, 그로 인해 좋은 입소문이 났고, 그다음에 진행된 코칭 프로그램 2기의 15자리 역시 전부 판매되었다. 쇼비즈 블루프린트 코칭 프로그램 1기와 2기로 인해 배리가 벌어들인 돈은 5만 9910달러였는데, 이 정도의 매출을 올리던 시기 배리의 이메일 리스트에 들어 있던 사람들의 숫자는 1000명 미만이었다.

이메일 리스트 관점에서 보자면 이메일 리스트에 등록되어 있는 잠재고객 한 명당 59달러가 넘는 매출이 발생한 셈이다!

여기가 끝이 아니다. 배리는 똑같은 동영상들을 이용하여 코칭 프로그램에 대한 런칭을 네 번 더 진행했는데, 네 번 모두 15명에서 18명의 인원이 등록을 했다. 다만 이번에는 제품 판매조건에 변화를 주었다. 이 네 번의 쇼비즈 블루프린트 코칭 프로그램에서는 개인 코칭 과정을 빼는 대신 가격을 997달러로 낮추어 제품을 판매하기 시작한 것이다. 제품의 단가는 낮아졌지만, 배리에게는 개인 시간이 생겼다. 자신이 코칭 프로그램에 대해 일일이 시간을 쓰지 않아도 매출이 발생하게 된 것이다. 그는 또 한 번 '자신의 시간을 돈과 교환하는 방식'에서 벗어났고, '레버리지 열차'를 확실히 탑승했다.

배리는 모두 여섯 번의 코칭 프로그램을 판매했다. 한 기수의 참가자들은 15명에서 18명이었고, 처음 두 번의 프로그램 단가는 2000달러, 이후 기수의 프로그램 판매 단가는 997달러였다. 대충 계산해도 10만 달러가 훌쩍 넘는 매출이 발생했다는 걸 알 수 있다. 그리고 이런 매출을 발생시키기 위해 배리가 들여야 하는 비용은 거의 없었다. 게다가 배리는 37달러짜리 온라인 트레이닝 프로그램을 계속 판매하고 있었다. 직접 공연무대에 오르지 않아도 많은 소득이 발생하고 있었다.

이것이 바로 PLF와 사이드웨이 세일즈 레터의 힘이다. 사이드웨이 세일즈 레터는 마케팅의 안개를 뚫고 고객들에게 나아가고, 당신을 차별화할 수 있는 효과적인 도구다. 사이드웨이 세일즈 레터를 제대로 활용한다면 현란한 화술이 없더라도, 수많은 잠재고객을 직접 만나고 다니느라 땀을 흘리지 않아도 효과적으로 매출을 창출할 수 있다.

: 5장 :

심리적 방아쇠는
누구에게나 효과를 낸다

PLF의 유료 강습을 처음 시작했던 2005년 이후 내 주위에서는 두 가지 일이 일어났다.

첫째, PLF를 도입한 수강생들이 놀라운 성과를 내기 시작했다. 마케팅 분야의 사람들이 예상하던 성과의 2배, 5배, 10배, 심지어 50배의 성과가 나왔다. 그야말로 업계 전체가 놀란 만한 충격이었다.

둘째, 마케팅 분야의 많은 '전문가들'은 PLF의 방식이 널리 퍼지면 그 효과는 금세 사라지게 될 거라고 예상했다. PLF는 일시적인 유행일 뿐이고, 시간이 지나면 더 이상 반응하지 않을 거라는 게 그들의 분석이었다. PLF를 한번 접하게 되면 더 이상 그에 대해 관심을 갖지 않을 것이고, 그럼 그로 인한 성과도 그대로 소멸된다고 했다.

하지만 그와 같은 일은 일어나지 않았다. 우리 수강생들이 만들어 내는 성과는 시간이 흐를수록 더 높아지고 있다. 난 최근에도 경쟁이 가장 극심한 시장에서 그들이 이루어내는 큰 성공을 지켜봤다. PLF의 방식은 여전히 유효하며, 오히려 시간이 지날수록 더 큰 결과를 만들어 내고 있다. 시장의 변화에 따라 지속적으로 모델을 개선하고 보완해오고 있기 때문이다.

우리의 모델은 계속 진화하고 있다. 내가 처음 PLF를 시작했을 때 온라인 동영상 콘텐츠는 없었다. 온라인 라이브 방송도 없었고, 소셜미디어도 없었다. 하지만 지금 PLF에서는 이와 같은 도구들이 활용되고 있다. 그리고 PLF가 계속 성과를 낼 수 있는 더 큰 이유는 PLF의 근본이 되는 전략 때문이다. 이 전략은 시대를 초월하는 것이며 인간의 심리에 뿌리를 두고 있다. 마케팅과 시장전략을 주제로 하는 책치고는 너무 거창한 것 같기는 하지만, 어쨌거나 사실이다.

우리의 결정과 행동에 영향을 끼치는 심리적 방아쇠에 대해서는 앞부분에서 잠깐 언급을 했었다. 심리적 방아쇠는 우리의 잠재의식에서 작용하며, 이것이 우리의 결정과 행동에 끼치는 영향력은 믿을 수 없을 정도로 크다. 정도의 차이만 있을 뿐, 영향을 받지 않는 인간은 없다. 그리고 우리 인간의 두뇌 작동에 근본적인 변화가 일어나지 않는 한(아마도 이런 일은 일어나지 않을 것이다!), 심리적 방아쇠는 앞으로도 계속 강한 영향력을 발휘하게 될 것이다.

PLF가 효과적인 이유도 바로 여기에 있다. PLF는 그 진행 과정에서 심리적 방아쇠를 활용하게 되며, 심리적 방아쇠는 PLF의 가장 중요한 요소가 된다. 프리런칭과 런칭 과정에서 심리적 방아쇠를 적극적으로 활용하라. 그러면 잠재고객이 (심지어 시장 전체가) 당신에게 홀리기라도 한 것처럼 당신에게 설득될 것이다.

큰 힘에는
큰 책임이 뒤따른다

심리적 방아쇠에 대해 본격적으로 이야기하기에 앞서 말해두고 싶은 게 있다. 심리적 방아쇠는 매우 강력한 영향력을 가지고 있는 요소들이며, 좋은 의도로도 사용될 수 있지만 나쁜 의도로도 사용될 수 있다. 분명 심리적 방아쇠에 관한 지식을 비윤리적으로 활용하려는 사람들이 있을 것이다. 그러나 수많은 수강생들과 함께 작업을 하며 지켜봐온 바에 의하면, 내가 아는 대다수는 긍정적인 가치 창출을 위해 윤리적으로 사용했다. 이 글을 읽는 당신 역시 그렇게 하기를 진심으로 바란다. 당신의 지식으로 놀라운 변화를 만들고, 세상에 보여주면 더할 나위가 없겠다. 이제 내가 생각하는 가장 효과적인 심리적 방아쇠 아홉 가지를 소개한다.

1 권위

사람들은 권위를 따른다. 흰 가운을 입고 있는 의사를 생각해보자. 우리들 대부분은 진료실에서 의사 앞에 앉게 되면 그들의 의견을 경청하고, 그들의 조언을 그대로 수용한다. 흰 가운을 입고 있는 의사의 말에 감히 이견을 낼 생각조차 못하고, 입을 다문 채 그들의 말을 그대로 믿는다.

이런 일은 병원 밖에서도 일어난다. 사람들은 종종 의사결정을 도와줄 누군가를 찾는다. 권위 있는 사람의 의견은 빠른 의사결정을 도와

준다. 우리의 일상은 의사결정의 연속이며, 의사결정은 아무리 사소한 것이라 하더라도 생각과 선택을 요한다. 이때 권위 있는 사람의 의견을 따르는 것은 의사결정의 효율성을 높이는 좋은 방법이다. 즉 권위를 따르는 것은 진화의 결과라고 볼 수도 있다.

당신이 사업과 마케팅에서 설득력을 높이고자 한다면 권위 있는 사람으로 인식될 필요가 있다. 그리고 다행스럽게도 권위 있는 사람으로 인식되는 건 놀라울 정도로 쉽다. 나는 고등학생 시절에 이미 이런 경험을 한 적이 있다. 하루는 친구 세 명과 함께 풋볼 경기를 보고 집으로 가던 중 주차장에서 수많은 관객들의 자동차가 뒤엉키면서 오랜 시간 빠져나오지 못했던 일이 있었다. 한꺼번에 많은 자동차들이 주차장을 빠져나가려 하다 보니 단 한 대의 자동차도 움직이지 못하고 있었다. 그런데 마침 우리가 타고 있던 친구의 자동차에는 손전등이 있었고, 손전등을 발견한 친구 하나가 그 손전등을 들고 차에서 내려 교통 정리를 하기 시작했다. 거창한 것은 아니었다. 그 친구는 그냥 우리 자동차 주위의 다른 자동차들을 조금씩 이동시켰고 우리는 곧바로 주차장을 빠져나갈 수 있었다. 다른 운전자들은 손전등을 든 내 친구의 지시에 잘 따라주었다. 그 당시 내 친구에게 권위를 준 것은 그 손전등이었다. 사람들은 손전등을 들고 교통 정리를 하던 내 친구가 경기장 직원일 거라고 생각했을 것이다. 나는 그날 중요한 사실 하나를 배웠다. 권위를 만들어내는 건 그다지 대단한 무언가가 아니다.

PLF는 권위를 만들어내는 효과적인 도구가 될 수 있다. 프리런칭 과정에서 적절한 콘텐츠를 공개함으로써 그렇게 할 수 있는 것이다. 배리의 사례를 떠올려보자. 그는 PLC를 통해 〈투나잇 쇼〉와 백악관에서 공연했다는 사실을 공개함으로써 실력 있는 공연자로서의 권위를 만들어냈다. 그는 다른 공연자들을 돕고 싶다는 점을 밝히면서 공연자로서 경력을 공개했기 때문에, 그런 경력은 단순한 자랑이 아니라 잠재고객에게 신뢰를 주는 권위로 작용했다.

2 상호관계

누군가 우리에게 뭔가를 준다면 우리도 상응하는 뭔가를 상대에게 줘야 한다는 의무감이 생긴다. 이와 같은 의무감은 매우 중요한 심리적 방아쇠다. 이 역시 아주 오래전부터 우리 인간의 잠재의식 아래에서 작용해왔다. 선사시대 이전부터 이어져온 거래와 교환의 바탕은 상호관계였다. 우리는 뭔가를 받을 거라는 믿음이 있기 때문에 상대방에게 재화와 서비스를 제공하는 것이고, 우리로부터 재화와 서비스를 받은 상대방은 상응하는 뭔가를 우리에게 줘야 한다는 의무감을 갖고 그 의무를 이행하려고 한다.

우리 가족은 크리스마스에 서로에게 선물을 주는 전통이 있다. 내가 가족에게 선물을 주면 가족 역시 나에게 선물을 줄 거라는 상호관계에 바탕을 둔 믿음이 있다. 친구나 이웃이 선물을 줬는데 그들에게 아무것도 해주지 않는 것은 그들에게 큰 실망감을 준다. 아마 다들 경험해봤을 것이다. 우리는 늘 선물을 받으면 의무감을 느끼고 상대에게 선물할 방법이나 기회를 찾는다.

PLF의 프리런칭은 잠재고객에게 무료 콘텐츠를 제공하는 과정이다. 가치 있는 콘텐츠를 무료로 제공하는 것이 프리런칭 과정의 본질이다. 일방적으로 가치를 제공하면 상호관계의 불균형이 발생한다. 이때 제공하는 무료 콘텐츠의 가치가 더욱 클수록 상호관계의 불균형 역시 더욱 커지고, 결국에는 잠재고객으로부터 뭔가를 돌려받을 가능성이 그만큼 커지게 된다. 더 큰 매출을 기대할 수 있는 것이다.

프리런칭은 보통 세 번에 나누어 진행되는데, 판매 개시 전까지 상호관계의 불균형을 축적해두는 게 좋다. 다시 한번 강조하지만, 상호관계는 매우 강력한 심리적 방아쇠이고, 결국은 균형을 찾아가려는 힘이 강력하게 작용한다.

③ 신뢰

누군가의 삶에 대해 영향력을 갖는 가장 빠른 길은 신뢰를 얻는 것이다. 전혀 모르는 사람이 했다면 절대로 믿지 않았을 말도 당신이 신뢰하는 친구, 부모, 교사가 말하면 그대로 믿었던 경험이 다들 있을 것이다. 이런 차이가 신뢰의 힘이다.

상대방이 당신을 신뢰한다면 그 사람에게 영향력을 행사하기가 훨씬 더 쉬워진다. 그 사람의 특정 행동을 유발하기도 훨씬 더 쉬워진다. 결론적으로, 그 사람에게 어떤 제품을 판매하기가 훨씬 더 쉬워진다.

물론 비즈니스 관계에서 신뢰를 형성한다는 것은 매우 어려운 일이다. 특히 요즘에는 사람들이 하루 종일 너무나도 많은 마케팅 메시지에 둘러싸여 살아가기 때문에 마케팅의 안개를 뚫고 그들에게 접근하는 것 자체가 어렵고, 더 나아가 그들과 신뢰를 형성하는 건 더욱 어렵다.

이런 상황에서 신뢰를 형성하는 가장 좋은 방법은 시간을 이용하는 것이다. 처음에 새로운 이웃을 만나게 되면 그 사람에 대해 아는 것도 없고, 그래서 친구라는 생각이 들지 않는다. 그러나 어느 정도의 시간이 지나면서 그 이웃과 교류를 하다 보면 신뢰감이 생긴다. 시간이 신뢰를 형성하는 데 도움이 된다.

PLF의 프리런칭은 시간을 효과적으로 두고 사용하는 사이드웨이 세일즈 레터 방식으로 진행된다. 일반적인 광고나 제품 소개는 단발성으로 스쳐 지나가지만, 사이드웨이 세일즈 레터는 잠재고객과 반복적으로 소통하기에 잠재고객과 신뢰관계를 형성할 가능성이 훨씬 더 크다.

4 기대

또 하나의 강력한 심리적 방아쇠는 '기대'다. PLF는 잠재고객의 기대감을 이용하는 접근법이며, 처음 PLF 강의를 시작했을 때, 수강생들은 내 방식을 '기대감을 이용하는 마케팅'이라고 불렀다.

기대감은 마케팅의 안개를 거두는 가장 효과적인 심리적 방아쇠다. 잠재고객이 기대감을 갖게 만든다면 당신의 제품은 지속적으로 관심을 받는다. 어린 시절 특별한 날이나 이벤트를 기대하던 때를 떠올려보자. 생일일 수도 있고, 크리스마스일 수도 있고, 아니면 여름방학식 날일 수도 있다. 기대하는 날이 다가올수록 시간은 더욱 느리게 흐르는 것 같고, 머릿속에는 오직 그날에 대한 생각뿐이다.

그리고 우리는 어른이 되었지만 이런 기대감은 변하지 않는다. 특별한 날이나 이벤트가 다가오면 엄청난 기대감에 사로잡힌다. 당신의 런칭을 생일이나 여름방학식 같은 이벤트로 만들 수만 있다면 어떤 일이 일어날지 예상이 가는가?

사람들은 가치 있는 이벤트에 대해서도 기대감을 갖는다. 그런 이벤트가 있다면 달력에 표시해두고 그날을 기다린다. 사람들의 기대감을 잘 이용할 수만 있다면 사람들은 당신 제품의 출시일을 달력에 표시해두고 당신의 제품을 기다릴 것이다. 잠재고객을 당신의 스토리에 끌어당길 수만 있다면 그들은 기대감을 갖고 당신의 런칭에 참여하게 될 것이고, 결국은 당신의 제품을 기다리게 될 것이다.

다른 심리적 방아쇠들에 더해 잠재고객의 기대를 이끌어낼 수 있다면 잠재고객에 대한 당신의 영향력은 훨씬 더 증폭되고, 런칭의 결과는 당신의 기대를 훨씬 더 넘어서게 된다.

5 호감

호감이 인간의 결정과 행동에 영향을 끼치는 심리적 방아쇠라는 건 다들 알고 있을 것이다. 우리는 우리가 잘 알고, 좋아하고, 믿을 수 있는 사람과 함께 일하고 싶어 한다. 우리가 좋아하지 않는 사람보다는 좋아하는 사람의 의견을 더 잘 받아들인다.

다 아는 이야기겠지만 다른 사람들에게 정중하고, 친절하고, 너그럽고, 정직하게 대하는 사람이 호감을 얻는다. 다른 사람에게 호감을 많이 받는 사람일수록 더 큰 영향력을 갖는다.

사람들은 비즈니스에서도 인간미를 찾는다. 그래서 대기업에서 뭔가를 구매하는 걸 기피하는 사람들도 있으며, 이를 잘 알고 있는 대기업들은 자신들의 메시지에 인간미를 담으려고 한다. 지금과 같은 디지털 커뮤니케이션의 시대에는 기업들이 고객들과의 소통을 늘리고 호감도를 높이는 일이 상대적으로 용이해졌다.

사이드웨이 세일즈 레터 방식으로 진행되는 프리런칭은 호감도를 높이는 매우 효과적인 접근법이다. 프리런칭 과정에서 무료로 가치 있는 콘텐츠를 제공하고, 고객의 질문에 답하고 그들과 직접적으로 소통한다. 모두 호감도를 높이는 일이다. 이와 같은 과정을 통해 잠재고객과 더욱 강한 관계를 맺게 되고, 결과적으로 잠재고객에게 영향력을 더욱 높일 수 있다.

6 이벤트와 의식

마케팅을 이벤트로 만들 수만 있다면 (PLF가 추구하는 것이 바로 이것이다) 사람들은 저절로 모이게 된다. 사람들은 이벤트를 좋아한다. 이벤트를 찾아다닐 정도다. 특히 사람들은 거대한 집단의 일부가 되는 느낌을 주는 이벤트에 열광한다. 사람들이 스포츠 경기를 좋아하고, 자신이 응원하는 팀의 승패에 집착하는 것도 이 때문이다. 응원하는 팀의 선수들이 열심히 경기에 임하는 모습을 지켜보는 것은 팬들의 일상에서 매우 중요한 이벤트가 된다.

의식 역시 마찬가지다. 어떤 이벤트는 의식이 되기도 하는데, 의식에 참여하는 걸 인생에서 가장 중요한 일로 여기는 사람도 있다. 사실 거의 모든 종교에 있어 의식은 종교를 유지하는 근간이 된다. 하지만 오늘날 현대화된 세상에서 사람들은 의식에 참여할 기회가 거의 없다(그래서 스포츠 경기에 열광하는 사람들이 점점 더 많아지고 있는 건지도 모르겠다). 마케팅을 일종의 의식으로 만들 수만 있다면 커다란 성공을 이끌어낼 수 있다.

당장 종교단체를 만들거나 스포츠 팀을 창단하라는 말은 아니다. 다만 심리적 방아쇠로서의 이벤트나 의식에 대해 생각해볼 필요는 있다. 마케팅을 이벤트나 의식으로 만들 수만 있다면 사업의 성과는 크게 달라질 것이다.

7 커뮤니티

커뮤니티 역시 매우 강력한 심리적 방아쇠로 작동한다. 우리는 우리가 속한 커뮤니티의 규범에 따라 행동한다. 내가 성장기를 보냈던 미국 중서부 지역은 대다수가 집 마당에 잔디를 깔았다. 그리고 그 잔디를 푸르고, 짧고, 건강하게 유지하기 위해 많은 시간과 노력과 돈을 들였다. 미국 중서부 지역의 모든 사람들이 잔디 관리를 좋아해서 그렇게 한 것은 아닐 것이다. 마당에 잔디를 깔고 보기 좋게 관리해야 한다는 지역사회의 규범 사람들의 그렇게 행동하도록 만든 것이다.

직장, 지역사회, 학교, 온라인처럼 당신 역시 여러 커뮤니티에 속해 있었을 것이고, 지금도 속해 있을 것이다. 커뮤니티에는 구성원들에게 요구되는 행동규범이 있다(명확하게 문서화되어 있지는 않더라도 말이다). 행동규범의 내용은 커뮤니티마다 서로 다르겠지만, 각 행동규범은 해당 커뮤니티 내에서는 강력한 심리적 방아쇠로 작용한다.

그런데 커뮤니티에 대해 사람들이 오해하는 점이 있다. 커뮤니티라고 하면 규모가 커야 하고, 새로 만들기가 어렵고, 운영은 더욱 어렵다고 생각하지만, 사실은 누구라도 런칭 과정에서 온라인 커뮤니티를 만들고 운영할 수 있다. 사람들과 소통하고, 마케팅에 사람들을 끌어들이고, 그 사람들끼리 서로 소통하도록 만든다면 이미 커뮤니티를 형성하기 시작한 것이다. 그 커뮤니티의 규범을 만들 수도 있다. 이와 같은 커뮤니티를 만드는 데 성공한다면 커뮤니티의 사람들은 PLC에 대한 입소문을 만들어내고, 당신의 블로그 포스트에 의견을 달고, 소셜미디어에 와서 '좋아요'를 누를 것이다. 그리고 제품을 구매할 것이다.

8 희소성

희소성은 가장 강력한 심리적 방아쇠 가운데 하나다. 그 이유는 단순하다. 우리 인간은 희소하고 가치 있는 재화에 더 큰 욕망을 갖는다. 다만 단순히 희소하다는 사실만으로는 부족하고, 어떤 재화가 희소하고 가치 있다는 것을 많은 사람들이 인식해야 강력한 심리적 방아쇠로 작용한다. 희소성이 갖는 힘은 우리 삶 곳곳에서 쉽게 찾아볼 수 있다. 왜 사람들은 다이아몬드에 비싼 값을 지불할까? 보석 가운데 가장 희소하기 때문이다. 다이아몬드만이 아니다. 어떤 제품이든 사람들이 희소하다고 인식할수록 제품의 가격은 높아진다. 금, 롤렉스 시계, 페라리 자동차가 그렇다.

희소성은 사람들에게 구매 결정을 촉진하는 요인이 되기도 한다. 사람들은 어떤 제품의 구매 결정을 앞두고 상당히 망설이는 경향을 보인다. 구매 결정은 곧 돈을 쓴다는 걸 의미하기 때문이다. 마케팅의 핵심 목표 가운데 하나는 사람들의 구매 결정을 촉진하는 것인데, 이때 희소성을 강조함으로써 이런 목표를 이루어낼 수 있다. 희소한 제품은 구매를 망설이는 사이에 시장에서 사라질 수 있기 때문에 사람들은 빠르게 구매해야 한다는 압박을 받는다.

성공적인 런칭을 위해서는 희소성의 인식을 사람들에게 심어줄 필요가 있다. 최소한 런칭 기간이 지나면 지금의 가격으로는 제품을 사지 못한다는 인식이라도 심어줘야 한다(런칭 기간에만 특별히 할인된 가격으로 판매하고, 런칭 이후에는 정상 가격으로 판매하는 것이다). 그래야 사람들의 구매 결정을 앞당길 수 있다. 사람들에게 희소성이 있는 제품임을 보여준다면, 런칭의 성과는 차원이 다른 수준으로 올라서게 될 것이다.

일반적으로 런칭을 진행하게 되면 런칭의 마지막 24시간 동안 발생하는 매출이 그전까지의 전체 시간에 발생한 매출과 비슷한 경우가 많다. 밸런타인데이에 사용할 꽃도 밸런타인데이 당일에 가장 많이 팔리는 것과 마찬가지로, 제대로 희소성을 인식시킨 런칭은 마지막 24시간 동안 많은 매출이 발생한다. 이와 같은 상황을 지켜보는 것은 재미있는 일이다. 당신의 런칭이 희소성이 있다는 것을 보여주고, 런칭 마지막 날에는 얼마나 많은 사람들의 주문이 몰려드는지 직접 확인하길 바란다.

희소성의 가치를 설명한 이 단락은 꼭 여러 번 읽어보길 권한다. 사업의 성과를 한 차원 올려줄 개념이다. 당신의 모든 런칭에 희소성의 개념을 도입한다면 그것만으로도 이 책을 구입하는 데 들인 돈의 1만 배는 다시 회수해갈 수 있을 것이다. 희소성은 그 정도로 효과적인 심리적 방아쇠다.

9 사회적 검증

사회적 검증도 매우 강력한 심리적 방아쇠다. 옛날 방식의 마케팅 캠페인에 사회적 검증을 집어넣는 것은 상당히 어렵지만, PLF 방식을 이용하여 사회적 검증을 집어넣는 것은 매우 쉽다.

다른 사람들의 반복적인 행동을 목격하면, 우리는 그 행동을 따라 해도 안전하다는 느낌을 받는다. 이것이 바로 사회적 검증의 힘이다. 사회적 검증에 의해 불안감이 사라지는 것이다. 우리는 사회적 존재이고, 우리 주위에 있는 다른 사람의 행동에 필연적으로 영향을 받게 된다.

다음의 상황을 생각해보자. 지금은 저녁 7시이고, 당신은 낯선 도시에 도착했다. 배가 고파서 식당을 찾기 시작했는데, 스마트폰도 배터리가 없어 사용할 수 없다. 스스로 판단해, 마땅한 식당을 찾아야 한다. 차를 몰고 나아가는데, 저 앞에 식당 두 곳이 보인다. 우측 길가에 있는 식당에는 주차장에 차가 한 대도 없다. 반면에 좌측 길가에 있는 식당 주차장에는 여섯 대의 차가 있다. 어떤 식당을 선택하겠는가? 당신의 선택은 주차장에 여섯 대의 차가 서 있는 좌측 식당이 될 것이다. 다른 사람들의 선택을 믿고 따르는 것이다. 이것이 바로 사회적 검증의 작용이다.

만약 인터넷을 이용할 수 있었다면 이번에는 인터넷에 있는 다른 사람들의 리뷰를 보고 식당을 선택했을 것이다. 이 역시 사회적 검증을 따른 결과다. 우리의 행동이나 선택은 다른 사람들의 말과 행동에 의해 상당한 영향을 받는다.

다른 예도 생각해보자. 소프트웨어를 다운로드 받으려고 할 때 우리는 다운로드 사이트에 가서 검색을 한다. 검색 결과 12개의 소프트웨어들이 나왔다면 우리는 그 12개의 소프트웨어들의 다운로드 횟수를 비교해본다. 어떤 소프트웨어는 다운로드 횟수가 350만 회이고, 또 다른 소프트웨어는 다운로드 횟수가 1만 7000회이고, 나머지 소프트웨어들은 다운로드 횟수가 1000회 미만이다. 이 경우 우리는 어떤 소프트웨어를 선택하게 될까? 대부분의 경우 우리의 선택은 다운로드 350만 회의 소프트웨어가 된다. 사람들의 선택엔 다 이유가 있다고 판단하는 것이다. 이 역시 사회적 검증의 작용이다.

PLF도 잠재고객과의 소통을 기반으로 진행되기 때문에 본질적으로 사회적 검증이 작용하게 된다. 당신의 웹사이트를 처음 방문하는 사람들도 당신의 PLC에 대해 다른 사람들이 남긴 의견이나 언급을 보게 되고, 이 역시 사회적 검증이 작용하는 것이다. 그리고 사회적 검증이 만들어내는 효과는 매우 강력하다.

심리적 방아쇠를
연달아 사용하라

심리적 방아쇠는 우리 인간의 잠재의식에서 작용하며, 우리의 결정과 행동에 대해 지속적으로 영향을 끼치게 된다. 다시 말해 이는 우리 잠재고객의 결정과 행동 역시 심리적 방아쇠에 의해 크게 영향을 받는다는 의미가 된다. 다만 여기서는 분량의 한계로 PLF 강습 과정에서 다루는 심리적 방아쇠의 절반 정도만을 다루었다. 나머지 절반의 심리적 방아쇠에 대해 더 알고자 하는 사람들은 책 335쪽에 '무료 특강: 심리적 방아쇠' 사이트로 들어가서 확인하면 된다.

많은 경우 심리적 방아쇠는 어느 하나가 단독으로 작용하지 않는다. 다수의 심리적 방아쇠들이 복합적으로 작용하며, 시너지 효과를 내기도 한다. 심리적 방아쇠의 작용 효과가 우리 생각보다 훨씬 더 커질 수 있는 것이다. 예들 들어 신뢰와 권위는 밀접하게 연관되어 있다. 신뢰가 있는 경우에는 권위가 형성되기 쉽고, 권위가 있는 경우 신뢰는 자연스럽게 뒤따른다. 많은 경우 권위는 '신뢰받는 자리'로 인식된다.

희소성과 사회적 검증도 마찬가지다. 어떤 제품이 희소하다는 것은 수요가 공급을 크게 넘어서기 때문인 경우가 많은데, 수요가 많다는 것은 사회적으로 검증 받은 제품이라는 의미가 된다. 사회적 검증과 희소성은 대체로 함께 움직인다.

심리적 방아쇠는 여러 가지가 순차적으로 연속하여 사용될 때 효과가 극대화된다. PLF의 성과가 그토록 크게 나타나는 이유도 바로 여기에 있다. PLF의 방식은 런칭 과정에서 여러 심리적 방아쇠들을 순차적으로 사용하는 것이다.

이 부분에 관해서는 프리런칭과 런칭에 대해 논하는 장에서 더 자세히 다루려고 한다. 그리고 런칭 과정의 어느 단계에서 어떤 심리적 방아쇠를 이용하는 게 더 효과적인지에 대해서도 다룰 것이다. 미리 짧게 설명하자면, 프리런칭을 시작할 때는 당신이 만드는 결과와 고객들이 갖게 되는 기회를 확실하게 약속하는 콘텐츠를 공개하는 게 일반적이다. 그리고 이런 콘텐츠에서는 심리적 방아쇠로서 권위를 이용하는 게 효과적이다. 권위는 억지로 만들어내는 게 아니다. 당신이 공개하는 콘텐츠에서 자연스럽게 만들어져야 한다. 또한 가치 있는 콘텐츠를 공개함으로써 당신은 상호관계를 이용하게 된다. 당신이 만들어낸 상호관계의 불균형은 균형을 찾아가려는 속성을 지니고 있으며, 이는 매출로 이어지게 된다. 그리고 순차적으로 공개하는 PLC에서 잠재고객에게 기대감을 만들어줄 수 있다.

PLC에 대한 사람들의 의견이나 언급은 사회적 검증을 만들어낸다. 이와 같은 사람들의 의견이나 언급은 당신의 블로그, 혹은 소셜미디어에도 달릴 수 있는데, 어떤 경로에 달리든 사회적 검증의 효과가 발생하게 된다. 그리고 프리런칭 과정에서 당신이 어떤 식으로 사람들의 의견이나 언급에 대응하느냐에 따라 호감이 발생할 수 있다(그리고 호감은 신뢰로 이어질 수 있다).

프리런칭의 막바지, 오픈 카트를 앞둔 시점이 되면 이벤트와 의식을 이용해야 한다. 또한 이 시점이 되면 사람들은 제품의 출시를 기대하게 되는데, 이때는 희소성을 이용해야 한다. 제품이 지니고 있는 희귀한 속성을 강조하거나, 아니면 런칭 기간에만 특별한 판매조건을 제시하는 식으로 해당되는 짧은 기간에 제품의 가치를 올릴 수 있다.

PLF는 다양한 심리적 방아쇠들을 순차적으로 사용할 수 있도록 해주기 때문에, 런칭의 효과를 극대화할 수 있다. 사실 각각의 심리적 방아쇠에 모든 사람이 동일하게 반응하는 것은 아니다. 어떤 사람들은 사회적 검증에 강하게 반응하고, 또 다른 사람들은 신뢰나 권위에 대해 강하게 반응한다. 이런 상황에서 다양한 심리적 방아쇠들을 순차적으로 사용한다면 런칭은 강한 영향력을 만들어낼 수 있다. 이것이 바로 PLF의 힘이며, PLF가 마케팅 분야의 게임 체인저가 된 이유이기도 하다.

여기까지 PLF의 기본적인 내용은 충분히 다루었다고 생각한다. 이번 장에서는 심리적 방아쇠들을 다루었고, 이전의 장들에서는 PLF를 진행하는 데 필요한 기본 지식들에 대해 다루었다. 그렇다면 이제는 가속 페달을 밟아 PLF의 진행을 본격적으로 다룰 때가 된 것 같다.

2부

PLF
진행하기

6장

프리-프리런칭으로
시장에 경고사격을 하라

이 책을 읽어나가면서 알게 되겠지만, 런칭을 진행하기 위해서는 많은 시간을 들여 계획을 세워야 하고, 해야 할 작업들도 무척이나 많다. 성공적인 (제품이 지니고 있는 잠재력을 최대한 이끌어내는) 런칭은 언제나 그만큼의 노력을 요한다. 그리고 지금 이 책을 읽는 사람이라면 어느 정도의 수고는 감수할 거라고 생각한다.

런칭의 첫 단계는 프리-프리런칭이다. 프리-프리런칭은 잠재고객에게 제품에 대한 기대감을 심어줄 수 있는 단계라서 중요하다. 지금까지 많은 사람이 PLF에 대해 완성품의 구조를 분석해서 작동 원리를 파악하는 리버스 엔지니어링을 시도해왔다. PLF의 진행 과정을 관찰하고 분석하면서 이 방식의 성공 요인을 찾으려 하는 것이다. 그런데 리버스 엔지니어링의 문제는 진짜 중요한 성공 요인을 '전부' 찾아내지 못하는 경우가 많다는 것이다. 이런 성공 요인 몇 가지를 빼놓는 리버스 엔지니어링은 대상을 제대로 분석하지 못한 것이다. PLF에 리버스 엔지니어링을 시도하는 사람들이 거의 항상 놓치는 부분이 바로 프리-프리런칭이다. 프리-프리런칭은 겉으로 분명하게 드러나는 마케팅 활동이 아니기 때문이다. 그렇다고 해서 까다로운 단계라는 의미는 아니다. 사실 프리-프리런칭은 PLF에서 가장 간단하고 쉬운 부분이다.

프리-프리런칭의 기본적인 목표는 당신의 부족tribe을 활성화하는 것이다. 아직 자신의 부족을 가지고 있지 않다면 자신의 부족을 만드는 게 프리-프리런칭의 목표가 된다. 그리고 다른 중요한 기초 작업들도 함께 이루어져야 한다. 제품 구상에 대한 시장의 관심 정도를 파악해야 하고, 표면화될 수 있는 시장의 거부감도 파악해야 한다. 그래야 프리런칭 단계에서 거부감에 대해 효과적으로 대응할 수 있다. 그리고 제품의 판매조건을 결정하기 위한 시장 정보도 수집해야 한다. 당신은 프리런칭 단계를 준비하면서 동시에 이 모든 작업을 진행해야 한다.

나는 프리-프리런칭 단계를 '시장에 대한 경고사격'이라고 표현하는 걸 좋아한다. 여기서 경고사격은 해군의 경고사격과 의미가 유사한데, 해군의 경고사격은 본격적인 공격의도를 담고 있는 게 아니라 상대 함선의 주의를 끄는 게 목적이다. 프리-프리런칭의 본질은 시장의 주의를 끄는 것이다. 이때 뭔가를 팔려고 한다는 본격적인 의도를 드러내지는 말아야 한다.

꽤 복잡한 과정처럼 들릴 수 있다. 하지만 프리-프리런칭 단계를 다 마치고 돌아보면 위에 나열한 작업들을 수행하는 일이 오히려 간단하고 쉽다는 생각을 갖게 될 것이다.

사실 프리-프리런칭에서 내가 사용하던 도구는 이메일 정도였다. 다만 요즘은 소셜미디어를 활용하는 비중이 계속 커지고 있고 동영상이나 설문조사를 이용하는 경우도 있다.

프리-프리런칭에서 던지는 10가지 질문들

내 경우 본격적인 런칭을 앞둔 프리-프리런칭 단계에서 가장 자주 하게 되는 질문 10가지가 있다. 다음 질문들은 프리-프리런칭을 진행하며, 집중해야 하는 것이 무엇인지 알려줄 것이다.

▮ "뭔가를 팔려 한다는 인상을 주지 않으면서 새로운 제품이 곧 나올 거라는 사실을 알려줄 수 있을까?"

사람들은 자신들에게 뭔가를 팔려 한다는 인식을 갖게 되면 방어벽을 치게 된다. 잠재고객은 소통을 구매 설득으로 판단하고, 그때부터는 우리의 말을 덜 믿고 더 많이 의심하게 된다. 프리-프리런칭 단계에서 잠재고객과 소통을 시작할 때는 뭔가를 팔려는 의도를 과도하게 드러내서는 안 된다.

▮ "사람들의 호기심을 자극할 수 있을까?"

호기심은 기대로 연결되고, 기대는 강력한 심리적 방아쇠로 작용한다. 사람들의 호기심을 자극해 프리-프리런칭으로 사람들을 끌어들일 수 있다. 그리고 더 나아가 전체 런칭 과정에서 잠재고객을 계속 유지할 수 있다.

3 **"제품 개발 과정에 사람들을 참여시킬 수 있을까?**
사람들과 협업을 진행할 수 있을까?"

이건 매우 중요한 질문이지만, 대부분의 사람들이 놓치는 질문이기도 하다. 사람들은 뭔가를 만드는 과정을 자신이 도울 수 있다면 도움을 주려고 한다. 그리고 제품 개발 과정에 사람들을 참여시키고 그들에게 참여 의식을 심어줄 수 있다면, 더 나아가 제품 개발 과정에 참여한 사람들이 스스로를 공동개발자라고 인식하게 만들 수 있다면 그들은 잠재고객을 넘어 당신의 응원자가 된다.

4 **"이번 제품에 대한 사람들의 거부감을**
미리 파악할 수 있을까?"

당신의 제품에 거부감을 가지고 있는 사람에게 제품을 팔 수 없다. 사람들의 거부감을 해결하기 위해서는 우선 거부감의 실체부터 알아야 한다. 제품에 대한 시장의 거부감은 잠재고객과 실제로 소통하기 전까지는 정확히 알기가 어렵다. 그럼에도 대부분의 사업가들은 잠재고객과 소통을 한답시고, 그들이 가지고 있는 거부감의 실체를 알기도 전에 무작정 제품을 런칭한다. 프리-프리런칭 단계에서 시장의 거부감을 미리 파악해야 한다. 또한 본격적인 제품 런칭에 앞서 거부감에 대한 해법을 찾아야 한다.

5 **"'업무적인 말투'를 사용하지 않고**
판매조건에 대한 대화를 시작할 수 있을까?"

이 질문은 1번 질문과 연결되는데, 다시 한번 강조하지만 프리-프리런칭 단계에서 잠재고객과 소통할 때는 뭔가를 팔려는 의도를 과도하게 드러내서는 안 된다. 그리고 고객들과의 대화는 당신의 단기적인 목표를 이루고 그대로 끝내는 게 아니라 계속 이어나간다는 태도로 임해야 한다. 마케팅의 효과를 높이기 위해서는 독백이나 강의가 아니라 잠재고객과 대화해야 하며, 런칭 대화는 프리-프리런칭 단계에서부터 시작하는 것이다.

6 "사람들에게 즐거움을 줄 수 있을까?"

뭔가를 팔려는 사람은 끊임없이 나타나는 중이고, 사람들의 관심을 끈다는 것은 점점 더 어려운 일이 되어가고 있다. 당신의 잠재고객은 '관심의 시한폭탄'을 가지고 있는데, 그 관심의 시한폭탄은 몇십 초만 지나도 터져버리고 잠재고객은 다른 곳으로 떠나버린다. 시장상황을 과장하는 것도 아니고, 쓸데없이 당신을 겁주려는 것도 아니다. 당신이 접근하고 있는 잠재고객의 주위에서는 수많은 사업자들이 그들의 관심을 끌기 위해 온갖 노력을 하고 있는 중이다.

이때 사람들에게 즐거움이나 놀라움을 준다면 관심의 시한폭탄타이머 속 남은 시간은 크게 늘어나게 된다. 사람들을 웃게 만들면 '관심의 시한폭탄'은 터지지 않고, 사람들은 떠나가지 않는다. 당신의 런칭 과정에 계속 머물도록 할 수 있는 것이다.

7 "시장에서 나를 드러내고 차별화할 수 있을까?"

이 질문은 6번 질문과 연관이 있는데, 시장에서 당신의 존재를 드러낼 수 있어야 잠재고객과 관계를 맺고 지속적으로 소통하는 게 가능하다. 나는 나의 마케팅이 다른 사업자들의 마케팅과 비슷하기를 바라지 않는다. 나는 나의 마케팅이 사람들에게 독특하다고 여겨지고 그들의 기억에 남길 바란다. 현실에서 큰 성공을 이루는 사람들은(사업체들은) 소수다. 대부분의 사람들은 평균 수준의 성과만을 이루어낸다. 평균 수준의 성과를 이루어내는 것은 나의 목표가 아니며, 당신의 목표도 아닐 것이다. 다른 사람들이 하는 방식을 따르는 것은 좋은 선택이 아니다. 다른 사람들이 하는 방식을 지켜보고, 그들과는 다른 방식으로 하라. 시장에서 차별화를 하는 것은 그렇게 어려운 일이 아니다. 다른 경쟁자들과 조금만 다른 방식으로 접근해도 충분히 차별화가 된다.

8 "시장이 나의 제품을 원하는지 어떻게 알 수 있을까?"

사람들이 "어떤 제품을 원한다"라고 말을 하고 다니는 것도 아닌데, 어떻게 미리 알 수 있겠냐고 생각할 수도 있다. 물론 시장의 잠재고객이 자신이 원하는 바를 계속 말하면서 다니는 것은 아니다. 그러나 잠재고객은 여러 문제들을 겪고 있다. 그들에게는 희망, 꿈, 욕망이 있고, 밤잠을 설치게 만드는 두려움도 있다. 그리고 그들은 자신의 문제가 해결되기를 바라고, 자신의 희망이나 꿈이 이루어지기를 바란다. 당신이 잠재고객의 문제를 해결해주고, 그들의 희망이나 꿈을 이루어줄 수 있는 해법을 제시한다면 그들은 당신의 제품을 구매할 것이다.

9 "최적의 판매조건은 어떻게 결정해야 할까?"

PLF가 모든 해법이 되는 것은 아니다. 제품의 판매조건만큼은 스스로의 판단하에 결정해야 한다. 나는 PLF 수강생들에게 '압도적인 판매조건'을 제시하라고 말한다. 지금은 이 말의 의미가 꽤나 모호하게 들리겠지만, PLF를 배우면서 그 의미를 명확하게 인식하게 될 것이다.

높은 매출을 이끌어내기 위해서는 압도적인 판매조건을 제시해야 한다. 그리고 이 판매조건을 제대로 찾아낸다면 성공에 크게 다가선 셈이다. 프리-프리런칭은 압도적인 판매조건을 찾기 위한 핵심 단계다. 적절한 방법을 찾아 물어본다면 잠재고객은 판매조건에 대한 실마리를 보여줄 것이다.

10 "프리-프리런칭 단계를 프리런칭 단계로
자연스럽게 이어나갈 수 있을까?"

PLF는 프리-프리런칭 단계부터 런칭의 마지막 단계에 이르기까지 각각의 단계가 순차적으로 서로 자연스럽게 이어지도록 설계되어 있기 때문에 이 책의 방식을 잘 따른다면 이번 질문에 대한 해답은 자연스럽게 찾을 수 있을 것이다.

짧은 이메일로 시작하는
프리-프리런칭 전략

이렇게 프리-프리런칭에서 중요한 요소를 고민하면서, 나는 잠재고객에게 접근하는 훌륭한 전략을 하나 찾았다. 바로 이메일이다.

이메일은 누구나 쉽게 사용할 수 있는 도구면서, 매우 효과적인 마케팅 전략 수단이다. 내 경우 이메일을 활용한 전략의 성공률은 95퍼센트였다! 지금은 이메일의 유형이 매우 다양하게 분화되었지만, 가장 기본적인 이메일도 여전히 매우 효과적이다. 혹시 다음에 소개할 이메일을 보고 짧고 간단하다며 대충 넘어갈 생각이었다면 절대 그렇게 하지 말길 바란다. 이 책을 읽는 모두가 이메일의 힘을 분명하게 인식해야 한다.

지난 2005년, 주식 트레이딩을 위한 새로운 제품을 런칭할 때 프리-프리런칭 단계에서 나는 내 이메일 리스트의 사람들에게 다음과 같은 짧은 이메일을 하나 보냈다(다만 최근에는 나도 페이스북과 인스타그램을 함께 활용하고 있다).

제목: 짧은 공지사항과 부탁을 전합니다!

안녕하세요. 여러분! 제프입니다.

잘 지내고 계신가요?

저희의 트레이딩 업데이트가 거의 완료되었음을 알려드리며 여러분께 작은 도움을 요청드리려고 합니다.

많은 분께서 기다려주신 트레이딩 매뉴얼(Trading Manual)이 1월 초순에 공개됩니다! 트레이딩 매뉴얼 공개 전, 마지막으로 여러분께 짧은 설문조사를 부탁드립니다.

지금 이 [링크]로 들어가서 질문에 답을 해주시면 됩니다(해당 링크에서는 출시 예정인 트레이딩 매뉴얼에 관한 추가 정보도 얻으실 수 있습니다).

감사합니다.

제프

내가 보냈던 것은 이 정도로 짧은 이메일이었다. 복잡한 내용 없이 링크 하나를 전달했다. 나의 프리-프리런칭은 이와 같은 짧은 이메일로 시작되었지만, 큰 성과로 이어졌다. 그리고 링크로 연결된 페이지에는 다음 글을 실었다.

안녕하세요!

그동안 오래 기다려주신 트레이딩 매뉴얼의 개발이 이제 곧 완료됩니다.

저희의 트레이딩 매뉴얼은 4년의 개발 기간을 거쳐 완성을 앞두고 있으며, 1월 초 공개를 목표로 하고 있습니다.

이번 과정은 전체적으로 '지지선과 저항선'에 초점을 맞추고 있습니다. 교재는 두 권의 책자, 여덟 개의 오디오 CD, 그리고 한 개의 비디오 튜토리얼 DVD로 구성되어 있으며, 지지선과 저항선에 관하여 저희가 알고 있는 모든 것을 이번 과정에 집어넣었습니다.

이번에 공개될 트레이딩 매뉴얼에는 지지선과 저항선 찾아내는 법, 그리고 지지선과 저항선에서의 투자법 같은 내용이 담겨 있습니다.

다만 지금 시점에서 여러분의 도움이 필요합니다. 이제 강습 과정 개발을 마치고 교재 제작에 들어가기에 앞서 저희가 놓친 부분은 없는지 확인하려 합니다.

몇 분의 시간을 내주시어 짧은 설문에 응해주신다면 정말로 감사하겠습니다. 사실 질문은 단 하나입니다!

지지선과 저항선에 관하여 여러분이 가장 궁금한 점 두 가지가 무엇인지 저희에게 알려주실 수 있으신가요?

매우 짧은 이메일과 매우 짧은 설문 요청 웹페이지, 이게 전부였다. 요즘 시대에 '오디오 CD'와 '비디오 튜토리얼 DVD'를 이야기한다며 경악하는 사람들도 있을 것이다. 하지만 이와 같은 이메일은 오늘날의 온라인 강의와 멤버십 사이트에서도 여전히 효과적이다. 그리고 시간이 흘러 '온라인 강의'와 '멤버십 사이트' 같은 말이 구식이 되더라도 이와 같은 이메일 전략은 계속 효과적일 것이다.

이제 앞의 10가지 질문들로 돌아가보자. 이 짧은 이메일과 웹페이지가 얼마나 효과적인 전략이 될 수 있는지를 확인할 수 있을 것이다.

1 "뭔가를 팔려 한다는 인상을 주지 않으면서 새로운 제품이 곧 나올 거라는 사실을 알려줄 수 있을까?"

나는 사람들에게 새로운 제품이 나온다는 점을 알렸지만, 제품 판매에 관해서는 아무런 언급도 하지 않았다. 그저 이메일에서 사람들의 도움을 요청했을 뿐이었다. 나는 앞으로 출시될 제품에 대한 피드백을 요청했고, 그게 전부였다. 그러나 내 첫 번째 이메일은 여러 다양한 효과를 만들어냈다.

2 "사람들의 호기심을 자극할 수 있을까?"

우선 나는 새로운 제품이 나온다는 점을 알림으로써 사람들의 호기심을 자극했다. 그리고 이메일의 링크에 들어가 출시 예정인 제품에 관한 추가 정보를 얻을 수 있다는 점을 알렸다. 나는 이메일과 설문 웹페이지에서 '그동안 오래 기다려주신'이라는 표현을 사용했는데, 이러한 표현이 사람들의 호기심을 자극하고 기대감을 높일 수 있다. 그렇게 되면 사람들 사이에서 입소문을 타기가 쉽다. 프리-프리런칭 단계에서 사람들의 호기심을 자극하게 된다면 전체적인 런칭 과정에서도 사람들의 기대감을 계속 높여나갈 수 있다.

얼마나 많은 사람들이 우리의 새로운 제품을 '그동안 오래 기다려주셨는지' 정확히 알 수는 없는 일이었다. 다만 많은 사람들이 꾸준히 트레이딩 매뉴얼 같은 제품을 만들어달라고 요청을 했었고, 나는 그런 사람들의 이메일 리스트를 만들어두고 있었다. 나는 오랜 기간에 걸쳐 사람들과 소통하며 트레이딩 매뉴얼을 개발했고, 본격적인 런칭을 앞두고 있었다. 그렇기 때문에 나는 트레이딩 매뉴얼에 대해 '그동안 오래 기다려주신'이라는 표현을 사용했다.

③ "제품 개발 과정에 사람들을 참여시킬 수 있을까? 사람들과 협업을 진행할 수 있을까?"

내가 보냈던 이메일 자체가 제품 개발 과정에 대한 참여 요청이었다. 나는 우리의 새로운 제품에 관하여 가장 알고 싶은 점 두 가지를 말해줄 것을 사람들에게 요청함으로써 잠재고객을 제품 개발 과정에 참여시켰다. 이 질문과 관련하여 가장 핵심이 되는 부분은 다음이다. "다만 지금 시점에서 여러분의 도움이 필요합니다. 이제 강습 과정 개발을 마치고 교재 제작에 들어가기에 앞서 저희가 놓친 부분은 없는지 확인하려 합니다." 사람들은 만드는 과정에 자신이 직접 참여한 제품에 대해서는 해당 제품의 응원자가 된다. 그렇기 때문에 나는 잠재고객을 제품 개발 과정에 참여시키려고 했다.

그리고 여기에서는 심리적인 부분이 작용하기도 한다. 지난 장에서 강조했던 심리적 방아쇠 가운데 상호관계가 작용하는 것이다. 잠재고객에게 뭔가를 주는게 아니라 도와달라고 했는데 어떻게 상호관계가 작용할 수 있느냐고 의문을 제기할 수도 있다.

그런데 제품 개발 과정에 대한 참여 요청 이메일을 받은 사람들은 내 이메일 리스트에 올라 있던 사람들이다. 그들 가운데 다수는 아주 오랫동안 나와 소통하고 있었다. 나는 그들에게 매일같이 뉴스레터를 보내주었고, 그들 사이에서 나는 전문가로 (심지어 멘토로) 통했다. 그런 내가 내 이메일 리스트의 사람들에게 도움을 요청하는 건 그들 입장에서는 전문가가 하려는 어떤 작업에 대한 참여 기회를 받는 셈이기도 하다. 참여 기회를 받은 사람들은 내 작업에 대해 뭔가를 해주려고 하는 심리가 생기게 된다.

짧은 이메일과 설문 웹페이지를 통해 상호관계의 불균형을 만들어내고, 이런 불균형을 토대로 잠재고객을 제품 개발 과정에 참여시키고, 결국은 잠재고객을 내 제품의 응원자로 만드는 흐름이 보이는가?

4 "이번 제품에 대한 사람들의 거부감을 미리 파악할 수 있을까?"

나는 사람들에게 내 제품과 관련하여 가장 알고 싶은 점 두 가지를 말해달라고 했다. 이번 제품에 대해 거부감이 드는 점들을 직접적으로 말해달라고 하지는 않았지만, 사람들의 응답에서 시장의 거부감을 파악하는 일이 가능하다.

사람들의 응답에서 나타나는 거부감을 적게는 두 가지, 많게는 네 가지 정도로 정리하라. 일단은 사람들의 주요한 거부감 몇 가지에 대해 우선적으로 대응하는 편이 효과적이다.

5 "'업무적인 말투'를 사용하지 않고 판매조건에 대한 대화를 시작할 수 있을까?"

이메일과 설문 웹페이지를 보면 업무적인 말투는 전혀 찾아볼 수 없다. 나는 이메일의 시작부터 오래 알고 지내는 사람들과 가볍게 대화하는 느낌을 주려고 했다. 대기업이 고객에게 "여러분께 도움을 요청합니다"와 같은 말투를 쓰는 걸 본 적이 있는가? 나는 잠재고객과 대화하는 식으로 접근했고, 사람들에게 정중하게 피드백을 요청했다.

6 "사람들에게 즐거움을 줄 수 있을까?"

사실 앞의 프리-프리런칭에서 사람들에게 즐거움을 주는 요소가 있었다고 말하기는 어렵다. 다만 나는 잠재고객을 제품 개발 과정에 초청하고, 세상에 알려지지 않은 정보를 그들에게 미리 공개했다. 이건 사람들이 잔뜩 있는 공간에서 옆자리에 있는 누군가에게 귓속말을 해준 것과 같다. 그 경우 그 귓속말의 내용이 무엇인지 다들 궁금해 하게 된다. 나는 내 제품을 세상에 공개하기에 앞서 내 잠재고객에게만 귓속말로 미리 살짝 알려준 것이다.

7 "시장에서 나를 드러내고 차별화할 수 있을까?"

나는 제품 개발 과정에서 잠재고객으로부터 피드백을 구했고, 이와 같은 식으로 그들을 제품 개발에 참여시켰다. 바로 이것이 내 비즈니스의 중요한 차별점이다. 사람들은 개발 과정에 자신이 직접 참여한 제품에 대해서는 해당 제품의 응원자가 된다. 나는 제품 개발 과정에서 사람들에게 작은 역할을 맡겼는데, 이들 가운데 상당수는 내가 진행하는 런칭의 지지자들이 되고, 더 나아가 내 제품의 구매자들이 되어준다.

8 "시장이 나의 제품을 원하는지 여부를 알 수 있을까?"

이 질문에 대한 답은 설문조사에서 분명하게 드러나게 된다. 이것만이 아니라 설문조사에서는 나에게 유용하게 활용될 수 있는 온갖 데이터들이 나오게 된다.

설문조사의 문항은 객관식과 주관식을 혼합하여 만드는 게 좋다. 일단 응답자 스스로 답을 만들어 써야 하는 주관식보다는 간단하게 답을 체크할 수 있는 객관식 쪽의 응답률이 더 높다. 그러나 주관식은 응답률은 낮아도 더 많은 정보를 준다. 그리고 주관식 설문조사에서 나온 응답 중에는 앞으로 진행하게 될 런칭 과정에서 유용하게 활용될 정보가 있을 수도 있다. 내 경우는 설문조사의 주관식 응답 내용 일부를 PLC에 활용하는 경우가 종종 있다.

마케팅 분야의 오랜 지혜가 하나 있다. "잠재고객의 마음속에서 이미 진행 중인 대화에 들어가라." 우리는 설문조사를 통해 잠재고객의 마음속에서 어떤 대화가 진행 중인지를 파악할 수 있다. 이 점만 생각해보더라도 설문조사는 매우 강력한 마케팅 도구임이 분명하다.

9 "최적의 판매조건은 어떻게 결정해야 할까?"

이 질문에 대한 답 역시 설문조사에서 나오게 된다. 좀 더 정확히 말한다면 이 질문에 대한 답의 실마리가 설문조사의 응답에 들어 있다. 특히 정보나 지식 상품을 런칭하는 경우 프리-프리런칭 단계만이 아니라 프리런칭 단계에서도 설문조사를 이용하여 잠재고객의 요구를 파악하고, 최종 출시 직전까지도 제품의 판매조건을 조정할 수 있다.

공산품을 판매하는 경우에는 콘텐츠를 이용하여 판매조건을 설명하는 식으로 대응할 수 있다. 예를 들면 제품 런칭 말미에 질의응답 라이브 웨비나 같은 콘텐츠를 추가하는 것이다. 이와 같은 콘텐츠는 런칭과 동시에 혹은 런칭 이후에 사람들에게 공개되며, 제작비용이 거의 들지 않는다. 물론 판매조건 설명을 위한 콘텐츠는 공산품만이 아니라 모든 제품 유형에서 활용될 수 있다.

10 "프리-프리런칭 단계를 프리런칭 단계로 자연스럽게 이어나갈 수 있을까?"

앞에서 소개한 첫 번째 이메일을 보낸 며칠 뒤에 나는 내 이메일 리스트의 사람들에게 또 하나의 이메일을 보냈다. 이번에는 사람들이 보여준 큰 호응에 감사를 표하고, 제품 개발이 거의 끝났다는 걸 알리는 내용의 이메일이었다. 사람들에게 제품 출시가 임박했다는 걸 알리는 내용이었지만, 여전히 제품 판매에 관한 이야기는 전혀 하지 않았다. 나는 "제가 개발한 제품 출시가 임박했습니다! 제 제품을 사 주세요!"와 같은 식으로 목청 높여 외치지 않았다. 그저 나는 내 이메일 리스트의 사람들에게 제품의 완성도를 높이는 과정에 참여해줄 것을 부탁했을 뿐이다.

프리-프리런칭 단계에서 나는 내 제품의 완성도를 높이기 위해 많이 노력하고 있다는 점, 그리고 고객들의 요구에 크게 신경 쓰고 있다는 점을 보였다. 고객들의 요구를 최대한 반영한 완성도 높은 제품이 곧 출시될 거라는 점을 내 잠재고객에게 지속적으로 알렸던 것이다.

목욕가운을 입은 채
11만 달러를 벌다

프리-프리런칭 단계의 가장 멋진 점은 단순하면서도 강력하다는 것이다. 약간의 사전 준비와 기획이 필요하기는 하지만, 프리-프리런칭 단계의 실행은 놀라울 정도로 간단하다. 내 경우는 매우 짧은 이메일 한 통과 설문조사 웹페이지만으로 프리-프리런칭 단계를 진행했으며, 이메일과 웹페이지의 작성에는 한 시간 남짓 걸렸을 뿐이었다.

그동안 수많은 프리-프리런칭 단계를 진행하며 다양한 기법들을 적용해봤지만, "가장 중요하다 생각하는 것 (혹은 가장 알고 싶은 것) 두 가지"를 꼽는 설문조사 방식이 가장 효과가 좋았다. 이는 시장에 당신의 제품이 곧 나온다는 사실을 알리고, 당신으로서는 가치 있는 시장 정보를 얻는 매우 효과적인 접근법이다.

나는 이와 같은 설문조사를 통해 시장이 찾고 있던 게 무엇인지, 내 잠재고객이 가진 강한 거부감은 무엇인지를 거의 정확하게 알 수 있었고, 심지어 내 잠재고객이 사용하던 언어까지 배울 수 있었다. 나는 런칭 과정 내내 그들의 언어를 사용하며 그들에 대한 설득력을 더욱 높이려고 했다.

이번 장에서 소개한 나의 런칭은 물리적인 제품을 판매한 내 첫 번째 런칭이자, 풀코스 강의를 판매한 내 첫 번째 런칭이었다. 든든한 출판사와 협업한 것이 아니다. 당시의 나에게는 오직 이메일 리스트와 간단한 웹사이트뿐이었다.

"목욕가운을 입은 채, 11만 달러를 벌었다"라고 말한다면 너무 황당해서 누구도 믿지 않을 것이다. 그러나 이건 실제로 일어났던 일이다. 이번 장에서 소개한 프리-프리런칭은 우리 집 주방 식탁에 앉아서 진행했으며, 제품의 판매 시작 시점에는 정말로 목욕가운을 입고 있었다!

판매를 시작하고 4분이 안되어 첫 주문이 들어왔다. 그리고 5초 만에 두 번째 주문이 들어왔다. 그 이후에는 주문이 쇄도했다. 한 시간 만에 2만 7000달러가 넘는 매출을 냈으며, 런칭 기간 일주일 동안 11만 달러가 넘는 매출을 냈다.

나는 아무런 협력업체도, 유통업체도, 전화 주문도, 외부 매출도 없이, 오직 나의 단순한 웹사이트와 이메일 리스트만으로 이 정도의 성과를 이루어냈다. 물론 내가 들인 노력은 이번 장에서 소개한 프리-프리런칭이 전부가 아니라 훨씬 더 많으며, 짧은 이메일과 설문조사 웹페이지 말고도 다른 여러 도구들이 활용되었다. 이와 관련해서는 앞으로도 계속 설명할 것이다. 이제 다음 장에서는 PLF의 심장이자 영혼, 즉 프리런칭 단계에 대해 논하려고 한다.

7장

프리런칭의 힘,
사람들이 원하는 것을 팔라

테니스 강습 비디오만 보고 테니스 실력을 올리는 일이 가능할까? 테니스 강습을 온라인 멤버십 방식으로 운영하는 게 가능할까? 사람들이 온라인 테니스 강습에 돈을 지불할까?

윌 해밀턴은 친구 한 명과 함께 '퍼지옐로우볼스닷컴'이라는 웹사이트를 만들면서 이 모든 일이 가능하다고 생각했다. 이제 막 대학을 졸업한 윌은 테니스 강사라는 직업에서 밝은 전망을 찾아볼 수 없었다. 그래서 그는 부모님 집 지하실에 사무실을 만들고, 친구와 함께 온라인 비즈니스를 시작했다. 처음 계획은 테니스 관련 동영상을 만들어 유튜브 채널에 올리고, 광고 수입을 올릴 생각이었다. 그러나 그 계획은 금세 좌절되었다. 테니스 관련 동영상으로는 조회 수가 안 나왔고, 당연히 광고 수입도 거의 없었다.

그다음 계획은 테니스 강습 동영상을 만들어 온라인 멤버십 방식으로 판매하는 것이었다. 윌과 그의 친구는 월 이용료를 25달러로 책정했다. 하지만 원래도 신통치 않았던 매출은 계속 줄어들었고, 결국 그들은 10개월이 지나 온라인 멤버십 사업을 포기했다. 사람들은 온라인 테니스 강습에 돈을 내려 하지 않았다.

그 시점에 윌은 PLF를 접했다. 그는 너무나도 절박하여 PLF를 공부한 지 몇 주 만에 곧바로 자신의 첫 번째 런칭에 들어갔다. 윌은 그 첫 번째 런칭이 기본도 제대로 갖추지 못했다고 말했다. 그는 그런 상태로 프리런칭으로 덤벼들었다.

하지만 윌은 런칭 기간 일주일 동안 3만 5000달러의 매출을 기록했다. 그와 그의 친구가 처음 온라인 비즈니스를 시작하고 10개월 동안 번 돈과 비슷한 액수를 한 주 만에 벌어들인 것이다. 게다가 그의 제품은 디지털 제품이었기 때문에 투자비용은 거의 발생하지 않았다. 매출이 거의 그대로 순이익이 된 것이다.

퍼지옐로우볼스닷컴은 갑자기 살아났다. 그리고 윌은 계속 새로운 런칭을 이어나갔다. 두 번째 런칭을 진행하면서 윌은 PLF의 방식을 충실히 따랐고, 이번에는 6만 5000달러의 매출이 발생했다. 첫 번째 런칭 대비 거의 두 배의 성과였다. 윌의 세 번째 런칭은 런칭의 매출은 10만 5000달러였다. 이번에도 그의 제품은 여전히 디지털 제품이었기 때문에 역시 매출은 전부 순이익이 되었다.

이제 윌과 그의 친구는 상당한 분량의 이메일 리스트도 갖게 되었고, 시장에서의 위치도 어느 정도 확고해졌다. 그리고 런칭에도 매우 능숙해졌다. 그들의 네 번째 런칭은 '테니스 닌자'라는 제품이었는데,

이 제품을 런칭하며 17만 달러의 매출을 냈다. 게다가 테니스 닌자의 성공으로 밥 브라이언과 마이크 브라이언의 에이전트 눈에 띄게 되는 행운까지 얻게 되었다. 쌍둥이인 밥 브라이언과 마이크 브라이언은 테니스 쪽에서는 '브라이언 형제'로 통하는데, 그들은 역사상 가장 뛰어난 남자 테니스 복식조로 평가받는다. 그런 그들이 윌과 함께 사업을 하고 싶다는 뜻을 보내온 것이다.

그렇게 해서 나온 제품이 '브라이언 형제 더블스 플레이북'이다. 밥과 마이크가 직접 출연하는 테니스 강습 프로그램인 이 제품은 런칭 기간에만 무려 45만 달러의 매출이 발생했다.

윌이 이루어낸 성과는 PLF가 지니고 있는 힘의 명백한 증거다. 그리고 윌이 이루어낸 성공의 기반은 프리런칭에서 다져진 것이며, 이번 장에서 다루고자 하는 내용이 바로 이것이다. 프리런칭을 제대로 이행한다면 그 뒤의 단계는 거의 저절로 이루어진다.

칼싸움에
권총 가져가기

이제 당신은 PLF 활용에 필요한 기본적인 지식을 다 갖추게 되었다. 이제 당신은 이야기의 힘, 대화의 힘, 순차적 접근법의 힘, 심리적 방아쇠의 영향력을 안다. 당신은 사이드웨이 세일즈 레터에 대해서도 알고, PLF를 활용하여 다양한 분야에서 성공을 이루어낸 평범한 사람들의 이야기도 알고 있다.

그렇다면 이제는 PLF의 핵심이라 할 수 있는 프리런칭 단계로 들어갈 차례다. 이 단계에서는 PLF의 기본적인 지식이 종합적으로 활용된다. 여기부터는 희망 마케팅에 기대는 게 아니라, 자신의 성공을 스스로 계획하고 만들어나가게 된다. PLF는 다양한 도구들과 지식을 종합적으로 활용하는 매우 효과적인 마케팅 도구이며, 지금까지 수많은 사람들이 그 효과성을 증명해오고 있다. "총싸움에 칼 들고 가지 말라"는 말이 있다. 나는 폭력적인 내용이 들어가는 비유를 좋아하지는 않지만, 이 말만큼은 좋아한다. 나는 이 말을 들을 때마다 영화〈인디아나 존스〉의 한 장면이 떠오른다. 영화에서 위협적인 악당이 거대한 칼을 휘두르며 주인공 인디아나 존스를 공격하자, 권총을 뽑아들고 총알 한 방으로 악당을 처치한다. 주인공의 앞을 가로막던 위협은 그렇게 간단하게 사라지고 말았다. 매우 인상적인 장면이다.

당신의 사업에 있어 PLF가 그렇다. PLF는 당신의 사업에서 발생하는 대부분의 불안 요인을 없애주는 도구다. PLF는 단순한 권총이 아니다. PLF는 사용하기에 따라 칼을 든 상대 앞에 들고 나가는 기관총이나 로켓포가 될 수 있다!

물론 비즈니스는 전투가 아니다. 비즈니스에서 성공하기 위해서는 싸우는 게 아니라 훌륭한 제품을 개발하고, 최적의 판매조건을 제시하고, 고객에게 큰 가치를 제공해야 한다. 그리고 이 일련의 과정을 완성하는 핵심 과정은 바로 판매다. 판매가 되지 않는다면 제품 개발, 판매조건, 모든 것이 소용없는 일이 된다.

그래서 프리런칭 단계가 가장 중요한 단계라고 말을 하는 것이다. 프리런칭을 어떻게 하느냐에 따라 당신의 성과가 결정된다. 이때 당신의 성과를 결정하는 것은 어느 한 가지 요소가 아니다. 다양한 도구, 지식, 심리적 방아쇠 등이 적절하게 종합적으로 활용되어야 목표하는 성과를 만들어낼 수 있다. PLF의 출발점은 프리-프리런칭 단계지만, PLF의 본격적인 가동은 프리런칭 단계부터다.

남들과 다른 길을
가는 법

PLF의 접근법은 가치를 창출하고, 잠재고객과 관계를 형성하고, 그다음에 판매에 들어가는 방식이다. 그러나 이와 같은 방식으로 접근하는 사업가는 거의 없다. 안타깝지만 시장의 현실이다. 대부분의 사람들은 제품을 개발하면 곧바로 시장으로 뛰쳐나와 "제 제품을 사 주세요!"라고 외친다.

외치는 건 좋다. 다만 문제는 어떤 시장이든 큰 목소리로 외치는 경쟁자들이 수백 수천이나 있다는 점이다. 이들 모두 똑같은 잠재고객에게 큰 소리로 외쳐댄다. 그렇기 때문에 이와 같은 전략으로는 목소리를 전달하기가 어렵다. 게다가 미디어의 발달로 인해 더 큰 목소리로 더 오래 외칠 수 있는 사람들은 계속 더 많이 나타나고 있기 때문에, 이와 같은 전략을 채택하는 경우 필연적으로 패배할 수밖에 없다. 자원과 노력을 소진시키면서 결국 지는 싸움에 참여할 필요는 없다. 당신이 진입하려는 시장에는 풍부한 자원을 보유한 기존 강자들이 반드시 존재한다. 이들과 직접적으로 싸운다면 결과는 명백하다. 당신은 이길 수 있는 곳에서 싸워야 한다. 싸움터의 규칙을 당신이 만들고, 당신이 자유롭게 움직일 수 있는 그런 곳에서 이길 수 있는 싸움을 해야 한다.

그렇다면 어떻게 해야 할까? 답은 간단하다. 큰 소리를 내며 잠재고객의 관심을 끌려 하지 말고, 가치를 제공함으로써 잠재고객의 관심을 끌라. 그런 다음 판매를 시도하라. 내 친구가 이런 말을 한 적이 있다. "인생은 주는 사람에게는 주고, 빼앗는 사람에게서는 빼앗더라." 이 말은 비즈니스에서는 더더욱 맞는 말이다. 게다가 최근의 인터넷과 디지털 환경은 자원이 없는 사람들도 매우 적은 비용으로 어렵지 않게 시장에 가치를 제공할 수 있게끔 해주고 있다. 사람들에게 가치를 제공하는 디지털 콘텐츠를 만들어 인터넷으로 공개하는 방식을 생각해보자. 여기서 디지털 콘텐츠는 단순한 문서일 수도 있고, 동영상일 수도 있고, 오디오 파일일 수도 있다. 어떤 형태가 되었든 매우 적은 비용으로 누구라도 제작할 수 있다.

물론 가치 있는 디지털 콘텐츠라 하더라도 무작위로 만들어 배포하는 식으로는 마케팅 효과를 이끌어낼 수 없다. 기업 경영자들을 대상으로 코칭 프로그램을 팔려고 하는 사람이 비건 요리법 동영상을 만들어 배포해봐야 아무 소용없는 일이다. PLF의 각 단계에서 활용되는 콘텐츠는 자연스럽게 매출로 이어질 수 있도록 구조화되어야 한다. 이것이 PLF를 활용하는 기본 방식이다.

프리런칭의 구성

프리런칭 단계에서는 일반적으로 세 개로 구성되는 PLC가 사용된다. 많은 경우 연극이나 영화의 스토리는 시작, 전개, 결말의 세 부분으로 구성되는데, PLC 역시 세 부분으로 구성된다. 세 개의 콘텐츠에는 각각의 역할이 있지만, 그와 동시에 하나의 전체적인 스토리를 구성해야 한다. 서로 연관성도 없는 콘텐츠들을 제시하는 식으로는 원하는 결과를 이끌어낼 수 없다.

세 콘텐츠로 구성되는 PLC의 전체적인 틀은 다음과 같다. 첫 번째 콘텐츠에서는 잠재고객에게 변화에 대한 기회를 알려주게 된다. 그리고 두 번째 콘텐츠에서는 변화하는 방법을 알려주고, 변화가 가져다줄 새로운 모습을 보여주게 된다. 그리고 마지막 세 번째 콘텐츠에서는

'사용자 경험'을 보여주게 된다. 세 번째 콘텐츠는 당신의 제품에 대해 이야기하고, 당신의 제품이 만들어줄 변화를 이야기하는 출발점이기도 하다.

프리런칭 단계에서 지난 5장에서 다루었던 심리적 방아쇠들을 다중적으로 활성화하게 된다. 우선 무료로 가치 있는 콘텐츠를 제공함으로써 **상호관계**라는 심리적 방아쇠를 활성화한다. 그다음, 콘텐츠를 통해 관련 분야에 관한 지식과 역량을 드러냄으로써 **권위**라는 심리적 방아쇠를 활용한다. 또한 잠재고객과의 소통을 통해 **신뢰**를 활성화하고, 더 나아가 **커뮤니티**를 형성하게 된다. 프리런칭 단계를 어떻게 이끌어가느냐에 따라 프리런칭이 **이벤트와 의식**이 될 수 있으며, 프리런칭을 제대로 진행했다면 잠재고객의 **기대**를 높일 수 있다. 이처럼 프리런칭은 그 설계 자체가 심리적 방아쇠 여러 개를 동시에 활용하도록 설계되었다.

프리런칭 기간 동안 다수의 심리적 방아쇠들을 활성화하는 데 성공하면 잠재고객에 대한 영향력을 크게 높이게 되고, 이는 자연스럽게 높은 매출로 이어진다. 커뮤니티 내에서 영향력도 갖게 된다. 이런 현상은 인간사회에서 아주 오래전부터 나타난 모습이다.

성공의 비결은 전체적인 프로세스를 순차적으로 진행하는 데 있다. 광고 문구를 잘 쓰는 능력 하나만으로, 고객들에게 설명을 잘하는 능력 하나만으로 성공할 수 있는 건 아니다. 물론 특별한 능력이 있다는 건 마이너스 요소가 아니다. 그러나 특별한 능력이 없다 하더라도 PLF를 충실하게 진행한다면 누구라도 성공을 이루어낼 수 있다. 그리고 PLF를 충실하게 진행하는 일은 뛰어난 마케터가 아니더라도, 누구나 해낼 수 있는 일이다. 프리런칭 단계를 제대로 진행한다면 프리런칭이 끝났을 때 당신의 제품을 구매하고 싶어 하는 사람들의 이메일 리스트를 꽤 길게 만들어낼 수 있다.

PLF는 매우 유연한 프로세스이며, PLC는 이메일, 블로그 포스트, PDF 문서, 팟캐스트 등, 매우 다양한 형태로 전달될 수 있다. 내 수강생들의 경우 최근 몇 년 동안은 PLC로 동영상이나 라이브 방송을 주로 이용하고 있는데, 동영상은(녹화된 것이든, 아니면 생방송이든) 몇 가지 이점을 가지고 있다. 우선 요즘 사람들은 글을 읽는 것보다 동영상을 보는 데 훨씬 더 많은 시간을 쓴다. 그렇기 때문에 문서 형식의 PDF 문서 같은 것보다는 동영상 쪽이 더 큰 설득력을 갖게 되며, 글쓰기에 재능이 있는 사람이 아니라면 잠재고객과 관계를 형성하고 신뢰를 얻기에도 동영상 쪽이 훨씬 더 유리하다. 그리고 시각화된 동영상은 본질적으로 다른 유형의 콘텐츠보다 훨씬 더 많은 정보를 전달하게 된다.

PLC로 사용할 수 있는 동영상은 크게 두 가지로 구분할 수 있다. 하나는 스크린 캡처 동영상이고, 다른 하나는 풀 모션 동영상이다. 스크린 캡처 동영상은 말 그대로 컴퓨터 스크린 캡처에 음성 설명을 덧붙인 동영상인데, 이런 유형은 파워포인트 스타일의 프레젠테이션, 혹은 웹사이트나 소프트웨어의 시연 등에 유용하게 사용할 수 있다. 풀 모션 동영상은 우리가 일반적으로 보는 녹화된 영상을 의미한다. 어떤 유형의 동영상이 절대적으로 더 좋은 건 아니고, 둘 다 장단점이 있다. 가령 카메라 앞에 서는 게 편하지 않은 사람은 스크린 캡처 동영상을 만드는 걸 선호할 것이다. 그런가 하면 제품 설명에 자신이 있고 카메라 앞에서 어떤 식으로 말하고 행동해야 하는지 아는 사람이라면 풀 모션 동영상을 선호할 것이다. 복잡한 작업을 할 필요 없이 그저 카메라 앞에 서서 촬영에 들어가면 된다.

이미 동영상이 PLC로서 가장 많이 활용되고 있기 때문에 이번 장에서는 동영상을 기본 전제로 설명해나갈 것이다. 하지만 당신은 상황이나 여건에 맞는 형태의 PLC를 선택하면 된다. 앞부분에서 언급했듯이 내 경우는 이메일을 PLC로 자주 사용한다.

이제 이어지는 부분에서는 세 단계로 구성되는 프리런칭의 진행에 대해 자세히 알아보도록 하겠다.

첫 번째 PLC:
변화에 대한 기회

첫 번째 PLC는 잠재고객의 이목을 끌고 가급적 많은 수의 잠재고객을 유인해야 한다는 점에서 매우 중요한 의미를 가지고 있으며, 그런 만큼 꽤 강한 인상을 남길 필요가 있다. 잠재고객으로부터 나오는 질문 "왜 내가 당신 제품에 관심을 가져야 하죠?" "왜 내가 시간을 들여 당신의 콘텐츠를 봐야 하죠?" "당신이 나에게 해줄 수 있는 게 뭐죠?"에 답을 제시해야 한다.

이런 질문에 우리는 어떻게 답해야 할까? 정도의 차이는 있겠지만, 모든 제품은 변화를 위한 것이다. 골프 트레이닝 프로그램은 골프 실력의 변화를 위한 것이다. 결혼 상대를 찾아주는 앱은 인생의 변화를 위한 것이다. 사무실로 날아드는 우편물들을 자동으로 개봉해주는 레터 오픈 머신은 업무 효율성의 변화를 위한 것이다.

물론 어떤 제품은 변화와 연결 짓는 일이 어려울 수도 있다. 이런 경우에는 변화가 아니라 소비자 효용에 초점을 맞추는 식으로 접근하면 된다. 당신의 제품으로 소비자들이 얻게 되는 이익이 무엇인지를 강조하라. 변화나 경제적 효용이 아니더라도, 적어도 고객들로부터 고통을 덜어주는 것이든, 아니면 고객들에게 즐거움을 주는 것 같은 이익이 있을 것이다.

이와 같은 인식은 꼭 신제품의 런칭만이 아니라, 일반적인 비즈니스에서도 필요한 인식이다. 카피라이터들 사이에서 유명한 말이 하나 있다. "당신이 공구점을 운영하고 드릴을 팔고 있다면, 사실 당신이 파는 것은 드릴이 아니라 '뚫린 구멍'이다." 사람들이 사고 싶어 하는 것은 공구가 아니라 공구가 만들어내는 결과다. 공구는 사람들이 원하는 결과를 만들어내는 수단일 뿐이며, 당신이 초점을 맞춰야 하는 부분은 결과다.

아니면 이런 측면에서 생각해보자. 바닷가 휴양지를 가려고 할 때 우리가 교통수단에 바라는 것은 빠르고, 안전하고, 편안하고, 그리고 싸게 우리를 이동시켜주는 것이다. 이와 같은 기대만 충족된다면 교통수단은 얼마든지 바뀔 수 있다. 비행기를 탈 수도 있고, 기차를 탈 수도 있고, 경우에 따라서는 자가용을 직접 몰고 갈 수도 있다. 중요한 것은 교통수단 자체가 아니라, 목적지로 빠르고, 안전하고, 편안하고, 싸게 가는 것이기 때문이다.

만약 어떤 제품을 팔려고 하는데 팔리지 않는다면 첫 번째 이유는 그 제품에 관심이 없는 사람들을 대상으로 접근하기 때문이다. 가령 세상에서 가장 좋은 휠체어를 팔려 한다고 가정해보자. 당신의 휠체어는 세상에서 가장 편안하고, 효율적이고, 내구성이 좋고, 사용하기에도 편리하다. 게다가 동급 제품 대비 가격도 가장 싸다. 그러나 휠체어를 필요로 하지 않는 사람들을 대상으로 마케팅을 한다면 휠체어는 팔리지 않는다.

사람들이 제품을 사지 않는 두 번째 이유는 돈이 없기 때문이다. 단기적으로 돈이 없는 것일 수도 있고, 아니면 소득 자체가 매우 낮을 수도 있다. 이 경우에도 매출은 발생하지 않는다.

사람들이 제품을 사지 않는 세 번째 이유는 당신을 믿지 않기 때문이다. 어쩌면 당신의 말 자체를 믿지 않는 것일 수도 있고, 아니면 제품에 대한 당신의 설명을 믿지 않는 것일 수도 있다. 전자가 전체적인 불신의 문제라면, 후자는 당신의 역량에 대한 불신의 문제가 된다.

사람들이 당신의 제품을 사지 않는 네 번째 이유는 당신의 제품이 자신에게는 효과가 없을 거라는 생각 혹은 자신감 결여 때문이다. 사람들은 당신을 신뢰하고 당신 제품의 효능을 신뢰하더라도, 그 제품이 자신에게는 효과가 없을 거라고 생각하면 제품을 사지 않는다. 금연 프로그램을 판매하는 경우를 생각해보자. 금연 프로그램이 수많은 사람들의 금연을 이끌어내고 당신이 시장에서 신뢰받는 사업가라 하더라도, 이렇게 생각하는 사람에게는 금연 프로그램을 판매하기가 어렵다. "그동안 금연 프로그램 15가지를 다 시도해봤는데 전부 실패했어! 어떤 금연 프로그램도 나에게는 절대 효과가 없을 거야."

PLF가 첫 번째와 두 번째 이유에 대해서까지 (제품을 아예 필요로 하지 않거나, 돈이 없는 경우에 대해서까지) 해법이 되는 것은 아니다. 하지만 세 번째와 네 번째 이유에 대해서는 해법이 될 수 있다. 당신과 당신의 제품에 대한 신뢰의 문제이기 때문이다. 신뢰의 문제를 해결하기 위해서는 잠재고객과의 소통이 중요하며, 그래서 첫 번째 PLC부터 정교하게 만들어져야 한다.

세 단계로 구성되는 PLC의 첫 번째 콘텐츠를 만들 때는 다음과 같은 사항을 고려해야 한다.

변화에 대한 기회를 보여준다. 당신의 제품으로 인해 잠재고객의 삶이 어떻게 변화할 수 있는지를 보여준다.

당신이 가지고 있는 권위나 자격을 보여준다. 왜 잠재고객이 당신의 말에 귀를 기울여야 하는지 그 이유를 보여주거나 말해준다.

가치를 제공한다. 변화에 대한 기회만 보여주는 식으로는 설득력을 얻을 수 없다. 첫 번째 PLC에서 잠재고객에게 가치를 제공하라.

불신을 수용하고, 불신에 대한 답을 제시하거나 다음 콘텐츠에서 답을 제시할 거라는 약속을 한다. 당신의 주장이나 제품에 대한 불신은 반드시 나오게 된다. 불신을 회피하지 말고 정면으로 대응하라.

두 번째 PLC가 있을 거라는 암시를 한다. 두 번째 PLC에 나오는 가치 있는 내용 일부를 미리 공개함으로써 잠재고객이 당신의 콘텐츠에 대해 계속 관심을 갖도록 유도하라.

사람들의 의견을 구한다. 잠재고객에게 PLC가 있는 웹페이지와 당신의 소셜미디어에 의견을 남겨줄 것을 요청하라.

두 번째 PLC: 변화가 가져올 결과

첫 번째 PLC에서 변화의 이유를 제시했다면, 두 번째 PLC에서는 변화의 내용을 알려주게 된다. 변화하기 위해서는 어떻게 해야 하는지, 변화로 인해 잠재고객의 삶이 어떻게 달라지는지를 보여준다. 두 번째 PLC는 잠재고객에게 뭔가를 가르쳐주는 시간이며, 여기서는 잠재고객이 확실하게 가치를 느낄 만한 내용을 전달할 수 있어야 한다.

그런데 5분에서 10분 분량의 콘텐츠로 잠재고객에게 가치를 전달하고, 영향력을 높이기 위해서는 어떻게 해야 할까? 잠재고객을 변화에 참여시키거나, 변화가 가능하다 믿게 만들 수 있을까? 프리런칭 단계에서 당장 잠재고객을 고객들로 만들라는 소리는 아니다. 당신이 말하는 변화 쪽으로 조금이라도 움직이도록 만드는 것으로 충분하다.

내 경우는 PLF 코칭 프로그램을 위한 런칭 하나를 진행하면서 두 번째 PLC로 시드런칭에 대한 짧은 강의를 만들어 공개했었다. 당시 내 두 번째 PLC는 18분짜리 동영상이었는데, 사실 시드런칭에 대해 제대로 알려주기에는 턱없이 부족한 시간이다. 그럼에도 나는 그 18분짜리 동영상만으로도 사람들이 시드런칭을 진행할 수 있도록 최대한 많은 내용을 담으려고 했다.

물론 그 18분짜리 동영상을 보고 시드런칭에 나선 사람은 아마 없을 것이다. 하지만 잠재고객이 시드런칭의 방법론을 배우고, 시드런칭을 통해 변화를 이루어내는 스스로의 모습을 그려보기에는 충분한 내용이었다. 이것이 핵심이다. 잠재고객이 첫 번째 PLC에서 알게 된 변화를 이루어내는 자신의 모습을 그려보게끔 만드는 게 두 번째 PLC의 가장 큰 목적이다.

두 번째 PLC를 만들 때는 다음과 같은 사항들을 고려해야 한다.

감사를 표현하고, 첫 번째 PLC의 내용을 상기시켜준다. 첫 번째 PLC에 관한 사람들의 관심과 질문에 대해 감사를 표하고, 첫 번째 PLC의 내용을 다시 한번 사람들에게 상기시켜준다.

기회를 다시 강조한다. 변화에 대한 기회를 다시 한번 사람들에게 강조해준다. 첫 번째 PLC를 본 사람들이 그 내용을 확실히 기억해줄 거라고 기대하지는 말라. 사람들은 저마다 바쁜 삶을 살고 있으며, 당신의 런칭이 다른 사람들에게는 엄청나게 중요한 이벤트는 아니다.

잠재고객에게 당신의 권위나 자격을 인식시킨다. 당신이 어떤 사람인지, 왜 잠재고객이 당신의 말에 귀를 기울여야 하는지 다시 한번 알려줄 필요가 있다. 하지만 이 과정은 짧게 진행하는 게 좋다.

케이스 스터디나 실제 강의, 가치 있는 다른 콘텐츠를 제공한다. 잠재고객이 진정으로 가치 있다고 여길만한 콘텐츠를 제공하라. 사람들이 곧바로 활용할 수 있는 지식이나 정보를 제공하면 더욱 좋다.

사람들의 거부감에 적극적으로 대응한다. 당신의 제품, 혹은 당신이 제시하는 변화에 사람들이 보이는 가장 큰 거부감 두세 개는 항상 추적을 하고, 그에 대해서는 적극적으로 해명하고 대응한다.

세 번째 PLC가 있을 거라는 암시를 한다. 잠재고객에게 추가 콘텐츠가 있다는 점을 알려주고, 세 번째 PLC 일부를 미리 공개함으로써 다음 콘텐츠에 대한 기대감을 형성한다.

사람들의 의견을 구한다. 잠재고객에게 PLC가 있는 웹페이지와 당신의 소셜미디어에 의견을 남겨줄 것을 요청하라.

세 번째 PLC:
사용자 경험

첫 번째 PLC에서 변화의 이유를 제시하고 두 번째 PLC에서 변화의 내용을 제시했다면, 세 번째 PLC에서는 어떻게 해야 변화를 이루어낼 수 있는지를 제시할 차례다.

첫 번째 PLC와 두 번째 PLC를 통해 당신은 잠재고객이 가질 수 있는 변화를 소개했다. 하지만 당신의 잠재고객은 어떻게 해야 그와 같은 변화를 자신의 삶에서 이루어낼 수 있는지 여전히 잘 모른다. 이때 세 번째 PLC의 역할은 잠재고객으로 하여금 미래의 변화를 실감하고, 그러한 변화를 실제로 추구하도록 이끄는 것이 된다.

물론 어떻게 해야 변화를 이루어낼 수 있는지에 대한 최종적인 답은 제품 구매가 된다. 그리고 세 번째 PLC 말미에는 당신이 팔고자 하는 제품에 대한 이야기도 해야 한다. 그러나 그 세 번째 PLC 말미 전까지는 잠재고객에게 가치를 제공하는 데 집중해야 한다.

프리런칭을 진행하면서 당신은 흥미와 긴장을 계속 높여가야 한다. 영화나 소설의 전개 방식처럼 말이다. 이야기가 본격적으로 진행된 후에는 계속 흥미와 긴장이 높아지고, 결국에는 클라이맥스에 다다르게 된다. 당신의 PLC도 그래야 한다. PLC가 진행될수록 속도감, 흥미, 긴장 등이 점점 높아져야 한다. 세 번째 PLC를 만들 때 다음의 사항들을 고려하라.

감사를 표현하고, 사람들의 긍정적인 반응을 강조하라. 두 번째 PLC에 관한 사람들의 언급과 질문에 감사를 표현하라. 그리고 앞선 두 콘텐츠에 대한 사람들의 긍정적인 반응을 강조하라(첫 번째와 두 번째 PLC를 잘 만들었다면 많은 잠재고객이 긍정적인 반응을 나타내고 있을 것이다). **잠재고객의 앞에 놓여있는 기회, 그리고 당신의 권위나 자격을 짧게 상기시켜준다.** 앞선 두 콘텐츠의 내용을 기억하는 사람들은 거의 없을 것이다. 사람들의 앞에 어떤 기회가 놓여있는지, 그리고 당신이 누구이고 왜 사람들이 당신의 말에 귀를 기울여야 하는지 다시 한번 짧게 상기시켜줄 필요가 있다. 다만 여기에 많은 분량을 할애할 여유는 없다. 짧게 진행하라.

기존의 성공 사례가 있다면 케이스 스터디를 소개한다. 아직 성공 사례가 없다면 이 부분은 그냥 넘어가도 괜찮다. 다음 런칭에는 성공 사례를 소개할 수 있을 것이다.

가장 자주 나오는 질문 몇 가지에 대해 답을 한다. 시장의 거부감에 적극적으로 대응하라. 사람들의 질문에 대한 답이 이미 PLC에 있다 하더라도 당신이 직접 답을 하는 게 중요하다. 그리고 사람들은 같은 내용의 거부감을 당신의 웹페이지와 블로그와 소셜미디어에서 여러 질문들로 표현할 수도 있는데, 그런 경우에도 충실히 답을 해야 한다.

큰 그림을 제시하고, 변화를 이루어내는 방법을 설명한다. 사람들의 삶은 어디까지 변화될 수 있는가? 당신의 제품을 통해 사람들이 자신의 삶에서 이루어낼 수 있는 궁극의 변화는 무엇인가? 사람들이 이루어낼 수 있는 변화를 다양한 측면에서 바라보고, 그러한 변화가 만들어낼 미래의 모습을 사람들에게 제시하라.

제품에 대해 소개하고 다음 단계를 준비하라. 이 부분에 대해서는 세 번째 PLC의 마지막 10퍼센트 분량을 할애하는 게 바람직하다. 프리런칭이 여기까지 진행되고 당신이 사람들에게 충분한 가치를 제공했다면 당신에 대해 높은 신뢰감을 갖게 된 잠재고객이 많이 존재하게 된다. 그렇다면 이제는 제품 판매를 준비할 차례. 나는 이걸 '소프트 랜딩'이라고 부른다. PLC 내내 좋은 친구로서 다가서다가, 갑자기 다음 단계에서 영업사원이 되어 나타난다면 잠재고객은 당황하게 된다. 따라서 PLC의 마지막 콘텐츠에서는 제품에 대한 이야기를 미리 잠깐 해둘 필요가 있다. 변화를 진지하게 추진할 준비가 된 잠재고객에게 다음 단계로 함께 나아가자는 암시를 해두는 것이다.

런칭 기간의 특별 판매조건에 대해 잠깐 언급한다. 심리적 방아쇠로서 희소성이 중요하다는 말을 했는데, 런칭 기간에만 운용되는 특별한 판매조건을 제시함으로써 당신 제품의 희소성을 높일 수 있다. 그리고 세 번째 PLC 말미에 이러한 판매조건에 대해 짧게 언급할 필요가 있다. 아직 사람들은 당신의 제품을 정식으로 소개받은 적이 없기 때문에 판매조건을 구체적으로 공개하는 건 적절치 않지만, 특별한 판매조건이 나올 거라는 사실 자체는 미리 알려야 한다. 그래야 사람들이 당신의 다음 콘텐츠나 이메일을 기다린다.

사람들의 의견을 구한다. 잠재고객에게 당신의 웹페이지와 블로그와 소셜미디어에 의견을 남겨줄 것을 요청하라.

지금까지 세 가지 PLC를 이야기했다. 이 과정을 제대로 진행한다면 당신은 잠재고객과 신뢰관계를 형성하고, 당신의 권위나 실력을 인정받고, 다양한 상호관계를 만들어내게 된다. 물론 이렇게 할 수 있으려면 PLC를 통해 잠재고객에게 상당한 가치를 제공해야 한다.

그리고 PLC에 대한 사람들의 언급이나 질문을 토대로 런칭 대화를 이어나가면 된다. 런칭 대화에 많은 사람이 참여하게 되면 커뮤니티가 형성된다(잠재고객 사이에 활발한 대화가 진행될 수 있다). 런칭 대화는 제품에 대한 사람들의 거부감을 파악하고, PLC에 대한 사람들의 평가를 파악하는 데 활용될 수 있기 때문에 사업가에게는 매우 유용한 도구가 된다.

나만의 프리런칭 타임라인을 만들라

프리런칭은 순차적으로 진행해야 한다고 했는데, 그렇다면 그 시간표는 어떻게 정해야 할까? 전체적인 기간은 어느 정도로 해야 하고, 각 PLC를 공개하는 간격은 어느 정도로 해야 할까? 이 질문에 대한 답은 "경우에 따라 다르다"이다.

내 경우 프리런칭 기간은 짧게는 3일에서 길게는 27일로 다양하게 진행되었다. 처음 런칭을 진행하는 사람에게는, 7일에서 10일 사이가 적절하다고 권한다. 여기서 프리런칭 기간이란 첫 번째 PLC를 공개한 시점부터 카트를 열고 주문을 받기 시작하는 시점까지의 기간을 의미한다.

값이 싼 제품, 가령 27달러짜리 전자책을 판매하는 경우에는 짧은 프리런칭 기간을 권한다. 보통은 7일, 더 짧게는 5일도 가능하다. 값이 비싼 제품, 가령 유람선 선원으로 취업하는 방법을 알려주는 297달러짜리 과정을 판매하는 경우에는 10일의 프리런칭 기간을 권한다.

7일짜리 프리런칭의 경우 일반적인 타임라인은 다음과 같다.

1일 차: 첫 번째 PLC 공개

3일 차: 두 번째 PLC 공개

5일 차: 세 번째 PLC 공개

7일 차: 오픈 카트

10일짜리 프리런칭의 경우 다음과 같이 진행될 수 있다.

1일 차: 첫 번째 PLC 공개

5일 차: 두 번째 PLC 공개

8일 차: 세 번째 PLC 공개

10일 차: 오픈 카트

사실 타임라인보다는 PLC 자체가 더 중요하다. 세 개로 구성되는 PLC 각각의 목적에 맞는 콘텐츠를 통해 잠재고객에게 큰 가치를 제공한다면 좋은 결과로 이어질 것이다.

당신이 사업에서
성공하는 법

이제 당신은 프리런칭을 효과적으로 진행하는 법을 알게 되었다. 이 시점에서 당신에게 하고 싶은 말이 있다. PLF를 처음 접하는 사람들 중에는 이 프로세스가 심리전 위주의 온갖 마케팅 잔기술을 모아놓은 접근법이 아니냐고 말을 하는 이들도 있다. 물론 PLF가 사람들의 심리를 파고드는 측면도 있지만, PLF의 작동 방식은 아니다. 그것만으로는 고객과 장기적인 관계를 형성하고 성공적인 런칭을 반복해서 이루어낼 수 없다.

PLF의 작동 원리는 시장에 가치를 제공하는 것이다. PLF를 이용하는 사람들이 단 한 가지에 초점을 맞춰야 한다면 그건 런칭에 참여해주는 잠재고객에게 큰 가치를 제공하는 것이어야 한다. 가진 걸 전부다 공짜로 내어주라는 말은 아니다. 당신의 제품을 절대로 사지 않을 사람들에게까지 제품을 무료로 공개하라는 말도 아니다. 이런 식으로는 사업이 유지될 수 없다.

하지만 런칭에 참여해주는 잠재고객에게는 가치 있는 콘텐츠를 충분히 공개함으로써 큰 가치를 제공해야 한다. 제공하려는 가치를 살짝 보여주는 데서 그치지 말라. 충분한 내용을 공개하라. 당신의 제품이 가져다줄 수 있는 변화의 기회를 보여주는 데서 그치는 게 아니라, 사람들이 당신의 제품을 실제로 활용할 수 있을 정도의 분량을 공개하라. 내 경우는 매번 런칭을 진행할 때마다 내가 무료로 공개한 콘텐츠의 분량에 놀라움을 표하는 사람들의 언급을 많이 접하게 된다. PLF 코칭 프로그램의 경우 이 제품을 구매하지 않고서도 내가 무료로 공개한 PLC만으로 자신의 런칭을 성공적으로 진행했다고 말을 하는 사람들도 많다. 나는 상당히 좋은 일이라고 생각한다. 내가 세상 모든 사람에게 제품을 팔 수는 없는 일이고, 내 삶을 살아가는 동시에 세상에 큰 가치를 제공하는 셈이니 말이다.

당신의 성공은 당신이 세상에 어느 정도의 가치를 창출하느냐와 밀접하게 연관이 있다. 프리런칭 단계만 하더라도 여기서 사람들에게 큰 가치를 제공해준다면 그에 대한 보상을 받기까지 오래 기다리지 않아도 된다. 당신의 가치 제공에 대한 보상은 프리런칭 기간의 마지막 날, 즉 오픈 카트 단계에서 곧바로 받을 수 있다.

8장

오픈 카트로

완벽한 판매를 시작하라

에이미 스몰은 털실과 뜨개질을 사랑하는 사람이다. 그는 털실과 뜨개질을 너무나도 좋아해서 털실과 뜨개질 제품을 판매하는 사업을 시작했다. 에이미가 사업을 시작한 건 2010년의 일이었는데, 전적으로 희망 마케팅에 의존했다고 한다. 사업을 시작한 그는 소매점들을 상대로 거래를 했고, 마진은 매우 박했다. 그는 힘겹게 사업을 유지했지만 빚은 점점 늘어났다. 그런데 에이미의 뜨개질 제품은 소비자들 사이에서는 인기가 아주 좋았다. 다만 그는 소매점들을 상대로 거래하고 있었기 때문에 최종소비자들과는 접점이 없었다.

그러다 에이미의 친구 한 명이 지금 당신이 읽는 이 책을 그에게 선물했다. 에이미는 처음 이 책이 그저 흔한 경제경영서라고 생각했다. 하지만 이 책의 PLF는 그의 사업과 인생에 있어 전환점을 만들어주었다. 에이미는 자신의 첫 번째 런칭에서 1만 2000달러의 매출을 이끌어냈다.

현재 에이미는 소비자들과 교류하며 소비자들을 대상으로 직접 판매를 하고 있다. 그리고 '니트얼롱'이라는 이벤트를 주도하고 있기도 하다. 그의 첫 번째 런칭이 완벽한 것은 아니었다. 그는 자신의 런칭을 끊임없이 보완했다. 계속 사람들과의 교류를 늘렸고, 자신의 이메일 리스트를 확장했다.

에이미의 두 번째 런칭은 1만 7000달러의 매출로 이어졌다. 첫 번째 런칭 대비 40퍼센트 이상 증가한 성과였다. 그리고 세 번째 런칭은 4만 달러의 매출로 이어졌다. 두 번째 런칭 대비 두 배가 넘는 성과다. 그는 자신의 런칭만이 아니라 자신의 제품도 계속 개선했다. 에이미는 열심히 일을 하기도 했지만, 그가 이루어내는 성과는 스스로도 믿기 어려울 정도로 놀라운 것이었다.

에이미가 파는 털실과 뜨개질 소품은 물리적인 제품이지만 그는 사람들의 삶을 바꾸어놓고 있었다. 우선 뜨개질이라는 행위를 하면서 마음의 안식을 얻는 사람들이 많았다. 그리고 니트얼롱은 뜨개질을 하는 사람들의 커뮤니티로 이어졌다. 커뮤니티 활동이라면 오늘날의 사람들이 가장 갈망하는 것이기도 하다. 사람들은 니트얼롱에 참여하는 것만으로 큰 만족감을 얻었다. 니트얼롱에 참여하여 거대한 프로젝트를 완수함으로써 큰 기쁨을 느끼고 그전과는 다른 삶을 살게 되는 사람들이 점차 많아졌다.

고객들과 직접적으로 교류하며 에이미는 자신의 제품과 프로젝트로 고객들의 삶에 나타난 변화를 실감할 수 있었고, 그래서 다음 런칭에서는 사람들의 삶에 나타난 변화를 자신의 PLC에서 소개하기로 했다. 과거의 런칭들이 만들어낸 성과도 에이미로서는 믿기 어려울 정도로 큰 것이었지만, 이번에는 과거의 성과를 훌쩍 뛰어넘는 성과를 만들어내게 되었다.

에이미의 네 번째 런칭은 오픈 카트 한 시간 만에 10만 달러가 넘는 매출을 냈다! 새로운 PLC는 매우 효과적이었다. 에이미는 PLC를 통해 잠재고객의 삶에 나타날 수 있는 변화를 제시했고, 그와 같은 콘텐츠는 많은 잠재고객을 고객들로 만들었다. 게다가 에이미는 심리적 방아쇠의 하나인 희소성을 사용해 제품 수량을 한정했다. 특히 몇몇 색상 조합 제품들의 경우는 수량이 매우 적었다. 에이미의 네 번째 런칭은 최종 26만 4000달러의 매출을 기록했다. 많은 고객들이 에이미의 수량 한정 제품들을 더 원했고, 이에 에이미는 멤버십 사이트를 만들었다. 멤버십 사이트를 만들자 250명의 사람들이 월회비 22달러를 내는 멤버십에 가입했고, 에이미는 추가적으로 매월 5500달러의 수입을 올리게 되었다.

에이미는 사업의 거래 대상을 완전히 바꾸었고, 이런 변화는 그의 성공을 가능하게 한 주요한 요인 가운데 하나다. 이 책을 읽기 전까지 그는 소비자들이 아니라 소매점들과 거래했었다. 이제 그는 자신이 파는 털실을 사용해주는 소비자들과 직접 교류하며 관계를 형성하고 있고, 소비자들은 그 제품을 아주 좋아하고 있다. 여기에 더해 에이미는 자신이 파는 털실을 이용하여 스웨터와 스카프 등을 만들어 입는 소비자들을 보게 되는데, 여기서 얻는 직업적 만족감은 재정적 성취가 만들어내는 만족감만큼이나 크다고 한다.

그는 지금도 매년 2회 정도 런칭을 진행하고 있다. 가장 최근의 런칭은 1400명이 참가했던 니트얼롱 행사였는데, 여기서 발생한 매출은

32만 2000달러였다. 그의 사업에서 올해 발생한 매출 총액은 100만 달러가 넘는다. 2년 남짓한 짧은 기간에 이루어진 놀라운 변화이자 성과다. 그리고 에이미가 이루어낸 변화의 출발점은 바로 이 책이었다.

오픈 카트의 메시지는
'구매'다

프리런칭 단계의 메시지는 기회, 변화, 사용자 경험 등을 중심으로 만들어진다. 오픈 카트 단계의 메시지는 구매를 중심으로 만들어진다. 프리런칭 기간의 전개를 도식화하면 다음과 같다.

첫 번째 PLC: 기회
두 번째 PLC: 변화
세 번째 PLC: 사용자 경험
네 번째 PLC(오픈 카트): 구매

여기서 '구매'란 말 그대로 잠재고객이 당신의 제품이나 서비스를 구매하는 걸 의미한다(혹은 당신의 일이 비영리단체 운영이라면 여기서 구매란 단체에 대한 기부를 의미한다). 만약 잠재고객이 오픈 카트 직후 곧바로 구매하지 않더라도 당신의 메시지를 수용하는 것만으로 충분하다. 프리런칭 단계는 잠재고객의 삶에 변화를 제안한다. 더 즐거운 삶으로의 변화, 더 편안한 삶으로의 변화 같은 것 말이다. 이때 잠재고객이 변화에 대한 메시지를 수용한다면 제품이나 서비스를 구매할 가능성은 크게 높아진다. 어쨌든 잠재고객이 구매에 나서기 위해서는 먼저 메시지를 수용해야 한다.

복잡할 것이 없는 개념이다. 어떤 사람이 금연 프로그램을 구매하려면 우선 금연 프로그램이 확실하게 금연으로 이어진다는 메시지를 수용해야 한다. "저 프로그램을 이용한다면 나도 담배를 끊을 수 있겠구나"라고 말할 수 있어야 하는 것이다. 변화에 대한 메시지를 수용해야 나중에라도 구매로 이어진다. 에이미의 잠재고객이라면 오픈 카트 단계에서 이렇게 말할 것이다. "그래, 나도 털실로 스웨터 한 벌을 짤 수 있어."

잠재고객은 미래의 새로운 모습, 변화된 모습이 가능하다는 점을 수용해야 한다. 그리고 당신의 오픈 카트 메시지는 변화에 대한 약속의 수용, 혹은 구매를 중심으로 만들어져야 한다.

잊을 수 없는
첫 오픈 카트

오픈 카트, 즉 제품 판매를 개시할 때의 느낌은 글로 설명하기가 어렵다. 제품 판매일까지 몇 주 혹은 몇 달에 걸쳐 엄청난 에너지를 들여 런칭 과정을 진행해왔을 것이다. 이메일 리스트 사람들의 이목, 더 나아가 시장의 이목을 끌고, 그들 사이에서 제품에 대한 기대감을 높이기 위해 노력했을 것이다. PLF의 방법론을 충실히 이행했다면 제품에 대한 사람들의 기대감은 최고조에 이르렀을 것이고, 그에 따라 제품 판매의 결과에 대한 당신의 기대감 역시 최고조에 달해있을 것이다.

그런 기대감 속에 카트를 오픈하는 그 첫 순간을 영원히 잊지 못할 것이다. 내 친구 중에는 임무 수행을 위해 국제우주정거장 ISS에 세 번이나 다녀온 우주인이 있다. 그 친구는 처음 우주선을 타고 하늘로 오르던 처음 몇 분의 순간을 설명하며 믿을 수 없을 정도로 엄청난 중력과 가속을 느꼈다고 말을 했다. 그의 설명을 듣자마자 내게는 오랜 노력 끝에 제품을 런칭하던 순간의 느낌이 떠올랐다. 엄청난 중압감이 가속되어 나를 내리누르던 그 느낌 말이다.

오픈 카트 데이에
반드시 기억해야 할 점

나는 제품 판매일을 오픈 카트 데이라고도 부른다. 이유는 단순한데, 제품 판매일에 카트를 열고 주문을 받기 시작하기 때문이다. 당연하게도 런칭이 끝나는 날은 클로즈 카트 데이라고 부른다. 사실 런칭이 끝났다고 해서 기술적으로 쇼핑 카트를 닫아버리는 것은 아니지만, 일반적으로 런칭이 끝나면 판매조건이 크게 달라지기 때문에 고객들 입장에서는 카트가 닫히는 것과 마찬가지가 된다. 이에 관해서는 뒤에서 자세히 논하게 될 것이다.

PLF의 방식을 충실히 따랐다면 프리런칭 단계를 거친 다음에 오픈 카트에 이르게 된다. 당신은 PLC를 통해 이메일 리스트의 사람들과 신뢰관계를 형성하게 되는데, 이때 심리적 방아쇠들도 활용한다. 특히 프리런칭의 막바지에는 희소성이라는 심리적 방아쇠를 활성화하게 된다. 이쯤 되면 이메일 리스트의 사람들은 조만간 제품이 공개될 거라는 생각을 하게 되는데, 강조했다시피 당신은 세 번째 PLC의 마지막 부분에서는 제품 판매에 대한 언급을 할 필요가 있다.

이제 런칭에 들어가기 위해서는 강력한 세일즈 페이지가 있어야 하는데, 세일즈 페이지는 동영상이나 이메일을 통해 진행된다. 프리-프리런칭과 프리런칭 단계를 거쳐 오픈 카트까지 오게 된 잠재고객은 대부분 당신의 제품 구매를 염두에 두고 있는 사람들이지만, 그렇다고 해서 세일즈 페이지의 콘텐츠를 대충 만들어서는 안 된다. 세일즈 페이지의 콘텐츠에는 PLC에서 언급된 주요 내용이 들어가야 한다. 특히 변화에 대한 내용에 초점을 맞춰야 한다.

사실 프리런칭 단계를 거치면서 제품 판매를 위한 대부분의 사전 작업은 마무리가 된다. 그리고 세일즈 페이지까지 준비되었다면 이제 당신이 할 일은 이메일 리스트의 잠재고객에게 카트가 열린다는 사실, 즉 판매가 시작된다는 사실을 알리는 것이다. 이는 세일즈 페이지의 링크를 담고 있는 짧은 이메일이면 충분하다. 지금까지 제품 판매를 위한 사전 작업은 충분히 진행되었기 때문에 제품 런칭을 알리는 이메일에는 부가적인 긴 내용이 들어갈 필요가 없다.

아래 이메일은 내가 PLF 코칭 프로그램을 런칭할 때 오픈 카트 이메일로 실제로 사용했던 것이다.

이제 PLF에 등록하실 수 있습니다. 지금 바로 가능합니다!
접속자가 몰려 서버에 과부하가 발생하는 일을 막기 위해 예정 시간보다 조금 일찍 등록 페이지를 열었습니다.
고맙습니다!

제프

추신 당부의 말씀드립니다...! PLF 라이브 워크숍은 자리가 한정되어 있고 꽤 빠르게 마감됩니다. 이 프로그램에 등록하실 분들은 서두르시기를 바랍니다.

[여기]를 누르시면 등록 페이지로 연결됩니다.

런칭 이메일은 이 정도로 짧고 간결해도 충분하다. 내 경우 별다른 인사도 없이 제품 판매가 시작되었다는 사실을 알리고, 곧바로 세일즈 페이지로 연결되는 링크를 소개했다.

그리고 내 경험상 '추신'은 이메일 내용 가운데 가장 큰 관심을 받는 부분이다. 그래서 희소성이라는 심리적 방아쇠를 활성화할 때는 추신 부분을 이용했다. PLF 라이브 워크숍의 경우 자리가 한정되어 있고 빠르게 마감된다는 사실을 알렸는데, 나는 이를 통해 내 제품의 희소성을 강조했다.

런칭 이메일 전송 전 확인 사항

너무 당연한 말을 하는 게 아닌가 싶어 우려되기도 하지만, 런칭 이메일, 즉 오픈 카트 이메일 전송 전에 웹사이트의 모든 단계가 제대로 작동하는지 다시 한번 확인하라. 세일즈 페이지는 제대로 작동하고 있는가? 이메일과 세일즈 페이지 링크는 모두 제대로 작동하고 있는가? 주문 페이지는 제대로 작동하고 있는가? 주문 페이지의 문구 가운데 어색한 부분은 없는가? 전체 주문 과정을 직접 실행해봤는가? 주문 후 진행에 문제는 없는가? 주문 후에 감사를 표하는 페이지도 정상적으로 작동하고 있는가?

주문 확인 이메일은 정상적으로 발송되는가? 주문 이행도 제대로 진행되는가?

여기까지 전부 직접 확인을 했고 정상적으로 작동을 했다면 이번에는 다른 사람에게 주문 과정을 실행해볼 것을 부탁하라. 제3자의 눈으로 전체 주문 과정을 다시 한번 확인해야 한다.

확인을 마쳤다면 이제는 오픈 카트 이메일을 보낼 차례다. 그동안 수많은 런칭을 직접 진행해왔지만, 나는 지금도 오픈 카트 이메일을 보낼 때가 되면 상당히 초조해진다. 그리고 최종적으로 전송 버튼을 누르기 전까지 꽤나 망설이게 된다. 당연하다. 많은 것이 결정되는 순간이기 때문에 막연히 온갖 불안감이 생겨난다. 하지만 전체 과정을 거듭 확인했다면 이제는 실행할 때다. 런칭 이메일을 보내고 주문을 받을 차례다.

초기 반응 확인하기

일단 제품 런칭을 했다면 처음 한두 시간은 매우 높은 긴장감 속에서 사람들의 반응을 지켜보게 된다. 이때 고객들의 초기 반응 앞에서 담담함을 보이기란 매우 어려운 일이다. 우선 첫 주문이 들어오면 당신은 안도의 한숨을 내쉬게 된다. 세일즈 페이지가 모두 정상적으로 작동하고 있다는 신호가 되기 때문이다.

내 경우 첫 주문 이후 한두 시간은 주문 데이터를 살펴본다. 세일즈 페이지의 트래픽, 주문 페이지로 들어가는 트래픽, 런칭 이메일을 열어본 사람들의 수, 주문량, 주문과 관련된 데이터(주문자는 누구이고, 주소지가 어디이고, 어떤 옵션을 선택했는지) 등을 확인해보는 것이다.

주문과 관련된 데이터는 매우 방대하기 때문에 이걸 제대로 분석하려면 별도로 이 업무만 담당하는 직원을 뽑아야 할 정도다. 그렇지만 당신은 한두 시간 정도 주문 데이터를 살펴본 다음 다시 오픈 카트 단계의 관리로 돌아가야 한다.

오픈 카트 전략

판매 개시는 매우 중요한 과정이지만, 오픈 카트 단계의 일부분일 뿐이다. 판매 기간은 보통 4일에서 7일 정도로 정해지지만, 내 경우는 더 짧다. 심지어 하루나 3일 이내에 모든 제품의 판매가 끝나는 일도 종종 있다.

하지만 당신은 몇 차례의 런칭을 진행하고 경험이 쌓이기 전까지는 런칭 기간을 이렇게 짧게 가져갈 필요는 없다. 런칭 기간이 지나치게 짧으면 오픈 카트에서 범하게 된 실수를 바로잡을 기회를 거의 갖지 못한다. 런칭을 처음 진행하는 거라면 런칭 기간은 5일 정도로 가져가는 게 좋다.

런칭 기간의 매출은 시장 상황, 판매조건, 런칭 전략 등에 따라 천차만별로 나타날 수 있지만, 보통은 런칭 첫째 날에 매출의 25퍼센트가 발생하고, 런칭 마지막 날에 매출의 50퍼센트가 발생한다. 첫째 날에는 당신의 제품에 기대감을 가진 고객들이 많이 주문을 하며, 런칭 마지막 날에는 희소성이라는 심리적 방아쇠에 영향을 받은 고객들이 많이 주문을 한다. 그리고 나머지 25퍼센트의 매출은 그 중간 기간에 발생한다.

런칭의 마무리

성공적인 런칭을 바란다면 런칭 기간을 분명하게 정하고 그 기간이 지나면 런칭을 끝내야 한다. 또한 런칭 기간에 제품 구매를 하지 않는다면 상당히 큰 혜택을 놓치는 거라는 점을 잠재고객에게 분명히 알려야 하고, 실제로도 런칭 기간이 끝나면 런칭 기간의 구매 혜택도 끝내야 한다. 이렇게 해야 잠재고객이 런칭 기간에만 혜택이 주어진다는 희소성을 인식하고 런칭 기간 마지막 날에 폭발적으로 주문하게 된다.

그러나 많은 사람들은 런칭 기간을 처음 약속한 대로 끝내지 않는다. 이렇게 되면 제품의 희소성이 소멸되고, 마지막 날의 폭발적인 매출은 일어나지 않는다. 이는 스스로 매출을 크게 깎아내리는 일이다. 런칭 기간은 처음 약속한 날에 확실하게 끝내야 한다. 결과적으로는 이렇게 하는 게 가장 좋은 성과를 만드는 길이다.

런칭 기간에 제품의 희소성을 활성화하기 위한 세 가지 기본적인 전략을 소개하면 다음과 같다.

1 가격이 오를 예정입니다. 런칭 기간에만 특별 할인가격으로 판매하고, 고객들도 할인가격에 구매하고 싶다면 런칭 기간에 구매해야 한다. 이는 많이 활용되고 있는 방법이다. '그랜드 오프닝 세일'과 추수감사절 다음날의 '블랙프라이데이 세일'은 대표적인 사례다. 물론 런칭 기간 한정 할인가격이 제품의 희소성을 높이는 작용을 하고 사용하기에도 쉽지만, 희소성 제고 측면에서만 본다면 가장 강력한 방법은 아니다.

2 부가 혜택이 사라집니다. 당신이 블루스 기타 강습 프로그램을 판매한다고 가정해보자. 이 경우 런칭 기간에 등록하는 수강생들에게만 스

카이프를 이용한 특별 개인교습이라는 부가 혜택을 제공한다면 매우 강력한 유인 요소가 된다. 잠재고객으로서는 런칭 기간에 등록하지 않는다면 특별 개인교습이라는 부가 혜택을 받지 못하기 때문에 런칭 기간에 판매되는 프로그램에 대해서는 큰 희소성을 인식하게 된다. 잠재고객이 선호하는 부가 혜택을 잘 선택한다면 이 방법은 가격 할인보다 더 효과적일 수 있다.

3 런칭 기간 이후에는 제품 판매가 중단됩니다. 런칭 기간에만 제품을 판매하고 런칭 기간이 끝나면 제품 판매를 중단하는 방법이 있다. 잠재고객은 런칭 기간에 구매하지 않으면 꽤 오랫동안 제품을 구매할 수 없거나, 어쩌면 해당 제품과 똑같은 제품은 영원히 구매할 수 없게 된다. 대부분의 경우 이는 희소성을 극대화하는 방법이다. 런칭 기간 이후의 가격 인상보다 훨씬 더 강력한 구매 유인 효과를 만들어낸다. 그러나 이 방법을 사용할 수 있는 업종은 꽤 제한적이다. 가령 식당을 개업하는 경우 7일의 런칭 기간 이후에는 음식을 판매하지 않겠다는 식으로 접근할 수는 없다. 다만 나는 이 방법을 꽤 자주 사용하고 있다. 특히 온라인 강습 프로그램을 판매할 때 많이 이용한다. 내 강습 프로그램은 대학교 강의처럼 기수마다 소수의 수강생들을 대상으로 운용되기 때문에 이 방법과 잘 맞는다. 새로운 기수의 수강생들을 모집하는 짧은 런칭 기간에 등록하지 않는다면 해당 기수에는 참가할 수 없다. 당신이 판매하는 제품의 성격과 잘 맞는다면 이 방법은 제품의 희소성을 극대화하고 잠재고객의 구매를 유인하는 매우 강력한 방법이 된다.

이 세 전략을 결합하여 사용함으로써 희소성 제고의 효과를 더욱 높일 수 있다. 런칭 기간 이후에는 판매가를 높이고 부가 혜택을 제공하시 않는나면 사람들은 런칭 기간에 당신의 세품이 희소하다고 여기고, 런칭의 성공 가능성은 그만큼 커진다. 희소성이라는 심리적 방아쇠를 활용하라는 것은 상대를 속이라는 의미가 아니다. 당신이 제공하는 희소성은 실제로 가치 있는 것이어야 한다.

이와 같은 접근법이 유효한 이유는 사람들은 어떤 결정을 뒤로 미루려는 성향을 가지고 있기 때문이다. 특히 지갑을 열고 돈을 지불해야 하는 결정이라면 그런 결정은 더욱 뒤로 미룬다. 만약 당신의 제품이 고객들의 삶에 긍정적인 변화를 만들어줄 수 있는 제품이라면 할인과 부가 혜택을 제공하여 고객들의 결정을 이끌어내는 것은 부정적으로 볼 일이 아니다. 고객들의 삶에 긍정적인 변화를 만들어줄 수 있는 것이다.

런칭 기간에도
할 일이 많다

런칭 기간, 즉 오픈 카트 기간에도 할 일이 많다. 그런데 어떤 사업가들은 오픈 카트 단계에 들어서면 주문 들어오는 상황을 지켜보는 것 외에는 별다른 일을 하지 않는다. 하지만 이는 큰 실수이고, 상당한 매출을 포기하는 일이다. 오픈 카트 기간에도 계속 홍보하고 시장 상황에 대응해야 한다. 오픈 카트 단계에 들어서기까지 많은 노력을 했을 테지만, 그 이후에도 오픈 카트가 진행중이라는 사실을 잠재고객에게 알릴 필요가 있다.

오픈 카트 초기에 당신이 잠재고객에게 보내는 메시지는 사회적 검증에 초점을 맞춰야 한다. 그리고 오픈 카트가 어느 정도 진행되면 당신의 메시지는 희소성에 초점을 맞춰야 한다. 사용 가능한 모든 커뮤니케이션 수단을 사용하여 잠재고객과 소통하라. 이메일은 기본이고, 사용할 수 있다면 소셜미디어도 사용하고 그 밖에 다른 수단이 있다면 그 역시 전부 사용하라.

오픈 카트 단계의 진행에 대한 예시를 들면 다음과 같다.

1일 차(런칭 첫 날): 이메일 두 통＋소셜미디어 게시글.
여기서 첫 번째 이메일은 제품의 런칭을 알리는 이메일이고(앞부분에서 소개한 것과 같은), 런칭 개시 4시간쯤 후에 발송될 두 번째 이메일은 런칭이 잘 진행되고 있고, 잠재고객의 문의에 응답할 준비가 되어 있다는 점을 알리는 이메일이다.

2일 차: 이메일 한 통＋소셜미디어 게시글.
아직은 오픈 카트 초기이고, 이메일의 내용은 사회적 검증에 초점을 맞춘다. 그러니까 2일 차의 이메일은 당신의 런칭에 대해 사람들의 반응이 좋다는 점을 알리는 이메일이다. 이 이메일에는 세일즈 페이지로 연결되는 링크를 달아놓는다.

3일 차: 이메일 한 통＋소셜미디어 게시글.
3일 차의 이메일에는 자주 받는 질문들에 대한 답을 담는다. 이 이메일은 분량이 길어질 수 있으며, 여기에도 세일즈 페이지로 연결되는 링크를 달아놓는다(오픈 카트 기간에 보내는 모든 이메일에는 이 링크를 달아놓는다).

4일 차: 이메일 한 통 또는 두 통＋소셜미디어 게시글.

이때부터는 희소성에 초점을 맞춘다. 런칭 마감이 하루 남았다는 점을 강조하면서 마감 시간을 명확하게 밝힌다(마감 날짜와 시간을 명확하게 적어야 한다). 그리고 런칭 기간에 구매하지 않는 경우 잠재고객이 놓치게 되는 혜택들이 무엇인지를 다시 한번 강조한다.

5일 차: 이메일 세 통＋소셜미디어 게시글.

여기서 첫 번째 이메일은 아침 일찍 보내는데, 오늘이 런칭 마지막 날이라는 점을 다시 한번 알리는 게 목적이다(마감 시간을 다시 한번 밝힌다). 두 번째 이메일은 런칭 마감 6~8시간 전에 보내는데, 내용은 첫 번째 이메일과 비슷하다. 그리고 세 번째 이메일 역시 런칭 마감이 임박했다는 점을 알리는 게 목적이고, 런칭 마감 두세 시간 전에 보낸다.

당신이 PLF의 방식을 잘 따라왔다면 런칭 마지막 날에는 주문이 밀려들 것이다. 그러나 안타깝게도 너무나도 많은 사업가들이 런칭 마지막 날에는 메시지를 보내지 않는다. 이메일을 한 번만 보내거나, 아예 보내지 않는 것이다. 이미 런칭 기간에 너무 많은 이메일을 보냈다고 스스로 판단하거나, 아니면 마지막 날에 이메일을 한 통 보내나 세 통 보내나 효과는 같을 거라고 판단해버리기 때문이다.

그러나 이는 잘못된 생각이다. 큰 실수다. 런칭 마지막 날에도 세 통의 이메일을 보내고, 소셜미디어를 통해 고객들과 소통해야 한다. 나를 믿어주기 바란다. 런칭 마지막 날의 이메일 세 통은 당신의 성과에 있어 큰 차이를 만들어낼 것이다. 많은 잠재고객이 선뜻 구매 결정을 하지 못하고 마지막 닐까지 망설이고 있을 게 분명하다. 당신이 직접 런칭을 진행하고 마지막 날에 주문이 밀려드는 일을 겪게 된다면 대부분의 사람들은 마지막 순간까지 결정하지 못하고 망설인다는 내 이야기를 실감할 것이다. 런칭 마감 시간을 어느 시간대로 정하든, 많은 고객이 그 마감 시간에 임박하여 주문을 할 것이다. 그러니 런칭 마지막 날에는 이메일 세 통을 보내기를 바란다. 이 마지막 작업이 큰 성과를 만들어준다.

여기까지가 오픈 카트 단계를 진행하는 기본 전략이다. 이제부터는 오픈 카트 단계의 고급 전략을 이야기해보겠다.

오픈 카트 단계의
고급 전략

최근 몇 년 사이 PLF에서 있었던 주요 혁신 가운데 하나는 오픈 카트 단계에서 일어났다. 이제 내가 진행하는 런칭에서 오픈 카트 단계는 프리런칭 단계만큼이나 비중 있게 진행된다. 오픈 카트 단계에서 적극적인 소통은 더 많은 잠재고객이 오픈 카트 단계에 대해 관심을 갖도록 만드는데, 이는 사업가에게 매우 유리한 상황이 된다.

이제 처음으로 첫 번째 런칭을 준비하는 사람이라면 PLF의 기본 방식을 따르기에도 바쁠 것이고, 성공적인 런칭을 위해 기본 전략을 따르는 것만으로도 충분하다. 하지만 런칭에 경험이 많고, 이제 자신이 진행하는 런칭을 한 단계 더 발전시키고자 하는 사람의 경우 기본 전략에 다음 고급 전략을 덧붙일 수 있다.

올 액세스 페이지 All Access Page 올 액세스 페이지는 모든 PLC를 모아놓은 페이지를 의미하며, 회원가입을 하지 않아도 누구나 이 페이지의 콘텐츠를 전부 볼 수 있도록 한다. 나의 경우, 뒤에서 설명할 JV런칭을 하는 경우에는 내 JV파트너의 회원이나 잠재고객은 클릭만으로 올 액세스 페이지의 콘텐츠를 전부 볼 수 있다.

추가 프리런칭 영상 나는 세 개로 구성되는 PLC에 더해 추가적으로 네 번째 프리런칭 동영상을 만들어 활용하기도 한다. 이 네 번째 프리런칭 동영상은 프리런칭 단계에서 오픈 카트 단계로 이어주는 '소프트 랜딩'을 위한 것으로, 다른 세 PLC와는 별개로 제작되는데다가 분량도 적다(그렇기 때문에 다른 세 개의 PLC와 관련된 질문이 들어올 일도 거의 없다).

추가 라이브 콘텐츠 이것은 바로 앞에서 소개한 추가 프리런칭 동영상과 성격이 같지만, 내가 직접 라이브로 진행한다는 점이 다르다(11장에서 자세히 다룰 것이다). 이 라이브 콘텐츠의 목적 역시 '소프트 랜딩'을 위한 것으로, 다른 PLC와는 별개로 제작되고 분량도 적다.

케이스 스터디 나는 오픈 카트 단계에서 케이스 스터디를 소개하는 걸 선호한다. 당신의 제품이나 서비스를 사용하여 성공을 이루어낸 다른 사람들을 소개하는 것은 여러 심리적 방아쇠들을 복합적으로 활성화하는 매우 강력한 수단이다. 케이스 스터디는 동영상, 라이브 방송, 문서 등 다양한 형식으로 소개될 수 있다.

FAQ 페이지 잠재고객이 자주 하는 모든 질문과 그에 대한 답을 달아놓은 웹페이지다. 최근의 한 런칭에서 나와 내 팀은 FAQ 페이지를 만들고 50개 이상의 질문과 그에 대한 답들을 달아놓았다. FAQ 페이지에 당신이 달아놓는 답은 잠재고객의 제품 구매를 유도하는 방향으로 작성되어야 한다는 점을 기억하기 바란다. 정확히는 당신의 제품에 대한 잠재고객의 거부감을 해소하는 방향으로 답해야 한다.

라이브 Q&A FAQ 페이지와 비슷하지만, 이는 라이브 방송 형식으로 진행된다. 당신이 라이브 방송 카메라 앞에 서는 게 불편하지만 않다면 라이브 Q&A는 FAQ 페이지보다 훨씬 더 강한 설득력을 가지고, 또 제작 시간도 훨씬 더 적게 든다. 둘 다 하면 효과는 훨씬 좋다!

수강생 패널 나는 잠재고객에게 내 수강생들과 그들의 성공을 직접 보여주는 걸 좋아한다. 수강생 패널은 6인에서 8인의 내 실제 프로그램 수강생들로 구성되며, 라이브 방송으로 진행된다. 이 라이브 방송에서 내 수강생들은 자신들이 PLF를 어떻게 진행했는지, 그리고 그로 인해 자신들의 삶이 어떻게 변화되었는지를 말하게 된다.

유명인 패널 기본적인 개념과 진행 방식은 수강생 패널과 같지만, 여기서는 당신의 잠재고객이 잘 알 만한 유명인을 패널로 참석시키게 된다. 패널로 참석한 유명인이 라이브 방송 중에 구매하는 고객들에게 별도의 혜택을 제공해주도록 그 유명인을 설득할 수만 있다면 이 방식의 효과는 극대화된다. (사실 개인적으로 이 방식을 그리 선호하지는 않는다. 매우 효과적인 방식일 수는 있겠지만, 나는 유명인보다는 내 수강생들이 패널로 등장해주는 편이 더 좋다.)

고급 전략을 활용한
오픈 카트

고급 전략을 활용한 오픈 카트 단계의 예시 한 가지를 소개하면 다음과 같다. 오픈 카트 기간은 5일로 정했다.

1일 차(런칭 첫 날): 1일 차는 기본 전략과 동일하게 진행된다. 여기서는 이메일 두 통과 소셜미디어가 사용되는데, 첫 번째 이메일은 제품의 런칭을 알리는 이메일이고, 런칭 개시 네 시간쯤 후에 전송되는 두 번째 이메일은 런칭이 잘 진행되고 있고, 당신이 잠재고객의 문의에 응답할 준비가 되어 있다는 점을 알리는 이메일이다.

2일 차: 2일 차에 추가적인 프리런칭 동영상, 혹은 추가적인 라이브 방송을 공개한다. 이때 보내는 이메일에는 세일즈 페이지로 연결되는 링크가 아니라 프리런칭 동영상 페이지로 연결되는 링크를 달아놓는다. 라이브 방송을 하는 경우에는 라이브 방송이 있다는 걸 알리는 내용으로 아침 일찍 이메일을 한 통 보내고, 라이브 방송 시간에 임박하여 이메일을 한 통 더 보낸다.

3일 차: FAQ 페이지를 공개하거나, 라이브 Q&A를 진행한다. 이때 보내는 이메일에는 세일즈 페이지로 연결되는 링크가 아니라 FAQ 페이지로 연결되는 링크를 달아놓는다. 라이브 Q&A를 진행하는 경우에는 라이브 Q&A가 있다는 걸 알리는 내용으로 아침 일찍 이메일을 한 통 보내고, 라이브 Q&A 시간에 임박하여 이메일을 한 통 더 보낸다.

4일 차: 케이스 스터디, 수강생 패널 또는 유명인 패널을 진행한다. 그리고 오픈 카트의 4일 차부터는 희소성을 강조해야 한다는 점을 잊으면 안 된다. 케이스 스터디, 수강생 패널, 유명인 패널 등과는 별도로 이메일을 보내 런칭 마감이 하루 남았다는 점을 강조하면서 마감 시간을 명확하게 밝힌다. 그리고 내일 마감 시간까지 구매하지 않는 경우 놓치게 되는 혜택들이 무엇인지를 다시 한번 강조한다.

5일 차: 오늘이 오픈 카트 마지막 날이며, 이제 곧 런칭이 마감된다는 사실을 강조하는 게 가장 중요하다. 잠재고객의 질문에 답하는 라이브 방송을 할 수도 있다. 이메일 세 통을 보내고, 소셜미디어를 이용하여 그들과 소통하는 것은 5일 차의 빼놓을 수 없는 작업이다.

고급 전략을 활용한 오픈 카트 단계는 이와 같은 식으로 진행될 수 있다. 오픈 카트 단계의 가장 큰 목표는 잠재고객의 구매 결정을 이끌어내는 것이다. 제품에 대한 잠재고객의 거부감을 걷어내고, 삶이 긍정적으로 변화될 수 있다는 점을 보임으로써 그들의 구매 결정을 더욱 효과적으로 이끌어낼 수 있다.

아무도 사지 않으면
어떡하지?

런칭을 진행했는데 잠재고객이 당신의 제품을 전혀 사지 않는 일이 일어날까? 카트를 열었는데 매출이 전혀 발생하지 않는 일이 일어날까? 아직 이런 일을 본 적은 없지만 발생 가능성이 제로라고 말할 수는 없다. 이와 같은 상황이 발생한다면 당신이 해야 할 일은 런칭 과정에 대한 분석이다.

매출이 전혀 발생하지 않았다면 전체 런칭 프로세스를 확인해봐야 한다. 우선 당신이 보냈던 이메일을 다시 열어보고 링크가 제대로 작동하는지 확인하라. 그런 다음 세일즈 페이지가 제대로 열리고, 세일즈 페이지의 콘텐츠들이 제대로 가동되는지 확인하라. 주문은 제대로 되는가? 웹사이트가 제대로 작동하고 있는지 당신이 직접 주문을 해보라. 모든 것이 문제없이 작동하는가?

여기까지 아무런 문제가 없었다면 이번에는 당신의 웹사이트에 어느 정도의 트래픽이 발생했는지 확인할 차례다. 이메일 링크를 통해 당신의 웹사이트에 접속한 사람들은 몇 명이나 되는가? 세일즈 페이지에 접속한 사람들은 전부 몇 명인가? 주문 페이지에 접속한 사람들은 전부 몇 명인가?

기술적인 문제가 없었고 트래픽이 꽤 발생했음에도 매출이 일어나지 않았다면 전환율의 문제라는 결론이 나온다. 제품이나 메시지에 문제가 있었을 가능성이 큰 것이다. 물론 제품이 문제였는지, 아니면 메시지가 문제였는지, 그 원인을 찾아내는 건 꽤 까다로운 작업이 될 수 있다. 게다가 두 가지 모두에 문제가 있는 것일 수도 있다.

우선 제품을 생각해보자. 당신의 제품은 잠재고객이 매력을 느끼는 것인가? 당신의 제품은 그들이 겪고 있는 문제에 대한 해결책이 되는가? 당신의 제품은 시장이 원하는 것인가, 아니면 당신이 만들고 싶어서 만든 것인가? 당신의 제품은 잠재고객의 희망이나 꿈을 이루는 데 도움이 되는가? 잠재고객이 겪고 있는 두려움을 없애는 데 도움이 되는가? 당신의 제품은 시장이 바라는 바를 제대로 집어낸 것인가?

이번에는 런칭 과정에서 사용한 콘텐츠의 메시지를 살펴보자. 제품이 만들어줄 수 있는 긍정적인 변화를 분명하게 전달하고 있는가? 제품이 지니고 있는 장점들을 구체적으로 분명하게 소개하고 있는가? 구매 프로세스는 사람들이 쉽게 이해할 수 있을 정도로 단순한가? 잠재고객이 갖게 되는 것이 무엇인지를 분명하게 전달하고 있는가? 런칭 과정의 각 단계를 지날 때마다 사람들이 무엇을 기대하는지 보이는가? 제품의 가격과 보장 내용은 쉽고 명확하게 전달되고 있는가?

제품, 혹은 메시지에 있는 문제점을 찾았다면 문제 해결에 들어가면 된다. 너무 늦어버렸다 판단하고 포기할 일이 아니다. 나는 런칭을 진행하는 도중에 문제점을 찾아내고, 제품의 판매조건을 바꾸거나 메시지를 바꿈으로써 결국은 런칭을 성공으로 이끌어낸 사람들을 많이 만났다.

런칭 다음에
해야 할 일

한 번의 런칭이 만들어내는 가장 강력하면서도 놀라운 성과 가운데 하나는 시장에서 형성되는 당신에 대한 호감이다. 무료로 제공되는 PLC를 통해 당신이 사람들에게 진정한 가치를 제공했다면 시장에는 당신에 대한 호감이 형성된다. 당신의 제품을 구매한 사람들만이 아니라 제품을 구매하지는 않았지만 PLC를 경험한 사람들까지 당신에게 호감을 갖게 된다. 물론 PLC를 경험한 모든 사람이 호감을 갖는 건 아니다. 하지만 시장의 많은 사람들이 당신에게 호감을 갖게 된다. 그리고 이들은 앞으로 당신이 진행하는 런칭과 당신의 제품에 높은 관심을 갖는 당신의 부족민이 된다. 한 번의 런칭이 부족민들을 모으는 부가적인 성과를 만들어내는 것이다.

그리고 한 번의 런칭을 마친 뒤에는 제품을 구매해준 사람들과의 관계를 강화해야 한다. 이 포스트런칭 단계에서는 런칭에서 형성된 추진력과 고객들과의 관계를 강화함으로써 당신 사업의 장기적인 성장을 위한 기반을 계속 늘려가는 게 중요하다. 나는 언제나 내 제품을 구매해준 새로운 고객들에게는 몇 가지 보너스를 제공하는데, 꼭 이렇게 해보길 바란다. 런칭이 끝난 다음에 제품을 구매해준 고객들에게는 런칭 과정에서 언급하지 않은 제품 몇 가지를 추가로 제공하면 된다. 요즘은 어떤 제품을 구매하면 딱 약속된 만큼의 제품이나 서비스만을 받는 경우가 대부분이다. 이런 상황에서 약속한 것보다 더 많은 제품이나 서비스를 제공한다면 그건 그대로 시장에서 차별점이 된다. 보너스 제공은 놀라운 효과를 만들어낸다. 보너스로 엄청난 가치를 제공할 필요는 없다. 미리 알려준 것보다 조금 더 많은 수준이면 충분하다.

고객들과의 관계를 강화하는 가장 효과적이고 쉬운 방법은 판매 후 간단한 연락이다. 자동발신 이메일로도 충분히 진행할 수 있고, 경우에 따라서는 고객들과의 양방향 소통이 진행될 수도 있다.

포스트런칭 단계에서는 고객 서비스도 놓쳐서는 안 된다. 사업 초기 나는 고객 서비스를 등한시했었는데, 곧 그래서는 안 된다는 교훈을 얻었다. 지금의 나는 적어도 내 분야에서는 세계 최고 수준의 고객 서비스를 제공한다. 고객 서비스에 들어가는 돈은 지불할 가치가 있다. 고객 서비스를 비용 유발 요인으로 인식하지 않고 내 사업을 만드는 데 필요한 중요한 일부분으로 인식한다.

제품을 구매하지 않은 잠재고객에 대한 관리도 잊어서는 안 된다. 그들이 프리런칭 단계까지 따라왔었다면 이번에는 구매하지 않았다 하더라도 다음에는 구매할 가능성이 있다. 그들과 형성된 관계를 그대로 끊어버리지 말라. 런칭이 끝난 후에 그들에게 추가적인 콘텐츠를 보냄으로써 그들과의 관계를 계속 유지하라. 그럼 그들은 당신의 제품에 관심을 갖고, 언젠가는 당신의 고객이 될 수 있다. 지금까지 런칭 과정 전반에 대해서 다루었다. 이제 이 런칭 과정을 어떻게 활용하는지 알려줄 시장 접근법들에 대해서 살펴볼 것이다.

3부

PLF
활용하기

9장

무에서 유를 창조하는
시드런칭

타라와 데이브 부부의 일상은 아이가 어린 나이에 사망하면서 완전한 고통의 상태로 들어갔다. 어떤 부모라도 생각할 수조차 없는 악몽이다. 그 상실감과 고통은 쉽게 떨쳐낼 수 있는 게 아니다.

데이브는 100만 달러가 넘는 연봉을 받으며 안정적인 회사 생활 중이었다. 그러나 그는 더 이상 회사 생활에서 별다른 의미를 찾을 수가 없었다. 아이를 잃은 후에는 삶에서 즐거움을 찾을 수가 없었다. 타라는 파트타임으로 부동산 중개일을 하고 있었는데, 대부분의 시간은 집에서 아이들을 돌보는 일에 쓰고 있었다.

하지만 타라에게는 열망이 있었다. 그는 자신과 같은 주부들과 엄마들이 여성으로서의 아름다움을 찾는 일을 도와주고 싶었다. 그러던 중에 PLF를 알게 되었고, PLF가 자신의 메시지를 더 많은 사람들에게 전달하고 자신의 사업을 만드는 데 활용할 수 있는 매우 훌륭한 도구라는 판단을 내렸다. 뿐만 아니라 남편 데이브에게도 삶의 새로운 목표를 추구하도록 도와줄 수 있는 도구라고 생각했다.

그러나 타라에게는 아무것도 없었다. 아무것도 없는 상태에서 자신의 사업을 시작해야 했다. 주위의 가까운 친구들이 아름다움을 찾도록 도울 방법에 대해서는 잘 알고 있었다. 하지만 타라가 책을 쓴 것도, 강연이나 세미나를 진행한 경험이 있는 것도 아니었다. 문제는 그것만이 아니었다. 타라에게는 이메일 리스트도 없었고, 이용하고 있던 플랫폼도 없었다. 그저 몇십 명의 트위터 팔로워들과 페이스북 친구들이 있었을 뿐이다. 타라와 같은 상황에서도 사업을 시작하는 게 가능할까?

제품을 완성하기도 전에
돈을 벌다

시드런칭을 이용하면 말 그대로 아무것도 없이 사업을 시작할 수 있다. 타라가 그랬던 것처럼 말이다.

그는 자신의 소셜미디어 팔로워들과 친구들, 그리고 자신과 이메일을 주고받는 사람들로 이렇게 200명가량의 명단을 모은 다음 그 명단을 기반으로 프리런칭을 시작했다. 제품이 만들어지지는 않은 상태였고, 일단 프로그램 이름만 정한 상태였다. 타라와 데이브는 그때의 일에 대해, 제대로 된 준비 없이 시작해서 매우 혼란스러웠다고 말을 했다. 하지만 이렇게 소수의 잠재고객을 대상으로 런칭을 하는 경우,

어느 정도 실수와 착오가 있어도 금세 수습이 가능하다는 장점도 있다. 자신의 첫 번째 런칭, 그 시드런칭에서 타라는 다섯 명에게 자신의 프로그램을 팔았고, 여기서 3000달러에 가까운 매출이 발생했다!

그 다섯 명의 고객들에게 타라가 약속했던 것은 6주 과정의 텔레세미나 프로그램이었다. 타라가 제품을 판매한 시점은 아직 그 프로그램의 제작이 완성되기 전이었다. 타라의 프로그램은 온라인과 전화 기반으로 진행되었는데, 그렇기 때문에 소수의 고객들과 수시로 의견을 주고받을 수 있었다. 그는 프로그램을 진행하면서 고객들의 의견을 반영하여 자신의 프로그램을 실시간으로 보완하고 수정해나갔다. 타라는 고객들과의 전화는 전부 녹음해두었는데, 이 녹음 자료는 첫 6주 과정 이후 프로그램의 완성도를 높이는 작업에 유용하게 활용되었다. 이 시드런칭은 타라에게 두 가지를 마련해주었다. 하나는 약간의 돈이고, 다른 하나는 완성된 프로그램이다.

제대로 된 이메일 리스트도, 제품도 없이 시작한 시드런칭에서 3000달러를 벌어들인 것도 인상적이지만, 놀라운 이야기는 이제부터다. 타라는 첫 번째 프로그램을 진행하며 고객들로부터 받은 피드백에 자신의 아이디어를 더해 두 번째, 세 번째 프로그램도 기획했다. 그리고 첫 번째 런칭을 통해 1000명 규모로 확장시킨 이메일 리스트를 이용하여 두 번째 런칭을 진행했다. 이번에는 1만 2000달러에 가까운 매출이 발생했다. 첫 번째 런칭 대비 큰 성장이었다. 하지만 이건 시작에 불과하다. 타라의 세 번째 런칭에서는 9만 달러의 매출이 발생했고, 네 번째 런칭에서는 19만 달러의 매출을 냈다. 런칭이 진행될수록 타라의 이메일 리스트는 크게 확장되었고, 시장의 평판은 계속 높아졌다. 이제 타라가 자신의 강습 및 코칭 프로그램을 통해 올리는 매출은 연 50만 달러가 넘는다.

이제 막 사업을
시작하는 사람들을 위한 런칭

여기까지 읽었다면 PLF의 효과성을 알게 되었을 거라고 생각한다. 그리고 PLF가 모든 규모의 사업에서 이용할 수 있는 검증된 시스템이라는 점도 알게 되었을 거라고 생각한다.

그러나 PLF를 이용하는 게 불안하거나, 그 효과성을 믿지 못하거나, 어떻게 시작해야 하는지 몰라서 PLF를 이용하지 못하는 사람들도 분명히 있다. 특히 이제 막 사업을 시작하는 단계에 있는 사람들 가운데 이와 같은 사람들이 많을 것이다. PLF의 효과성은 믿지만 어떻게 시작해야 하는지 모를 수도 있고, 뭔가 사업을 시작하고는 싶은데 제품도 없고 잠재고객의 이메일 리스트도 없는 상태일 수도 있다. 아니면 기존에 다른 사업을 하고 있는 상태에서 새로운 사업을 시작하고는 싶지만, 어디에서 시작해야 하는지 모를 수도 있다. 이번 장은 바로 이런 사람들을 위한 장이다. 시드런칭이 해법이 될 수 있다.

내가 시드런칭이라고 부르는 이유는 이 과정이 훌륭한 제품, 방대한 이메일 리스트, 큰 사업으로 이어지는 작은 출발이기 때문이다. 30미터가 넘게 자라는 참나무도 작은 씨앗에서 시작한다. 작은 씨앗만 본다면 이게 언제 자라서 거대한 참나무가 될까, 그게 가능하기나 할까, 이런 생각이 들지만, 모든 참나무는 작은 씨앗에서 시작된다. 시드런칭도 마찬가지다. 단지 하나의 아이디어와 소규모의 매출로 시작하지만, 나중에는 큰 사업으로 성장할 수 있다.

사업의 위기는
화창하고 맑은 날 찾아온다

시드런칭의 진행에 관한 기술적인 이야기를 하기에 앞서 그것이 어떻게 작동하고 어떤 결과를 만들어낼 수 있는지에 대한 이야기를 먼저 해보려고 한다. 여기서 이야기하려는 시드런칭은 사실 내가 진행했던 시드런칭인데, 여느 시드런칭처럼 절박한 상황에서 시작된 것이다. 그 당시 나는 대부분의 사업 기반을 잃은 상태에서 다시 사업을 시작해야 했다.

내 사업은 다양한 제품과 서비스를 출시하며 한창 성장세를 보이고 있었는데, 사업 파트너가 협업을 끝내겠다고 갑자기 통보해왔다. 사실 파트너십에 있어 가장 확실한 것 한 가지는 어떤 파트너십도 영원히 지속될 수 없다는 점이다. 그런데 내 경우는 아무런 사전 경고나 징후 없이 갑자기 결별을 통보받았다. 어느 금요일 오후, 사업 파트너가 앞으로 나와의 협업을 중단할 것이고 대부분의 고객 기반도 자신이 가지고 가겠다고 전화로 말했다.

사실 사업을 하는 사람에게 이와 같은 경험은 흔할 수도 있다. 사업 기반에 큰 타격을 입게 되면 (또한 이익의 대부분을 상실하게 되면) 집중력은 극도로 높아진다. 파트너십 결별을 통보받은 내가 제일 먼저 했던 일은 앞으로의 진로를 구상하는 것이었다. 잃어버린 나의 사업에서 좋아했던 부분은 무엇이고 좋아하지 않았던 부분은 무엇인지를 정리했다. 그런 다음 앞으로 할 수 있는 사업 분야들을 정리하고, 현실적으로 내가 진입할 수 있는 틈새를 파악했다. 그리고 가장 중요한 부분, 내가 시장을 위해 창출할 수 있는 가치가 무엇인지를 정리했다.

오랫동안 주식투자와 트레이딩에 집중했었고, 내가 만든 제품들도 전부 사람들에게 주식투자에 관한 지식과 기법을 알려주는 것들이었다. 이 일을 좋아했지만, 그 무렵에는 번아웃을 겪고 있었다. 나는 주식시장에 대한 뉴스레터를 해마다 연간 500회 이상 발행했다. 그것도 직원 한 명 없이 혼자서 하고 있었기 때문에 엄청난 업무량을 감당하고 있었다. 마감시한의 압박이 적은 분야로 옮겨가고 싶었다.

마케팅 쪽에서 새로운 사업을 찾아봤다. 처음 사업을 시작했을 때는 마케팅에 대해 아무것도 몰랐지만 10년 가까이 사업을 하면서 온라인 마케팅 쪽에 대해서는 상당한 경험을 쌓은 상태였다. 아무런 기반도 없이 사업을 시작했지만, 그동안 방대한 분량의 이메일 리스트를 만들었고, 제품을 런칭하는 시스템도 만들어놓았다. 그리고 이미 알고 지내던 몇몇 사업가들에게는 제품을 런칭하는 시스템을 가르쳐주었고, 그들은 내가 가르쳐준 시스템을 활용하여 뛰어난 성과를 내고 있었다. 내 시스템을 활용한 사업가들의 성공을 지켜보면서 이 시스템이 다른 사람들에게도 성과를 내줄 거라는 믿음이 생겼다.

다른 사람들에게 큰 가치를 창출해줄 수 있는 (마케팅과 제품 런칭에 관한) 지식이 있었고, 새로운 사업 분야로 진출하겠다는 의지도 강했지만, 당시의 나에게는 두 가지 문제가 있었다. 새로운 사업 분야에서 이용할 수 있는 이메일 리스트도, 완성된 제품도 없었다. 내 이메일 리스트는 주식투자를 하는 사람들의 이메일 리스트였다. 내가 진입하려는 새로운 분야에서는 별 소용이 없었다. 그런데 마침 몇 주 후에 열릴 마케팅 컨퍼런스에서 강연을 해달라는 요청을 받았다. 그 컨퍼런스에서의 강연을 새로운 분야로 진출하는 발판으로 삼을 수 있겠다고 생각했다.

런칭 프로세스를 소개하는 프레젠테이션을 준비하여 그 컨퍼런스 강연에 들어갔다. 강연 시간 90분을 최대한 활용할 수 있도록 준비된 프레젠테이션이었다. 그리고 프레젠테이션을 마친 다음에는 제품 판매에 들어갔다. 내 런칭 프로세스를 더 자세히 배우고 싶은 사람들을 위한 소그룹 강습이 있으니 관심 있는 사람들은 등록을 할 것을 제안했다. 강습은 온라인 기반으로 진행될 예정이었다.

사실 강연과 판매를 연계하는 건 흔한 방식이지만, 그 당시 내 강연 후 판매에 대한 반응은 신통치 않았다. 강연에는 300명에 가까운 사람들이 참석을 했으나, 고작 여섯 명이 코칭 프로그램을 구매했다. 결코 좋은 성과가 아니었다. 강연과 판매를 연계하는 판매방식에서 청중의 10퍼센트에게 제품을 판매하는 건 강연자가 이루어내야 하는 최소한의 성과다. 그런데 그 당시 내가 이루어낸 판매 성과는 고작 청중의 2퍼센트 정도였다.

코칭 프로그램을 많이 파는 데는 실패했지만, 나는 제품 런칭에 대해서는 잘 알고 있었다. 그다음부터 중요한 것은 진짜 고객들, 즉 수강생이 생겼다는 사실이다. 나는 사람들의 인생을 바꿔줄 수 있는 프로세스를 알고 있었고, 내게 그 프로세스를 배우겠다는 사람들도 있었다. 이제부터는 내 앞에 새로운 삶이 전개될 터였다.

문제를 해결하는
가장 확실한 방법

코칭 프로그램의 강습을 시작하려다 보니 두 가지 문제가 있었다. 첫째, 제품을 런칭하는 법에 대해서는 잘 알고 있었지만, 남들에게 가르치는 건 별개의 문제였다. 나에게는 검증된 강습법이 없었다. 둘째, 수업의 분위기를 만들기 위해서 여섯 명은 너무 부족했다. 그래서 교류하던 여러 사업가들을 내 강습에 초대했다. 코칭 프로그램에 등록해준 최초 여섯 명을 위한 수업 분위기 조성을 위해 최소 인원수를 맞추는 것이 목적이었기 때문에 이들에게는 강습료를 받지 않았다. 내 런칭 프로세스의 효과성을 잘 알고 있는 친구들이라 기회가 되면 그걸 배우고 싶어 했고, 그래서 많은 사업가들이 초대를 받아들였다. 결국 코칭 프로그램 참석자 숫자는 서른 명을 넘겼다. 수업 분위기를 만들기에 충분한 숫자였다.

프로그램 참석자 숫자 문제는 이렇게 해결되었다. 그렇지만 강습법의 문제는 여전히 남아 있었다. 많은 경우 어떤 분야의 훌륭한 전문가들은 해당 분야의 훌륭한 교사가 되는 데 실패한다. '지식의 저주' 때문이다. 어떤 분야에서 뛰어난 전문가가 되면 초심자들의 입장이나 수준을 이해하지 못하고, 초심자에게 맞는 수준에서 가르치지 못한다. 그래서 우선 수강생들에게 직접 물어보기로 했다. 고객들에게 직접 물어보는 건 프리 - 프리런칭의 접근법이기도 하다. 내 코칭 프로그램은 5회의 온라인 수업으로 구성되어 있었는데, 첫 수업에 들어가기에 앞서 서른 명이 넘는 수강생들을 대상으로 제품 런칭에 관하여 궁금한 점들이 무엇인지 설문조사를 실시했다. 수강생들이 궁금해 하는 점들, 즉 그들의 질문들을 크게 다섯 종류로 분류했고, 5회의 수업을 진행하면서 이를 활용해야겠다고 생각했다. 첫 번째 수업에서는 런칭 프로세스의 전체적인 진행을 가르치고 싶었기 때문에 런칭 프로세스의 각 진행 단계를 설명할 수 있는 질문들을 뽑아냈다. 그런 다음 그 질문들에 대한 답을 제시하는 식으로 첫 번째 수업을 진행했다.

두 번째 수업에 들어가기에 앞서 또 한 번의 설문조사를 실시했다. 이번에는 첫 번째 수업의 내용에 대해 궁금한 점이 있으면 무엇이든 질문하라고 했고, 두 번째 수업의 주제, 즉 프리런칭에 관하여 가장 궁금한 점들이 무엇인지를 물어보았다. 이번에도 수강생들의 질문을 기반으로 수업자료를 만들고, 두 번째 수업을 진행했다.

나머지 수업도 이와 같은 방식으로 진행했다. 그리고 5회의 수업을 모두 마친 다음에는 보너스로 1회의 수업을 더 진행했다. 이번에는 수강생들에게 강습 과정에서 궁금한 게 있으면 무엇이든 질문하라 했고, 질문에 최대한 답해주었다. 이게 전부가 아니었다. 약속한 것보다 더 많은 제품이나 서비스를 제공하는 걸 중요하게 생각했기 때문에 수강생들을 대상으로 몇 차례의 케이스 스터디 수업을 더 진행했는데, 이 케이스 스터디 수업에서는 실제 런칭의 사례들을 수강생들에게 소개했다.

그렇게 해서 제공한 수업은 총 9회였다. 약속했던 5회를 훌쩍 넘어서는 횟수였다. 수업 횟수만큼이나 내용도 충실하게 진행되었고, 제품 런칭에 관하여 내가 알고 있는 모든 것을 수강생들에게 알려주었다. 그 이후 수강생들 중에는 내가 알려준 방식을 이용하여 성공했다는 사람들이 여럿 나왔고, 강의에 좋은 평가를 남겨주었다. 수강생들이 따로 시간을 내어 좋은 평가를 남겨준 이유는 세 가지였다. 첫째, 약속했던 것보다 훨씬 더 많은 서비스를 제공했다. 둘째, 나중에 PLF가 될 나의 방식은 정말 혁신적이었다. 그리고 수강생들이 수업을 정말로 좋아하게 된 마지막 세 번째 이유는 특히 강조하고 싶다.

이 수업은 내가 진행한 첫 번째 수업이었고 그전까지 다른 사람들에게 뭔가를 가르쳐본 적은 없지만, 나는 수강생들이 아주 만족하는 수업을 진행할 수 있었다. 그건 내가 타고난 훌륭한 교사이기 때문이 아니다. 수강생들이 원하는 방식으로 수업을 진행했기 때문이다. 이것이 세 번째 이유다. 수업에 앞서, 그리고 수업을 하면서 수강생들에게 그들이 알고 싶은 게 무엇인지 계속 물어보았다. "앞선 수업에서 명확하게 전달되지 않은 내용이 있었나요?" "앞선 수업의 내용 가운데 보충 설명이 필요한 부분이 있나요?" "여러분이 궁금하다고 했던 것 가운데 제가 설명하지 않고 넘어간 것이 있나요?" 사실 이 강습법을 정립하게 된 건 시드런칭을 통해서였다.

온라인 마케팅 쪽에서는 지금도 많은 제품들이 시장에 쏟아져 나오고, 좋은 평가를 내리기 어려운 프로그램도 많다. 하지만 현재 아무런 기반이 없다 하더라도 시드런칭의 방식을 이용한다면 훌륭한 제품을 만들어낼 가능성은 매우 높아진다. 시드런칭에서는 고객들과의 소통을 기반으로 제품을 만들게 되며, 고객들의 요구나 의견을 적극적으로 반영하는 방식은 거의 실패하지 않는다. 간단히 말해 시드런칭은 본질적으로 시장의 요구를 직접적으로 반영하는 방식이다. 시장의 요구를 추측하는 방식이 아니다. 시드런칭을 이용하여 지식의 저주를 피하고, 고객들에게 진정한 가치를 제공하라.

'누구나' 시드런칭을 시작할 수 있다

이제 시드런칭에 대해 본격적으로 이야기해보겠다. 시드런칭은 이메일 리스트가 없고 제품이 완성되지 않은 상태에서 시작할 수 있는 런칭이다. 또한 어떤 제품에 대한 아이디어는 있지만 시장의 수요를 확신할 수 없을 때, 아직 제품이 완성되지 않은 상태에서 매출을 올리고 싶을 때 사용할 수 있는 방법이기도 하다. 시드런칭은 매우 유연한 과정이다. 다만 물리적인 제품에 대해서는 시드런칭이 작동하지 않는다. 시드런칭은 지식 기반의 제품, 혹은 교육 프로그램에 적합하다. 살 빼는 법, 인간관계 관리법, 더 좋은 직장 찾는 법, 반려견 교육법, 손님 관리법, 소셜미디어 팔로워 늘리는 법 등의 프로그램을 제공하려는 사람들은 시드런칭을 유용하게 사용할 수 있다.

좋은 소식이 있다. 이 책을 여기까지 읽었다면 시드런칭에 필요한 기본적인 지식은 거의 다 갖춘 셈이다. 더 좋은 소식이 있다. 시드런칭은 런칭 중에서 가장 단순한 프로세스의 런칭이다. 더욱 더 좋은 소식도 있다. 아직 완성된 제품이 없더라도 시드런칭이 마무리될 무렵이면 제품을 완성하게 될 것이다. 그것도 잠재고객의 필요와 요구에 최적화된 훌륭한 제품을 완성하게 될 것이다.

시드런칭은 이메일 기반의 다이렉트 마케팅을 직접 해본 사람이 아니라면 거의 알지 못하는 두 가지 사실을 이용하게 된다. 하나는 소규모의 이메일 리스트 응답률이 대규모의 이메일 리스트 응답률보다 훨씬 더 높다는 사실이다. 조금 더 높은 수준이 아니다. 아주 많이 높다. 내가 299명의 이메일 리스트를 가지고 진행하던 온라인 서비스가 있었다. 원래는 무료였는데, 나는 그 서비스를 유료로 바꾸기로 결심하고 유료 전환을 시도했다. 가격도 마냥 저렴하지 않았다. 연회비로 100달러를 책정했다.

그 런칭은 내가 진행했던 가장 까다로운 런칭 가운데 하나였다. 무료였던 서비스를 유료로 전환했을 때 과연 얼마나 많은 사람들이 유료 전환을 받아들일지 알 수 없었다. 다만 그 소규모 집단의 고객들과는 긴밀한 관계를 형성하고 있었다. 결과는 대단했다. 이메일 리스트에 있던 299명 가운데 297명이 유료 전환을 받아들였다. 무려 99.3퍼센트의 전환율이었다. 내 사업 인생에 있어 이와 같은 전환율을 뛰어넘는 성과가 나올 수는 없을 것이라고 생각했다. 이건 시장 전체로 보더라도 일반적인 성과는 아니다. 그 299명의 고객들과 형성하고 있던 긴밀한 관계가 그와 같은 성과로 이어졌던 게 분명하다. 그리고 분명한 점은 하나 더 있다. 만약 그 이메일 리스트의 규모가 3000명이었다면 유료 고객으로의 전환율은 99.3퍼센트보다 훨씬 더 낮았을 것이다.

시드런칭이 이용하는 두 번째 사실은 어떤 이메일 리스트건 거기에는 반드시 '열정적인 응답자들'이 일정 비율 존재한다는 것이다. 거의 항상 그렇다. 이들은 그야말로 당신의 열정적인 팬들이 된다. 이들은 당신이 보내는 모든 이메일과 우편물을 열어보고, 당신의 제품을 가장 먼저 구매한다. 당신의 이메일에 가장 먼저 답신을 주는 것도 이들이고, 당신의 블로그 포스트와 소셜미디어 콘텐츠에 가장 먼저 댓글을 달아주는 것도 이들이고, 당신의 소셜미디어 콘텐츠를 다른 사람들과 가장 먼저 공유하는 것도 이들이다. 방금 전에도 언급했지만, 이들은 거의 모든 이메일 리스트에 일정 비율 존재하며, 잠재고객 집단의 분위기를 주도하게 된다. 이 두 가지 현상, 그러니까 소규모의 이메일 리스트 응답률이 매우 높다는 점과 열정적인 응답자들이 반드시 일정 비율 존재한다는 점이 합쳐지면 시드런칭의 훌륭한 기반이 만들어진다.

분명 시드런칭은 이메일 리스트 없이 시작하는 런칭이라고 했는데, 왜 자꾸 이메일 리스트가 등장하는지 혼란을 느낄 수도 있을 것이다. 사실 시드런칭의 첫 단계는 소규모의 잠재고객 리스트를 만드는 것이다. 이 소규모 잠재고객 리스트의 규모는 30명이어도 괜찮다. 물론 100명이면 더 좋고, 300명이면 더욱 좋겠다.

소규모의 잠재고객 리스트를 만드는 일은 그리 어려운 일이 아니다. 게다가 우리에게는 소셜미디어가 있다. 당신이 판매하려는 제품과 관련된 주제의 콘텐츠를 페이스북, 트위터, 인스타그램 같은 소셜미디어에 올리는 것으로 충분하다. 이렇게만 해도 소규모의 사람들이 당신의 콘텐츠에 대해 관심을 나타낼 것이다. 앞으로 어떤 새로운 소셜미디어가 나타나더라도 접근법은 달라지지 않는다.

　소셜미디어 분야는 너무나도 빠르게 변화하기 때문에 여기서 각각의 소셜미디어를 활용하는 구체적인 방법까지 언급하지는 않으려고 한다. 하지만 당신의 사업과 관련된 주제의 흥미로운 콘텐츠를 업로드하고 팔로워들을 늘리는 게 기본적인 접근법이다. 이를 기반으로 시드런칭에 필요한 잠재고객 리스트를 만드는 것이다. 이때 소셜미디어에 업로드하는 콘텐츠는 당신이 직접 만든 것이어도 되지만, 다른 사람들이 만든 것을 공유해도 된다. 팔로워 숫자는 금세 늘어날 것이다. 100명, 300명 규모를 목표로 하라. 어려운 일이 아니다. 이미 당신에 앞서 수만 명의 사람들이 시드런칭 과정에서 그 일을 성공적으로 해냈으며, 당신도 그렇게 할 수 있다. (그리고 소셜미디어 팔로워들을 당신의 이메일 리스트로 옮기는 일은 아주 자연스럽게 진행될 것이다.)

　시드런칭의 목표는 100만 달러 매출이 아니다. 일단 당신의 사업을 출발시키는 것이 목표다. 시장을 파악하고, 시드런칭을 진행하며 제품을 완성하고, 차후의 본격적인 런칭에 필요한 토대를 마련하는 것이 시드런칭의 목표다. 타라의 시드런칭 매출은 3000달러에 불과했었다는 점을 기억하라. 하지만 그의 사업은 시드런칭을 기반으로 빠르게 성장했다.

　앞에서도 언급했지만, 시드런칭은 지식 기반의 제품, 혹은 교육 프로그램에 적합하다. 즉, 시드런칭을 통해 판매하는 제품은 온라인 수업일 가능성이 크다. 이때 사용하는 도구는 라이브 방송이나 웨비나 등이 될 것이다. 이와 같은 도구들은 배우기도 쉽고, 사용료나 구입비가 무료이거나 매우 싸다. 그리고 해마다 새로운(어쩌면 더 나은) 도구들이 출시된다. 이와 같은 도구들을 이용하여 어렵지 않게 온라인 수업이나 강의를 진행할 수 있고, 수강생들과 실시간으로 소통을 할 수도 있다. 수강생들이 실시간으로 질문을 하고 의견을 제시한다면 온라인 수업은 더욱 흥미롭고 활기차게 진행될 수 있다.

수시로 연락하는 가까운 사이의 수강생들이라면 온라인 수업이라 하더라도 동영상 녹화 과정 없이 전체 과정을 라이브 방송으로만 진행할 수도 있다. 그러나 언젠가는 동영상 녹화를 필요로 하게 될 가능성이 크다. 어떤 주제에 관한 온라인 수업을 5회 진행하기로 했다고 가정해보자(온라인 수업의 횟수는 얼마든지 다양하게 정해질 수 있지만, 대부분의 경우 5회가 적절하다). 한 주에 1회 수업이고, 5회 수업을 모두 진행한 다음 보너스로 1회의 수업을 더 진행하는 것이 좋다.

시드런칭에서는 응답률이 높은 소규모 집단을 대상으로 제품을 판매하고, 여기에는 일정 비율의 열정적인 응답자들도 있기 때문에 아주 정교하게 런칭 과정을 진행하지는 않아도 괜찮다. 6장과 7장에서 다룬 내용 정도만 활용해도 충분하다.

물론 수업의 내용이 좋아야 하고, 수업의 내용에 대한 홍보가 잘돼야 한다. 수업에 참가하는 사람들이 어떻게 변화하게 될지, 사람들이 자신의 꿈과 열망을 이루고, 두려움과 좌절을 극복하는 데 있어 당신이 어떤 도움을 줄 것인지 등을 분명하게 제시해야 한다. 예를 들어 수업이 기타 강습이라면 홍보를 할 때 각 수업 회차에 어떤 코드를 가르치게 되는지를 단순하게 설명하는 게 아니라, 수강생들이 어떤 모습으로 변화될지를 강조하는 게 더 효과적이다. 강습을 모두 마친 다음에 수강생들은 어떤 모습을 나타낼 수 있을까? 친구들 앞에서 기타를 칠 수 있게 될까? 다른 사람들과 협주를 할 수 있게 될까? 행사에서 기타를 치며 노래를 할 수 있게 될까? 더 많은 데이트 기회를 갖게 될까?

시드런칭의 첫 출발 역시 프리-프리런칭이다. 그리고 런칭의 성공 여부는 대부분 프리-프리런칭 단계에서 결정된다. 시드런칭의 프리 - 프리런칭도 기본적인 방법은 6장에서 다룬 내용과 같다. 시드런칭의 소규모 잠재고객을 대상으로 당신의 제품과 관련하여 그들이 가장 알고 싶은 점들이 무엇인지 직접 물어보라. 이 설문조사는 웹페이지를 만들어 실시할 수도 있고, 아니면 이메일이나 소셜미디어를 이용하여 물어볼 수도 있다. 이와 같은 설문조사를 통해 당신은 잠재고객의 희망, 꿈, 두려움, 좌절 등에 대해 많은 것을 알게 되고, 이런 정보는 당신의 제품을 완성하는 데 있어 매우 유용하게 활용된다. 프리 - 프리런칭 단계는 시장에 대한 경고사격의 기능도 한다는 점을 기억하라. 이 단계에서는 당신의 제품에 대한 시장의 관심도와 기대를 높여야 한다.

프리 - 프리런칭 단계에서 설문조사를 실시한 다음에는 설문조사에서 알게 된 것들을 주제로 잠재고객에게 이메일을 하나 보낼 필요가 있다. 그리고 이 이메일에서는 당신의 개인적인 경험을 공유하는 것도 좋다. 당신이 겪었던 도전은 무엇이고 어떻게 그를 극복했는지, 당신은 어떤 과정을 거쳐 지금에 이르게 되었는지 등에 대한 이야기를 잠재고객에게 들려줄 수 있다. 그리고 이메일 말미에는 당신이 진행할 수업을 살짝 언급할 수 있다. 이메일을 보내는 대신에 이와 같은 일련의 내용을 담은 동영상 콘텐츠를 만들어 공개하는 방법도 있다.

그런 다음 제품 판매를 알리는 이메일을 보낸다. 사람들의 제품 구매를 설득하는 이메일을 추가로 보내고, 제품 구매를 설득하는 내용의 동영상을 만들어 사람들을 초대하고 싶은 마음도 들겠지만, 이와 같은 식으로 접근하는 것은 바람직한 방식은 아니다. 당신의 소규모 이메일 리스트에 있는 사람들은 당신에 대해 인간적인 관계성을 느끼고 있을 것이기 때문에 (시드런칭의 소규모 잠재고객 리스트에 있는 사람들 상당수는 실제로 당신의 지인일 것이다) 메시지 관리에도 신중해야 한다. 물론 제품을 통해 고객들이 얻게 될 이익, 그리고 고객들이 이루어낼 수 있는 변화에 대해 적극적으로 알려야 한다. 그러나 높은 관계성을 맺고 있는 소그룹의 잠재고객을 중고차 판매원 같은 방식으로 접근하지는 말라.

시드런칭의 목표는 30명 정도의 (60명 정도면 더 바람직하겠지만) 고객들에게 제품을 판매하는 것이다. 온라인 수업이라 하더라도 30명 정도의 수강생들은 있어야 수업에 활기가 생긴다. 그런데 어느 이벤트나 강의라도 참가 신청을 해놓고 불참하는 사람들은 반드시 나타나게 마련이다. 따라서 수강생 숫자를 30명으로 만들고 싶다면 그보다 더 많은 사람들이 제품을 구매해야 한다. 물론 제품 구매자가 30명보다 적더라도 괜찮다. 타라 메리노의 경우 첫 고객은 5명이었고, 내 경우는 6명이었다. 그리고 유료 수강생들이 너무 적은 경우 수업 분위기를 위해 필요하다면 내가 그랬던 것처럼 소수의 사람들을 신중하게 선별하여 무료로 수업에 초청하는 방법도 고려해볼 만하다.

시드런칭을 통해 판매되는 제품의 가격은 적게는 50달러에서 많게는 3000달러까지 다양하게 나타나고, 매출액 역시 시장과 제품에 따라 천차만별이다. 그런데 시드런칭에서 중요한 것은 매출액이 아니다. 시드런칭에서 중요한 것은 훌륭한 제품을 완성하는 것, 그리고 시장에 일단 진입하는 것이다.

시드런칭의 진행 과정을
마스터하라

조금 전에도 언급했지만 시드런칭은 시장 진입과 제품 개발을 동시에 진행하는 방식이다!

제품 개발을 할 때는 설문조사와 피드백의 수용이 기본이다. 나는 첫 번째 수업을 진행할 때 매 수업 시간에 앞서 설문조사를 실시했다. 다음 수업의 주제를 미리 알려주고, 해당 주제에 관하여 가장 궁금한 점들이 무엇인지 수강생들에게 직접 물어본 것이다. 만약 당신이 기타 강습 프로그램에 대한 시드런칭을 진행한다고 해보자. 첫 번째 수업의 주제가 스트럼 주법이라면, 첫 수업에 앞서 수강생들에게 이메일을 보내 스트럼 주법에 대해 간략하게 설명하고 이런 질문을 할 수 있다. "기타 스트럼 주법에 관하여 가장 궁금한 점 두 가지를 꼽는다면 무엇과 무엇인가요?"

설문조사의 목적은 사람들의 모든 질문에 일일이 답하기 위함이 아니다. 설문조사의 목적은 훌륭한 강습을 완성하기 위함이다. 설문조사의 응답을 주제별로 분류하고, 사람들의 주된 응답을 수업 진행에 적합하도록 재작성한 후 논리에 맞는 순서로 정리하라. 그리고 이를 활용하여 수업을 진행하라.

첫 번째 수업 후에 다시 설문조사를 실시하라. 이번 설문조사에서는 우선 첫 수업에 대해 추가 질문이 있는지를 물어보고, 그런 다음 두 번째 수업 주제를 알려주고 해당 주제에 관해 가장 궁금한 점들을 물어보면 된다. 매번의 수업 전후로 이 같은 과정을 반복하면 된다. 그럼 시드런칭이 끝났을 때 시장이 원하는 훌륭한 제품을 완성하게 된다. 뿐만 아니라 시드런칭이 끝났을 때 당신의 시장에 대해 많은 것을 알게 되고, 어떤 목소리로 말을 해야 하는지를 알게 된다. 이런 과정을 거치면 나중에 본격적인 런칭을 진행할 때 큰 성과를 창출하게 된다.

준비가 안 됐는데
정말 시작해도 되는 걸까?

시드런칭의 방식에 윤리적인 문제를 제기하는 이들이 있을 수도 있다. 완성되지도 않은 제품을 어떻게 돈을 받고 팔 수 있는지 묻는 것이다. 사람들이 그런 사실을 알고도 돈을 내려고 할까? 아직 존재하지도 않는 제품을 내놓고 돈을 받는 일에 윤리적인 문제는 없는 걸까? 그래서는 안 되는 일 같고, 부끄러운 일 같다는 생각을 하는 사람들이 있을 수도 있다. 그러나 대학교를 생각해보자. 강의를 시작하기도 전에 등록금부터 받는다. 연극을 보러 가면 일단 관람권부터 사야 극장으로 들어갈 수 있다. 신문이나 잡지의 정기구독도 아직 만들어지지 않은 제품에 미리 돈을 내는 방식이다. 주위를 둘러보면 아직 만들어지지도 않았고 당장 배송할 수도 없는 제품에 대해 미리 돈을 지불해야 하는 것들이 많이 있다. 시드런칭이 특별히 다른 게 아니다. 당신도 다른 사업자들과 마찬가지로 앞으로 만들어 공급할 제품에 대해 미리 돈을 받을 뿐이다. 게다가 시드런칭의 방식은 고객들에게도 상당히 유용하다. 고객들이 알고 싶어 하는 것들을 실시간으로 조사하여 수업 내용에 반영하고, 고객들이 도움 받고 싶어 하는 부분에 대해 즉각적으로 도움을 제공하기 때문이다. 시드런칭에서 당신은 고객들에게 진정한 가치를 제공함으로써 돈을 받는 것이고, 제품 완성과 시장 조사는 그저 덤으로 얻어지는 혜택일 뿐이다.

제품의 완성과
그다음 단계의 진행 과정

수업을 라이브 방송으로 하든, 아니면 웨비나 방식으로 하든, 그 수업을 녹화를 해야 한다. 녹화 기능은 자동적으로 작동하도록 할 수 있다. 5회의 정규 수업을 진행하고, 추가적으로 1회의 수업을 더 진행하면 총 6회의 수업을 진행하게 된다. 그리고 각 수업의 오디오 기록을 문서화하는 경우 1시간 분량의 오디오는 보통 15~20쪽 분량의 문서가 된다. 전체 수업은 90~120쪽 분량의 문서가 된다. 거의 책 한 권 분량의 문서가(PDF 문서든 전자책이든) 완성된다. 시드런칭을 마친 당신은 이제 6회 분량의 수업 영상과 책 한 권 분량의 문서를 가졌다. 이 정도의 콘텐츠라면 앞으로도 계속 유료로 온라인 수업을 진행할 수도 있고, 멤버십 사이트를 개설하여 회원을 모집할 수도 있다. 축하할 일이다. 제대로 된 제품을 완성하면서 돈까지 벌었으니까 말이다!

수강생들이 당신의 수업을 토대로 성공을 이루어낸다면 그건 아주 좋은 일이다. 앞으로 당신이 큰 규모의 런칭을 진행할 때 이들은 훌륭한 케이스 스터디 사례가 되어주기 때문이다. 이들의 성공을 케이스 스터디로 만드는 건 아주 간단한 일이다. 이들을 초청하여 온라인 컨퍼런스를 열거나 이들과 인터뷰를 하면서 그 과정을 녹화하면 그걸로 충분하다. 이들의 성공을 PLC로 활용한다면 당신 제품에 대한 신뢰도를 크게 높일 수 있다.

여기까지가 시드런칭의 전체 과정이다. 간단하고, 빠르고, 유연하다. 앞으로 진행하게 될 큰 규모의 런칭을 위한 훌륭한 출발선 앞에 선 것이다. 시드런칭은 처음 시장에 진입하고, 수업을 이끌어나가는 법을 배우고, 잠재고객의 희망, 꿈, 공포를 파악하고, 그 과정에서 자연스럽게 훌륭한 제품을 완성하는 완벽한 접근법이다.

시드런칭에서
제국으로

런칭 과정 강습을 시드런칭으로 출발한 이후 내 사업에 일어났던 일은, 시드런칭의 가능성에 대한 좋은 증거다. 시드런칭에서 나는 겨우 여섯 명만을 고객으로 만들었지만, 그 정도로도 충분하다고 생각했다. 내 강습을 구매한 고객들은 내 수업을 좋아했다. 그리고 그들이 수업에서 배운 내용을 자신의 사업에 적용하자 그들 사업의 성과가 크게 개선되기 시작했다. 나중에 PLF로 이름이 바뀌는 그 방식이 거의 모든 시장에서 효과적이라는 점이 사실로 드러났고, 그것은 시작에 불과했다.

나는 시드런칭 다음에 진행하는 본격적인 런칭에 있어서는 완벽함을 추구하고 싶었다. 그래서 시드런칭의 수업 내용 전부를 반복적으로 검토하며 더욱 정제된 내용의 수업 자료를 만들었다. 나는 처음 수업을 진행하며 배우게 된 교수법도 최대한 활용했고, 내 수강생들의 케이스 스터디도 수업 자료에 추가했다. 그렇게 몇 달이 지나 나오게 된 것이 첫 번째 PLF였다.

수업 자료가 완성된 후, 런칭을 시작했다. 한 주에 걸쳐 진행된 런칭을 통해 발생한 매출은 60만 달러가 넘었다. 그 이후 내가 PLF를 판매하여 벌어들인 돈은 수천만 달러에 달한다. 만약에 내가 진행했던 그 시드런칭이 없었다면 이 책도 나오지 못했을 것이다. 첫 책 출간 이후 2주 만에 《뉴욕타임스》 베스트셀러에 1위에 오른 성취는 시드런칭이 어디까지 나아갈 수 있는지를 보여주는 좋은 사례다.

시드런칭 이전에 나는 성공적인 사업 기반을 가지고 있었다. 그러나 완전히 새로운 제품으로 새로운 시장에 도전하는 상황에서는 기존에 내가 가지고 있던 이메일 리스트와 고객 기반은 아무런 의미가 없었다. 나는 아무런 기반도 없는 곳에서 새로운 사업을 시작했고, 그때 이용했던 방식이 바로 시드런칭이다.

그런데 내가 시드런칭 바로 다음 런칭에서 60만 달러나 되는 매출을 낸 사실이 쉽게 믿어지는가? 사실 여기에는 특별한 비밀이 하나 숨어 있다.

60만 달러의 매출을 가능하게 했던 특별한 비밀은 JV런칭이다. 이것이 바로 다음 장의 주제다.

10장

사업의 규모를
성장시키는
JV런칭

공포와 공황의 경계는 정확히 어디일까?

오픈 카트를 향해 시간은 빠르게 흘렀고 스트레스로 잠도 자기 어려웠다. 이틀 동안 쪽잠에 의지했다. 이메일과 온갖 소셜미디어 메시지가 들어왔고, 사람들은 질문을 하고, 제안을 하고, 의견을 전했다. 웹사이트로 들어오는 엄청난 양의 트래픽은 한 번도 경험해보지 못한 수준이었다. 런칭을 처음 하는 것은 아니었다. 그전까지 이미 수십 차례 런칭을 진행했다. 그러나 훨씬 더 큰 무대를 준비하고 있었다.

시간은 빠르게 흘러가는데 해야 할 일은 너무나도 많았다. 세일즈 레터의 제목을 정하고, 주문 프로세스에 대한 테스트를 진행하고, 이메일 리스트의 사람들에게 이메일을 보내고, 함께 일하는 사람들과 의견 조율을 해야 했다.

기존의 파트너십이 깨지면서 내 사업이 주저앉게 된 지 여섯 달이 조금 더 지난 시점이었고 다시 막 일어설 때였다. 돈을 벌어야 할 때가 왔다는 뜻이다. 이번에는 혼자서 이끄는 사업을 하고 싶었다. 파트너십 때문에 주저앉는 일은 두 번은 겪고 싶지 않았다.

나는 그전까지 일하던 주식시장은 떠나기로 결정했다. 처음 사업은 주식시장에서 시작했지만, 마케팅을 훨씬 더 좋아하게 됐고 마케팅 쪽에서 더 큰 성공을 이루어낼 것 같다는 생각이 들었다.

마케팅 컨설턴트가 되고 싶지는 않았다. 주식시장 쪽에서 온라인 비즈니스를 오래 해왔기 때문에 나는 마케팅 쪽에서도 온라인 비즈니스를 하고 싶었다. 내 시간을 돈과 바꾸는 컨설팅 일보다는, 고객들을 도와주고 제품을 판매하는 온라인 비즈니스가 더 좋았다. 그리고 내 일이 세상에 더 큰 영향력을 만들어내기를 바랐다.

컨설턴트가 되면 소수의 사람들만을 고객으로 만들 수 있을 뿐이지만, 온라인 비즈니스를 하면 수천에서 수만 명의 사람들을 고객으로 만들 수 있다. 게다가 온라인 비즈니스는 내가 초창기 인터넷 시대부터 생업으로 삼았던 일이기 때문에 나에게는 그 무엇보다 더 익숙한 일이었다.

물론 그렇게 순조롭지는 않았다. 경쟁자들이 너무 많았다. 이미 '인터넷 마케팅 전문가'를 자처하는 사람들이 헤아릴 수 없을 정도로 많았다. 그들 가운데 일부는 큰 성공을 거두고 있었지만, 겨우 자리만 유지하고 있는 사람들도 꽤 있었다. 경쟁자들은 많았고, 나는 그 시장에서 아무런 기반도 인지도도 없었다. 온라인 비즈니스 경험이 그 누구보다 더 길었고, 온라인으로 제품을 판매하는 완전히 혁신적인 방식을 가지고 있었고, '인터넷 마케팅 전문가'를 자처하는 대부분의 사람들보다 온라인 비즈니스를 통해 더 많은 돈을 벌었지만 기반도 인지도도 없는 새로운 시장에서 이와 같은 것들은 아무런 의미가 없었다. 주식투자자 수만 명의 이메일 주소가 있었지만, 이들에게 온라인 마케팅 기법을 소개하는 이메일을 보낼 수는 없는 일이었다.

그러나 나에게는 비장의 카드가 하나 있었다. 단 한 장의 카드지만 매우 강력한 카드, 나는 그 카드에 모든 것을 걸 참이었다.

첫 번째 JV런칭

런칭을 진행할 때 가장 중요한 요소는 이메일 리스트다. 여기까지 읽었다면, 내가 이메일 리스트를 얼마나 강조하고 있는지 잘 알 것이다. 3장에서는 전체 장을 할애하여 이메일 리스트에 대해 다루었다. 다만 시드런칭을 설명하며 언급했듯이 처음 사업을 시작하면서 런칭을 진행할 때는 소규모의 이메일 리스트만으로도 (혹은 이메일 리스트 없이 소셜미디어 팔로워만으로도) 괜찮다. 하지만 사업을 본격적으로 추진하려면, 일정 규모 이상의 이메일 리스트는 필수다. 이메일 리스트를 만들고 이용하는 방법은 다양하지만, 가장 빠른 방법은 다른 사업자들이 이미 가지고 있는 이메일 리스트를 이용하는 것이다. 그리고 이것이 바로 조인트 벤처Joint Venture런칭, 즉 JV런칭의 핵심이다.

JV런칭에서 JV파트너는 자신들의 이메일 리스트에 있는 잠재고객에게 당신의 제품 런칭을 알린다. 그다음 JV파트너의 이메일 리스트에 있는 사람이 당신의 제품 런칭에서 제품을 구매한다면 당신은 JV파트너에게 수수료를 지급하게 된다. 여기서 JV파트너의 정확한 역할은 자신들의 이메일 리스트에 있는 잠재고객을 당신의 스퀴즈 페이지로 안내하는 것이다. 그 이후 그 잠재고객이 당신에게 자신의 이메일 주소를 제공하고, 당신의 이메일 수신에 동의하고, PLC를 보게 되는 것은 전적으로 당신의 런칭에 달려 있다. JV런칭에서 당신은 별도의 트래킹 소프트웨어를 사용하여 당신의 웹사이트 내에서 새로운 잠재고객의 활동을 추적하게 되는데, 이렇게 하는 목적은 어떤 잠재고객을 어떤 JV파트너가 보내준 것인지를 확인하기 위해서다. 이 트래킹 소프트웨어는 오픈 카트 이후 고객들의 구매에 대해서도 추적을 하며, 이 데이터는 JV파트너에 대한 수수료 지급의 근거가 된다.

JV런칭의 가장 큰 효과는 당신의 이메일 리스트를 단번에 대규모로 확장할 수 있다는 점이다. JV런칭을 통해 얻게 된 이메일 리스트는 당신의 것이 되며, 이는 이메일 리스트를 늘리는 가장 빠른 방법이다. 시장에 따라, JV파트너에 따라 그 규모는 천차만별이 될 수 있지만, 한 번의 JV런칭을 통해 새롭게 얻을 수 있는 이메일의 규모는 수천 개에 달할 수도 있다.

나에게 일어났던 일이 바로 이것이었다. 나는 온라인 마케팅 리더들과 교류하며 그들에게 큰 도움을 주었기 때문에 나 역시 새로운 런칭에서 그들로부터 큰 도움을 얻을 수 있었다. 그들이 가지고 있던 이메일 리스트를 이용하여 그들의 잠재고객을 내 PLC로 초청할 수 있었고, 프리런칭 시작 이틀 만에 8000명을 내 이메일 리스트에 추가할 수 있었다. 그런데 이것이 전부가 아니었다. 내 JV파트너들은 프리런칭 기간 내내 자신들의 잠재고객을 내 웹사이트로 안내해주었고, 그 첫 번째 런칭이 끝났을 때 내 이메일 리스트 규모는 1만 5000명 이상으로 증가해 있었다. 엄청난 숫자였다. 주식시장 쪽에서 이 정도 규모의 이메일 리스트를 만드는 데 몇 년이나 걸렸었는데, 며칠 만에 비슷한 규모의 이메일 리스트를 만들어낸 것이다. 전부 JV파트너들의 힘 덕분이었다.

내 첫 JV런칭의 오픈 카트 직전으로 돌아가보자. 나는 두려웠다. 그전에 진행하던 런칭보다 훨씬 두려웠다. 사실 그전까지 수십 번의 성공적인 런칭을 진행하면서 런칭을 하는 방법은 잘 알고 있었다. 원래도 반응이 좋았던 제품을 몇 개월이나 다듬어서 완성한 제품에 대해서도 자신이 있었다. 프리런칭 기간에 나왔던 잠재고객의 반응도 좋았다. 준비는 완벽했다.

하지만 JV런칭은 JV파트너들에 대한 책임이 있는 런칭이다. 물론 내 JV파트너들은 나를 신뢰하고 지지하고 있었지만, 내가 그들의 신뢰에 보답할 수 있는지의 여부는 내 고객들이 보이는 반응에 달려 있는 일이었다. JV런칭을 진행할 때 JV파트너들과의 관계는 정말로 조심해서 다뤄야 한다. 내가 이번 JV런칭을 진행하면서 특별히 더 조심하고 긴장하고 있던 이유도 바로 여기에 있었다.

다행히도 카트를 열자마자 결과는 좋게 나타나기 시작했다. 오픈 카트 한 시간 만에 7만 달러가 넘는 매출이 발생했다. 오픈 카트 첫째 날이 끝났을 때, 첫째 날 14시간 동안 발생한 매출은 20만 달러가 넘었다. 그리고 7일의 오픈 카트 기간에 발생한 매출은 전부 60만 달러가 넘었다. 새로운 시장에서 새로운 제품으로 새로운 사업을 시작한 것 치고는 나쁜 성과가 아니었다. 게다가 나는 광고비를 한 푼도 지출하지 않았다. 나는 이 모든 작업을 콜로라도에 있는 내 집에서, 별도의 직원 없이 아내의 도움만 받으면서 진행했다. 아내는 주로 고객 서비스를 맡았다. 새로운 사업의 멋진 출발이었다.

하지만 문제는 숨으려면 어디든 숨어 있는 법이다. 이건 JV런칭에 있어서도 마찬가지다. 내 JV런칭에서 발생한 매출은 온전하게 내 것이 아니라 여러 가지 비용이 발생했는데, 비용 중에서도 가장 큰 비중을 차지하는 건 수수료였다. JV파트너들이 순수한 호의로 자신들의 잠재고객에게 당신의 런칭을 소개하는 게 아니다. JV런칭을 가동시키는 핵심은 어떤 JV파트너가 보내준 고객이 얼마의 매출을 발생시켰는지를 추적하여 정해진 수수료를 지급하는 데 있다. 첫 JV런칭의 수수료는 매출의 50퍼센트였다. 그 당시 PLF의 가격이 997달러였으니까 한 건당 498.5달러를 JV파트너들에게 지급해야 했다.

종종 수강생들은 수수료로 얼마를 책정하는 게 적정한지 묻는다. 이 질문에 대한 내 대답은 언제나 같다. "적정한 수수료라는 건 정해져 있지 않습니다." 수수료는 런칭에 따라, 경제상황에 따라, 시장에 따라, JV파트너의 위상에 따라 다양하게 정해질 수 있다. 또한 매출 규모에 따라서도 다르게 정해질 수 있다. 내가 첫 JV런칭에서 50퍼센트의 수수료를 지급했던 것은 제품의 이윤율이 매우 높았고, JV파트너들의 기여도가 매출을 내는 데에 결정적이었기 때문이다. 그러나 물리적인 제품을 판매하는 경우에는 이렇게 높은 수수료를 지급할 수는 없다. 어떤 시장에서는 50퍼센트보다 더 높은 수수료가 지급될 수도 있다. 예를 들어 일단 고객을 만들어놓으면 후속 매출이 계속 발생하는 비즈니스의 경우 높은 수수료를 지급하더라도 더 많은 고객들을 유치하려고 한다.

어쨌든 JV파트너들에 대한 수수료는 매출이 발생하는 조건으로 지급하는 돈이다. 이는 사업자에게는 꽤 유리한 방식이다. 일반적인 광고를 생각해보자. 광고 효과가 있을지, 매출이 발생할지 확신할 수 없는 상황에서 막대한 광고비부터 지불하게 된다. 페이스북, 인스타그램, TV, 라디오, 신문, 홍보업체 등 어느 매체를 통해 광고를 하든 그 효과를 알기도 전에 광고비를 지불하고, 그저 광고 효과가 있기를 바라는 수밖에는 없다. 하지만 JV런칭의 수수료는 발생하는 성과가 있는 경우에 한하여 지불하게 된다. 그것도 판매가 모두 끝난 후에 정산하는 방식이다.

JV파트너 혹은 협력관계사

JV파트너와 협력관계사는 서로 다른 의미일까? 사실 이 둘은 거의 같은 의미로 사용된다. JV파트너든, 협력관계사든, 이들은 당신과 협업하며 자신들의 잠재고객에게 당신의 런칭을 알려주고, 이들의 잠재고객이 당신의 제품을 구매하는 경우 당신은 해당 잠재고객을 연결해준 JV파트너에게 정해진 수수료를 지급하게 된다.

협력관계사의 한 직원 A가 잠재고객 B에게 당신의 웹사이트를 소개하고, 당신의 웹사이트에서 제품을 접하게 된 B가 당신의 제품을 구매하는 경우 당신은 A의 회사에 수수료를 지급한다. 수수료는 미리 정해진 기준에 따라 지급되며(매출액의 일정 퍼센트, 혹은 매출 한 건당 정해진 금액 등으로), 수수료의 수준은 A와의 협상에 따라 달라질 수 있다.

협업 상대방의 호칭이 뭐든 JV런칭의 작동방식은 동일하다. 사실 이 두 용어는 구분 없이 동일한 의미로 사용될 수 있다. 다만 JV파트너라는 용어는 인간적으로 좀 더 가까운 관계를 내포하고 있다. 내 경우 주요 JV파트너들과는 거의 다 알고 지내는 사이다. 그리고 JV런칭을 진행하게 되면 그들과 수시로 의견을 교환한다. 이메일, 전화 통화, 문자 메시지 등을 이용한다. 그들 가운데 많은 이들은 내 가까운 친구들이기도 하다.

PLF와 JV런칭

JV런칭의 장점들을 보면 (빠르게 이메일 리스트를 확장하고, 단번에 큰 매출을 일으키고, 단기간에 시장에서 자리를 잡을 수 있다는 등의 장점들) JV런칭은 모든 사업자들의 문제를 해결해줄 수 있는 만능 해법 같다는 느낌이 들 정도다. 그러나 JV런칭은 아무 때나 자유롭게 이용할 수 있는 수단이 아니며, 미리 준비해두어야 할 점들도 있다.

　JV파트너들도 돈을 벌기 위해 사업을 한다. 그리고 그들이 보유하고 있는 이메일 리스트는 그들이 상당한 시간과 돈과 노력을 들여 만들어낸 매우 소중한 자산이다. 그들도 자신들이 보유하고 있는 이메일 리스트가 얼마나 가치 있는 자산인지 잘 알고 있으며, 그러한 자산을 아무렇게나 이용하지는 않는다. 특히 자신들의 이메일 리스트에 있는 잠재고객에게 실망을 안겨줄지도 모를 프로모션에 대해서는 상당히 조심스러운 태도를 취할 수밖에 없다. 따라서 당신이 좋은 조건을 제시하며 JV런칭을 제안한다고 해서 그들이 당신의 제안을 무조건 받아들이는 것은 아니다.

　게다가 가치 있는 대규모 이메일 리스트를 보유하고 있는 사업자라면 수용할 수 없을 정도로 많은 JV런칭 제안을 받게 된다. 이게 현실이다. (이런 맥락에서 가치 있는 이메일 리스트가 없어서 다른 사업자들로부터 JV런칭 제안을 받지 못하는 사업자라면, 그런 사업자들은 당신의 협력 대상에서 제외해야 한다.) 하지만 가치 있는 이메일 리스트를 보유한 사업자라고 해서 그 이메일 리스트에 무한정 많은 프로모션 이메일을 보낼 수 있는 건 아니다. 자신의 이메일 리스트에 프로모션을 행할 수 있는 횟수는 상당히 제한적이다. 그렇기 때문에 가치 있는 이메일 리스트는 시장에서 매우 희귀한 자원과도 같다.

　바로 이런 상황에서 제대로 구성된 PLF 방식의 런칭은 더욱 빛을 발하게 된다. 잠재고객으로부터 좋은 반응을 받으며, 그런 만큼 좋은 성과로 이어질 가능성이 크다. 전환율이 높다는 것이다. 수수료를 지급하는 기준 가운데 EPC^{Earnings Per Click}(클릭당 수수료)라는 것이 있다. JV파트너가 진행해준 프로모션으로 발생한 웹사이트 클릭 횟수에 따라 수수료를 지급하는 방식이다. 만약 EPC를 4.5달러로 정하고 어떤 JV파트너가 보내준 잠재고객 집단이 당신의 웹사이트에서 100회의 클릭을 행했다면, 당신은 해당 JV파트너에게 450달러의 수수료를 지급하게 된다.

나는 종종 다음과 같은 질문을 받는다. "적정 EPC는 얼마로 정해야 하나요?" EPC 역시 시장과 제품에 따라 매우 다양하게 정해질 수 있기 때문에 이 질문에 대해서는 짧은 답이 나올 수가 없다. 다만 분명한 것은 당신의 런칭이 더 많은 클릭을 이끌어낼 수 있고, 그래서 더 많은 수수료를 약속한다면, 당신의 런칭에 대한 JV파트너의 프로모션 참여를 설득하기가 훨씬 더 용이해진다는 점이다. 그리고 다시 한번 말하지만, 높은 전환율은 그만큼 많은 클릭 수를 의미한다.

이메일 리스트를
테스트에 이용하지 말라

JV런칭을 통해 큰 성과를 내기 위해서는 JV파트너들과 장기적인 신뢰관계를 형성할 필요가 있다. 그러나 나는 너무나도 많은 사업가들이 자신의 파트너들을 대할 때 '짧게 이용해먹겠다'는 식으로 접근하는 걸 본다. 이런 식으로는 자신의 사업 주변인들과 장기적인 신뢰관계를 형성하기가 어렵다.

JV파트너들이 당신의 JV런칭에 참여하는 경우 그들은 자신들의 이메일 리스트 잠재고객에게 일어나는 일들을 주의 깊게 파악한다. 기본적으로는 EPC를 확인하지만, 이것만이 아니라 자신들의 이메일 리스트 잠재고객이 당신의 런칭에서 어떤 경험을 하게 되는지도 확인한다. 자기 잠재고객에게 당신의 웹사이트 방문을 추천했는데, 그들이 당신의 웹사이트에서 경험한 콘텐츠가 따분하고 아무런 내용도 없다면 그 부정적인 영향은 결국 JV파트너들에게로 향하게 된다. 비록 당신으로부터 적지 않은 수수료를 받을 테지만, JV파트너들도 상당한 리스크를 안고 당신의 런칭에 참여하는 것이다. 그들의 잠재고객이 당신의 런칭에서 좋지 않은 경험을 하는 경우 JV파트너들은 더 이상 당신의 JV런칭에는 참여하지 않으려 할 것이다. 따라서 JV런칭을 진행하는 경우 먼저 콘텐츠가 높은 전환율을 이끌어낼 만한 것인지 확인해야 한다.

다행히도 이렇게 하는 쉬운 방법이 있다. 당신이 보유한 이메일 리스트를 대상으로 당신이 진행하려는 런칭을 먼저 시험해보는 것이다 (보유한 이메일 리스트의 규모가 매우 작더라도 괜찮다). JV파트너들의 잠재고객이 아닌 당신의 잠재고객을 대상으로 런칭을 직접 진행해봄으로써 당신이 준비한 런칭이 잠재고객에게 좋은 경험을 제공하는지, 높은 전환율로 이어지는지 직접 확인할 수 있다. 그런 다음 JV런칭을 진행한다면 JV파트너들과의 신뢰관계가 손상되는 일을 최소화할 수 있다.

나는 PLF 수강생들에게 이와 같은 '내부 런칭'을 먼저 진행하라고 말을 하는데, 수강생들의 상당수는 내 조언을 받아들이지 않고 곧바로 JV런칭으로 뛰어들려고 한다(자신들의 승리를 자신하기 때문이다). 하지만 내부 런칭을 먼저 진행해야 하는 중요한 이유가 있다. 내부 런칭을 먼저 진행하게 되면 웹사이트의 시스템과 런칭 콘텐츠로부터의 사용자 경험을 당신의 통제하에 둘 수 있다. 그리고 내부 런칭을 통한 테스트의 결과를 기반으로 런칭 과정의 사용자 경험을 개선하고, 최종적으로는 높은 전환율을 이끌어내는 런칭을 만들어낼 수 있다.

JV파트너들의 이메일 리스트로 테스트를 진행하지 말라. 그들의 이메일 리스트는 실험용 쥐가 아니다. 당신의 런칭이 전환율이 낮은 상태로 만들어져 있다면 그러한 사실을 파악하고 사전에 개선하는 것은 전부 당신의 몫이어야 한다.

JV파트너들과의 관계는 매우 조심스럽게, 소중하게 다뤄야 한다. 그래야 그들과 장기적인 신뢰관계를 이어나갈 수 있다. 지금 언급하는 내용은 이미 앞부분에서 언급을 했지만, 너무나도 중요한 내용이기 때문에 반복하며 강조하는 것이다. 그들의 이메일 리스트 잠재고객이 당신의 런칭 프로세스에서 좋은 경험을 갖지 못한다면 JV파트너들은 당신의 JV런칭에 더 이상 참여하지 않으려고 한다. 반면에 (내부 런칭을 통해) 확실하게 검증된 런칭 프로세스를 진행하고 좋은 성과를 이끌어낸다면 그들은 당신과의 협업을 계속 긍정적으로 생각할 것이다. 자신들의 이메일 리스트 잠재고객에게 당신이 진행하는 런칭을 앞으로도 계속 소개할 수 있다.

JV파트너는
어떻게 구할까?

JV런칭은 많은 장점을 가지고 있는 방식이 분명한데, 그렇다면 훌륭한 JV파트너들은 어떻게 구해야 할까? 좋은 JV파트너들을 찾고 그들과의 관계를 강화해나가는 것은 내 강습에서도 매우 중요하게 다루어지고, 이 주제로만 며칠 간의 강습이 진행된다. 다만 여기서는 지면의 한계를 고려하여 그 내용을 최대한 함축적으로 전달하려고 한다.

수백 명의 JV파트너가 필요한 것이 아니다. 수십 명이 필요하지도 않다. 아마도 80/20법칙에 대해 알고 있을 것이다. 성과의 80퍼센트는 상위 20퍼센트에서 나온다는 것인데, JV런칭에서는 99/1 법칙으로 바뀐다. 성과의 99퍼센트가 상위 1퍼센트의 JV파트너로부터 나오는 것이다. 우리가 진행하는 JV런칭에서 매출의 대부분은 상위 10명의 JV파트너들이 창출한다. 그 중에서도 상위 3명의 JV파트너들이 이끌어내는 매출 비중은 더욱 크다.

당신의 경우도 마찬가지일 것이다. JV런칭 매출의 대부분은 소수의 최상위 JV파트너들이 창출한다. 훌륭한 JV파트너 몇 명이면 충분하다. 내 수강생들 중에는 JV파트너들은 많을수록 좋은 게 아니냐고 물어보는 이들이 있는데, 나는 내 수강생들에게 3~5명 정도면 충분하다고 말을 한다.

훌륭한 JV파트너들을 찾을 수 있는 곳은 결국 당신이 진입하고자 하는 시장이다. 구글 검색을 활용하라. 예를 들어 당신이 진입하려는 시장이 기타 강습이면 '기타 강습'이라는 키워드로 구글 검색을 해보자. 그리고 검색 결과 상위 50개 업체를 탐색해보는 것이다.

이들 가운데 회원가입 페이지가 있는 업체라면 훌륭한 이메일 리스트를 가지고 있을 가능성이 매우 크고, 그렇다면 잠재적인 JV파트너가 된다. 회원가입 페이지가 있는 업체라면 당신이 직접 회원가입까지 하자. 그러면 잠재적인 지속적으로 이메일을 받게 될 것이다. 다만 이렇게 하려면 별도의 추가적인 이메일 주소를 마련해두는 게 좋다. 당신의 업무용 이메일이 너무 복잡해지는 걸 원치 않는다면 말이다.

당신의 잠재적인 JV파트너들이 어떤 내용으로 이메일을 보내는지 지속적으로 모니터링하라. 그들이 누구에게 어떤 내용으로 프로모션을 하는지 지켜보는 것이다. 그들이 자신들의 제품만 프로모션을 하는지, 아니면 다른 업체의 제품도 프로모션을 하는지 유심히 살펴야 한다.

그들의 프로모션이 주는 소비자 경험, 그들과 잠재고객과의 관계도 평가도 하고, 그들의 소셜미디어를 확인하라. 이렇게 그들의 마케팅과 시장 접근법에 대해 리버스 엔지니어링을 시도하는 것이 중요하다.

이와 같은 식으로 잠재적인 JV파트너들의 리스트를 작성할 수 있다. 파트너를 찾을 때 구글 검색 결과 상위 50개 업체를 탐색해보라고는 했지만, 당신에게 필요한 것은 최상의 성과를 내주는 3~5명의 파트너라는 걸 기억하기 바란다.

앞부분에서도 언급했지만, 가치 있는 대규모 이메일 리스트를 보유한 JV파트너들은 수용할 수 없을 정도로 많은 JV런칭 제안을 받게 된다. 슬프지만 받아들여야 하는 시장의 현실이다. 그들의 이메일 리스트는 희귀한 자원이며, 당신은 그들에게 수많은 JV런칭 희망자들 가운데 하나일 뿐이다. 따라서 그들을 당신이 진행하는 JV런칭으로 끌어들이기 위해서는 다른 경쟁자들보다 더 큰 가치를 제공할 것이라고 약속해야 한다.

JV런칭을 진행하기에 앞서 좋은 JV파트너를 끌어들이는 현실적인 방법은 당신이 먼저 나서서 그들의 제품에 대한 프로모션을 지원하는 것이다. 당신 덕에 그들의 매출이 증가한다면 당신을 주목하게 된다.

이보다 좀 더 쉬운 방법으로는 JV파트너의 제품을 구매하고, 실제로 사용해보고, 건설적이면서도 긍정적인 피드백을 제공하는 것이 있다. 아니면 그들의 소셜미디어를 팔로우하면서 계속 의견을 남기고 댓글을 다는 방법도 있다. 잠재적인 JV파트너를 위해 가치를 창출하는 방법은 100가지가 넘는다. 그리고 그들을 위해 더 많은 가치를 창출할수록 결국은 그들로부터 가치를 돌려받게 된다.

53분 만에
100만 달러 매출을 달성하다

성공적인 JV런칭만큼이나 단기간에 당신의 비즈니스를 (그리고 당신의 재정 상황을) 크게 바꿀 방법은 거의 없다. 성공적인 JV런칭의 효과는 단기간의 매출 증대에 그치는 게 아니다. 성공적인 JV런칭이 만들어내는 시장에서의 위상 변화와 대규모의 이메일 리스트는 당신의 비즈니스에 장기적으로 계속 긍정적인 효과를 만들어낸다.

성공적인 JV런칭을 반복적으로 이루어내고, JV파트너들과의 관계를 장기적으로 이어나가기 위해서는 이번 장에서 여러 차례 강조한 두 가지 사항을 반드시 기억해야 한다. 첫째, JV파트너들과의 신뢰관계를 지속적으로 강화해나가야 한다. 둘째, JV파트너들에게 지속적으로 진정한 가치를 창출해줘야 한다.

신뢰관계를 형성하는 데 몇 년이나 걸리고, JV런칭을 진행하기 위해 몇 년이나 준비해야 하는 건 아니다. 이런 일은 놀라울 정도로 순식간에 이루어질 수 있다. 다만 세심함과 장기적인 노력이 뒷받침되어야 한다.

지금의 내 사업을 만들어준 건 내 첫 번째 JV런칭이었다. 이 런칭에서 수개월에 걸쳐 완성한 PLF를 처음으로 공개했고, 60만 달러의 매출을 올렸다. 나는 그 JV런칭을 통해 단번에 온라인 마케팅 분야의 주요 사업가로 자리를 잡았고, 적지 않은 수수료 지급을 기반으로 좋은 JV파트너들과 신뢰관계를 형성할 수 있었다. 그리고 1만 5000명이 넘는 규모의 이메일 리스트를 갖게 됐다. 이와 같은 일련의 결과를 기반으로 나는 새로운 시장에서 확고하게 자리 잡을 수 있었다.

첫 번째 JV런칭 이후 나는 온라인 마케팅 분야의 리더들 가운데 한 명으로 여겨지기 시작했고, PLF라는 하나의 브랜드로 단번에 높은 인지도를 갖게 되었다. 그 런칭 이후에도 매출은 계속 발생했다. PLF 출시 첫 해에 내가 올린 매출은 100만 달러가 넘었다. 이 모든 성과의 출발점은 첫 번째 JV런칭이었다.

그리고 이러한 성과를 기반으로 나는 다음 단계로의 도약을 추진했다. 이후 나는 PLF의 새로운 버전을 준비하기 시작했다. PLF 2.0 코칭 프로그램이었다. 첫 PLF 출시 이후 내가 시장에서 새롭게 배우게 된 모든 것을 추가한다. 이 새로운 제품은 분량부터 첫 번째 버전보다 훨씬 더 많았다. 나와 내 코치진들의 라이브 코칭도 추가되었다. 새롭고 풍부해진 내용을 토대로 새로운 버전의 가격을 1997달러로 올렸다. 이제 대대적인 JV런칭을 진행할 차례였다.

2년 반의 시간 동안 강화해온 신뢰관계를 바탕으로 새로운 JV런칭에서 JV파트너들의 전폭적인 지원을 이끌어낼 수 있었다. 새로운 JV런칭의 프리런칭 단계에서는 3만 4000명 이상의 잠재고객이 새롭게 이메일 등록을 해주었다.

정말로 놀라운 숫자였다. 멋진 출발이었고, 이대로라면 매우 성공적인 런칭이 될 가능성이 컸다. 하지만 런칭을 마칠 때까지는 무슨 일이 일어날지 모르는 일이다. 나는 끝까지 긴장감을 놓을 수가 없었다. 일단 출발만 본다면 내 JV파트너들이 최선을 다해 자신들의 잠재고객을 나에게 보내주고 있다는 게 분명했고, 내 PLF는 지난 몇 년 동안 시장에서 검증된 판매방식이었기 때문에 결과도 좋을 것 같았다. 그러나 새로운 제품을 새로운 가격에 내놓은 상황에서 결과를 예단할 수는 없었다.

런칭을 진행하는 내내 나는 걱정에 휩싸였지만, 그럼에도 해야 할 일이 많았다. 특히 JV런칭에서는 챙겨야 할 일이 더욱 많다. 오픈 카트 데이 아침에는 더욱 큰 불안감이 밀려왔지만, 거기에 매몰될 여유는 없었다. 마지막 순간에 놓쳐서는 안 되는 세부 사항들이 많기 때문이다. 세일즈 레터를 작성하고 주문 페이지를 확인하느라 프리런칭이 끝날 때까지 분주한 시간을 보내야 했다. 마침내 런칭의 시간이 다가왔고, 모든 시스템을 확인한 나는 런칭을 알리는 이메일을 전송했다.

결과는 금세 나타났다. 카트를 열자마자 주문이 밀려들기 시작했다. 주문 데이터를 새로이 확인할 때마다 누적 매출액이 크게 늘어나는 게 보였다. 1초 사이에 1만 2000달러가 넘는 매출액이 추가되는 경우도 있었다. 1초에 1만 2000달러라니! 카트 오픈 53분 만에 누적 매출액은 100만 달러를 넘겼다. 매출액은 계속 증가했다. 이번 런칭에서는 카트 오픈 시간이 34시간에 불과했음에도 전체 매출액은 373만 달러에 달했다.

물론 이 액수가 전부 나의 이익은 아니다. 그 당시에는 직원 세 명을 고용하고 있었기 때문에 우선은 급여를 지급해야 했다(직원들을 고용하고 있었음에도 여전히 나는 내 집을 업무 공간으로 사용하고 있었다). JV파트너들에게도 수수료를 지급해야 했고, 다른 수수료나 비용도 있었다. JV파트너들이 그토록 열심히 내 런칭을 지원해준 것도 내가 지급하는 수수료 조건이 좋았기 때문이었다.

하지만 이와 같은 수수료와 비용을 전부 지급하고도 내 몫으로 돌아오는 금액은 엄청났다. 주식시장 쪽에서 온라인 비즈니스를 처음 시작했을 때만 하더라도 나의 꿈은 가족을 부양할 생활비 정도를 버는 것이었다. 그리고 사업 파트너의 결별 통보로 그 첫 사업이 멈추고, 새로운 시장에서 새로운 사업을 시작했을 때 역시 나의 꿈은 그 정도에 불과했다. 그런데 이제는 34시간 만에 400만 달러에 가까운 매출을 올리게 되었다. 믿을 수 없는 일이었다.

이것이 JV런칭의 힘이다. 내가 아는 한 JV런칭은 온라인 비즈니스 사업가들에게는 가장 강력한 무기가 된다. 그리고 여기에 라이브런칭이라는 요소가 더해지면 무기의 힘은 상상을 초월한다.

11장

비즈니스의
흐름을 바꾸는
라이브런칭

최근 몇 년 사이 가장 놀라운 성장세를 보인 콘텐츠는 라이브런칭이다. PLC와 오픈 카트 콘텐츠를 라이브 방송으로 내보내는 것이다. 내가 처음 온라인 비즈니스를 시작했을 때만 하더라도 사업자가 직접 자신의 런칭을 위해 라이브 방송을 한다는 것은 거의 상상할 수도 없는 일이었다.

내 최초의 런칭은 오로지 이메일만으로 진행했다. PLC도 이메일에 적어놓은 문장이 전부였다. 그러나 콘텐츠를 전달하는 방식은 빠르게 혁신을 거듭하고 있다. 사업을 시작하고 얼마 후부터 우리는 블로그와 PDF 문서를 이용하기 시작했고, 그다음에는 오디오 콘텐츠를 이용했고, 그다음에는 비디오 콘텐츠를 이용했다. 그리고 이제 라이브 방송을 이용하는 중이다. 우리의 런칭을 전 세계로 생중계하는 것이다.

콘텐츠 전달 방식의 혁신은 새로운 플랫폼이나 도구의 등장으로 이루어졌지만, 그 핵심 원리까지 달라지는 것은 아니다. 또한 새로운 도구가 나타났다고 해서 기존의 것이 무용지물이 되는 것도 아니며, 반드시 새로운 도구는 사용할 필요는 없다. 라이브 방송도 그렇다. 라이브 방송은 런칭에 사용할 수 있는 매우 강력한 도구지만, 반드시 사용해야 하는 것은 아니다.

그러나 내 경우는 라이브런칭을 적극적으로 이용하고 있다. 라이브런칭은 나와 수강생들의 비즈니스 성과를 크게 높이는 데 기여하고 있다. 이번 장에서는 내가 라이브런칭을 진행하면서 알게 된 모든 것을 공유하겠다.

라이브런칭을
꼭 해야 할까?

PLF에서 내가 가장 강조한 것들 가운데 하나는 당신의 마케팅을 이벤트로 만들라는 것이었다. 온갖 형태의 광고에 둘러싸여 살아가는 잠재고객 앞에서 당신이 돋보일 수 있는 유일한 가능성이 바로 여기에 있다. PLF는 기본적으로 당신의 런칭을 이벤트로 만드는 시스템인데, 여기에 라이브 방송이 활용된다면 당신의 런칭은 차원이 다른 이벤트가 될 수 있다.

라이브 방송이 차원이 다른 이벤트가 되는 건 라이브 방송의 속성 때문이다. 그 순간을 함께 하지 않으면 영원히 놓치게 된다. 콘서트나 연극을 생각해보자. 그걸 즐기려면 반드시 공연시간에 공연장에 있어야 한다. 단순하면서도 당연한 사실이지만, 바로 여기에서 라이브 방송의 힘이 생겨난다. 물론 촬영 녹화라는 기능이 있기는 하다. 그러나 녹화된 콘서트나 녹화된 연극에는 긴장감이 없고, 그렇기에 완전히 다른 느낌을 준다. 라이브 방송의 힘은 바로 '라이브'에서 나온다.

조금 전에도 언급했듯이 라이브런칭이 궁극의 해결책이 되는 건 아니다. 모든 상황에서 항상 사용하면 언제나 좋은 결과로 이어지는 것도 아니다. 그렇다면 라이브런칭은 언제 진행하면 가장 효과적일까?

첫 번째는 출시가 시급할 때이다. 라이브 방송에는 재촬영이나 편집 과정이 들어가지 않아서 런칭 시간을 크게 줄일 수 있다. 사람들을 모으고, 정해진 시간에 방송을 하면 된다. 이때 라이브 방송 그 자체가 런칭 콘텐츠이자 제품 소개가 된다. 라이브 방송이 완벽하게 진행되지 않을 수는 있다. 그러나 끊임없이 수정 보완하게 되는 다른 형식의 PLC보다 분명히 많은 시간을 절약하게 된다. (그리고 라이브 방송의 실수를 만회할 수 있는 기회는 언제나 존재한다!)

두 번째는 환경이 급변하거나 사회 이슈가 생겨 미리 준비한 콘텐츠가 의미가 없을 때다. 이때 라이브 방송은 상황에 맞게 능동적으로 메시지에 변화를 줄 수 있어 유용하다. 일례로 지난 2020년의 코로나19 팬데믹 당시 모든 기업의 메시지는 팬데믹 상황에 따라 계속 달라졌다. 나는 팬데믹이 한창이던 무렵 대규모 런칭을 진행 중이었는데, 대중의 관심은 온통 팬데믹 상황에 집중됐고, 세상의 분위기는 주 단위로 (심지어는 일 단위로) 뒤집혔다. 당시 런칭에서 라이브런칭을 적극적으로 이용했다. 덕분에 상황에 맞는 적절한 내용의 메시지를 잠재고객에게 전달할 수 있었다. 만약에 내가 몇 주 전에 미리 녹화된 동영상 콘텐츠를 이용하여 런칭을 진행했다면 잠재고객 사이에서 아무런 반향을 일으키지 못했을 것이다. 몇 주 전에 미리 녹화된 내 콘텐츠는 사람들의 최대 관심사와는 동떨어진 메시지만 담고 있었을 것이기 때문이다.

　라이브런칭을 진행하면 좋은 세 번째 상황은 당신이 라이브 방송에 재능이 있고, 라이브 방송에서 훨씬 더 사람들에게 좋은 모습을 보여줄 수 있을 때이다. 사실 나는 개인적으로 라이브런칭을 선택함에 있어 이 세 번째 이유가 가장 중요하다고 생각한다. 원래 나는 정교하게 제작되고 편집된 동영상을 이용하여 런칭을 진행했고, 효과도 아주 좋았다. 그러다 한 대규모 이벤트를 진행하면서 (전 세계에서 800명이 넘는 사람들이 모인 이벤트였다) 내가 라이브 진행을 꽤 잘하고, 임기응변에 능하다는 걸 깨달았다. 그 이벤트에 모인 사람들의 반응을 보면서 라이브 방송도 비슷하겠다는 생각을 갖게 됐다. 다행히 나의 생각이 옳았다. 내가 진행한 라이브런칭은 연이어 큰 성공으로 이어졌다. 나는 라이브 방송을 통해 내 시청자들에게, 그러니까 내 잠재고객에게 설득력 높은 메시지를 전달했고, 엄청난 입소문이 만들어졌고, 매우 높은 고객 전환율을 이끌어냈다.

　모두가 라이브런칭을 해야 한다는 말을 하는 건 아니다. 분명 라이브런칭은 매우 강력한 마케팅 도구지만, 언제나 그런 건 아니다. 라이브 방송을 한다는 건 아무런 안전장치 없이 높은 곳으로 올라가는 것과 같다. (높은 확률로) 사고가 날 수 있는 것이다. 그리고 준비한 대사나 전달 내용을 잊었을 때에 대한 대비책도 있어야 한다.

　라이브 방송에는 재촬영이나 편집 같은 작업이 빠지기 때문에 간편할 것 같다는 이유만으로 라이브런칭을 선택하는 것 역시 조심해야 한다. 사실은 라이브 방송에도 많은 준비가 필요하다. 라이브 방송을 실수 없이 제대로 행하기 위해서는 동영상 녹화 못지않은 준비 작업이 뒷받침되어야 한다. 라이브 방송이라 하더라도 거기서 하는 말과 행동은 모두 준비된 대본에 따른 것이다. 누구도 자기 사업의 운명이 달려 있는 런칭을 즉흥적으로 준비 없이 하지는 않는다. 다만 미리 준비한 대본을 녹화 방송이 아니라 라이브 방송으로 사람들에게 전달하는 것뿐이다. 편집 작업을 하지 않아도 된다는 이유만으로 로데오 경기에 나가는 식으로 당신의 런칭을 진행하지는 말라.

라이브런칭과 라이브 방송

라이브런칭이란 라이브 방송을 이용하는 런칭이며, 라이브 방송의 대상이 되는 콘텐츠는 주로 PLC와 오픈 카트 콘텐츠다.

기술은 발전을 거듭하며, 그동안 PLF는 시대의 흐름에 따라 많은 기술과 플랫폼을 활용해왔다. 그리고 최근 라이브런칭에서 활용하는 주요 플랫폼은 유튜브와 페이스북이다. 누구라도 이 두 플랫폼을 이용하여 라이브 방송을 진행할 수 있다. 계정을 만들고, 로그인을 하고, 버튼을 누르기만 하면 라이브 방송이 시작된다.

물론 라이브런칭은 라이브 방송만으로 진행되는 건 아니다. 라이브런칭 역시 기본 원리는 PLF의 방식을 따른다. 그러니까 라이브런칭의 PLC도 7장에서 배웠던 것처럼 변화에 대한 기회, 변화의 모습, 사용자 경험 등의 내용을 잠재고객에게 전달해야 한다. 그리고 오픈 카트의 콘텐츠 역시 8장의 내용에 따라 만들어져야 한다.

다시 한번 말하지만, 라이브 방송은 라이브런칭을 구성하는 일부분일 뿐이다. 이메일과 소셜미디어도 함께 사용되어야 한다. 라이브런칭에서 이메일과 소셜미디어의 주요 기능은 라이브 방송으로 사람들을 모으는 것이다. 그리고 라이브 방송에 사람들을 초청하는 일을 주저해서는 안 된다. 라이브 방송에 참여하는 사람들은 당신의 제품을 구매할 가능성이 매우 높은 이들이다. 따라서 라이브 방송을 할 거라면 며칠 앞서서 사람들을 초청하고, 매일같이 사람들의 참여를 독려해야 한다.

예를 들어 라이브 방송이 목요일에 예정되어 있다면 월요일에는 잠재고객을 당신의 라이브 방송에 초청하고, 그 이후에도 목요일까지 계속 라이브 방송에 대한 공지를 한다. 그리고 이러한 초청과 공지에는 당신이 사용하고 있는 모든 채널과 도구를 동원한다. 특히 현재 진행하고 있는 런칭 사이트에 회원등록을 한 사람들에게는 (이들이 당신의 런칭 리스트다) 예정되어 있는 라이브 방송에 대한 공지와 확인을 반드시 챙겨야 한다. 라이브 방송 하루 전날에 (여기서는 수요일에) 확인 이메일이나 소셜미디어 공지를 한 번 보내고, 라이브 방송 당일에 (여기서는 목요일에) 확인 이메일이나 소셜미디어 공지를 두 번 보내는 게 적절하다. 특히 라이브 방송 당일의 두 번째 확인이나 공지는 방송 30분 전에 보내도록 한다.

당신의 방송이
TV에 송출된다고 생각하라

나는 언제나 시장을 이끌어가기를 원하고 다른 경쟁자들 보다 돋보이기를 원한다. 그래야 고객들이 나를 알아본다.

우리의 첫 번째 라이브런칭을 진행할 때도 우리는 다른 경쟁자들과는 다른 모습을 보이고 싶었고, 그래서 라이브 방송을 'TV 방송 프로그램'처럼 진행하기로 했다. 그 당시 다른 사람들의 제품 판매 라이브 방송을 보면 진행이 느리고 단조로웠다. 반면에 우리는 시작부터 활기찬 모습을 보이려고 했다. 우리는 방송 시작 화면에 카운트다운 타이머를 표시했고, 그 타이머가 0 : 00을 나타냈을 때 방송을 시작했다.

우리는 라이브 방송을 여러 개의 짧은 코너들로 나누어 진행했고, 각 코너별로 무대 세트와 카메라를 별도로 설치해 이용했다. 그 중에는 무대 뒷모습을 보여주는 코너도 있었다. 라이브런칭을 계속 진행하면서는 나중에 케이스 스터디 자료와 동영상 콘텐츠를 이용하기도 했고, 새로운 코너도 추가했다. 우리의 라이브런칭은 지금도 진화하는 중이며, 계속 새로운 코너가 추가되거나 제외되고 있다.

아주 단순하게
할 수도 있다

내 경우는 라이브런칭을 거듭할수록 더욱 정교한 라이브 방송을 내보내려고 했지만, 라이브 방송을 아주 단순하게 가져가는 것도 좋은 방법이 될 수 있다. 라이브런칭의 초기에 나는 내 수강생들에게 라이브런칭은 시장 경험을 많이 축적한 후에 사용할 수 있는 전략이라고 가르쳤었다. 그러나 더 이상은 아니다. 지금은 이제 막 사업을 시작한 사람들도 라이브런칭을 사용하고 있다.

앤 라폴리트가 바로 그렇다. 예순 살이 넘은 그는 오랫동안 다니던 회사를 그만두고 자신의 일을 시작했는데, 오랜 취미였던 표면 패턴 디자인 사업을 하기로 결심했다. 그는 단기간에 단순한 취미를 넘어 다른 사람들에게 팔 수 있을 정도로 디자인 실력을 높였다. 이후, 그는 표면 패턴 디자인 온라인 강의를 개설하고 사람들을 가르치기로 결심했다. 앤이 PLF를 알게 된 건 그 무렵이었다.

그전까지 앤은 온라인 비즈니스 쪽에서 아무런 경험이 없었다. 다른 형태의 사업을 한 적도 없었고, 이메일 리스트나 소셜미디어 팔로워들도 없었다. 그의 사업 기반은 완전히 제로였다. 하지만 그는 라이브 방송을 시작했고 첫 라이브 방송의 시청자 수는 0명이었다. 그러나 앤은 시청자 수에 전혀 개의치 않았다. 강의 연습을 하고, 비즈니스를 배우는 기회로 생각했기 때문이다.

본격적으로 런칭을 시작한 것은 아니었지만, 앤은 매주 1회 페이스북 라이브 방송을 진행했다. 사실 앤의 라이브 방송 초기에 시청자는 한 명이었는데, 그의 사촌이었다.

우리가 앤의 사례에서 기억해야 할 점은 무엇일까? 앤은 카메라 경험도 없었고, 동영상을 제작해본 경험도 없었고, 라이브 방송을 진행해본 경험도 없었지만, 그런 상태에서 자신의 컴퓨터로 페이스북 라이브 방송을 시작했다는 것이다. 앤은 그 당시를 떠올리며 이렇게 말했다. "그냥 컴퓨터의 초록색 불빛을 보면서 말을 했어요."

처음 앤의 이메일 리스트에는 아무도 없었지만, 라이브 방송 횟수가 거듭되면서 그의 이메일 리스트에는 사람들이 늘어나기 시작했다. 앤은 하루에 5달러씩 온라인 광고비를 지출하기 시작했다(광고에 대해서는 13장에서 자세히 다룰 것이다). 그러자 라이브 방송 시청자 수도 점차 증가했다.

자신의 이메일 리스트에 1000명가량의 사람들이 모이자 앤은 소규모 런칭을 진행해보기로 했다. 이제 그에게 라이브 방송은 익숙했기에 라이브런칭을 진행하기로 결정했다. 그 첫 번째 런칭에서 500달러의 매출이 발생했다. 많은 액수의 매출은 아니었지만, 앤은 첫 번째 런칭을 통해 자신의 온라인 강의를 사람들에게 팔 수 있다는 걸 확인하게 됐다.

　그다음 해에 앤은 모두 네 번의 런칭을 진행했는데, 그 네 번의 런칭에서 총합 10만 달러의 매출이 발생했다. 아무런 기반도, 사업 경험도 없이, 평생을 직장인으로 살다 오십대 후반에 사업을 시작한 사람이 사업 2년 차에 이루어낸 성과 치고는 꽤 괜찮은 성과였다. 하지만 이건 시작일 뿐이었다. 사업 3년 차에 그가 발생시킨 매출은 40만 달러에 달했다.

　앞부분에서도 말했지만, 나는 라이브런칭은 시장 경험을 많이 축적한 다음에나 사용할 수 있는 전략이라고 생각했다. 그러나 앤은 (그리고 다른 많은 수강생들은) 내 생각이 틀렸다는 걸 증명했다. 물론 누군가에게 라이브 방송은 여전히 접근하기 어려운 방법일 수 있지만, 예전에 비해 라이브 방송의 진입 장벽은 많이 낮아졌다. 기술이 발전할수록 벽은 더욱 낮아질 수 있으며, 라이브 방송 진행자에 대한 시청자들의 태도는 더욱 관대해질 것이다.

생방송 중에 일어날 수 있는 일

　이 세상의 모든 도구가 그렇듯, 라이브 방송에도 몇 가지 단점들이 있다. 라이브 방송의 가장 두드러진 단점은 우리가 모든 상황을 통제할 수 없다는 것이다. 방송 중에 어디에서 어떤 문제가 나타날지 아무도 모른다. 아무리 사전에 많은 준비를 해놓았어도 문제의 발생을 완전하게 차단하지는 못한다.

　내가 진행하는 라이브 방송도 예외는 아니다. 내가 진행했던 가장 최근의 라이브런칭에서는 수천 명의 시청자들 앞에서 우리 쪽 인터넷 연결이 끊어지는 사고가 발생했다. 우리는 10분 동안 허둥지둥 대고서야 다시 인터넷을 연결할 수 있었다. 그런가 하면 정전이 발생했던 일도 있고, 오디오 입력 장치 고장으로 내가 말하는 소리를 시청자들이 듣지 못했던 일도 있다.

이와 같은 기술적 문제 외에 다른 문제들이 발생할 수도 있다. 얼마 전에는 내가 집에서 라이브런칭을 진행하고 있는데, 마침 그 시간에 통계청 조사원이 우리 집을 방문했다. 그 조사원은 현관을 두들겼다. 우리 집 현관에는 커다란 창이 있어서 집 내부를 다 들여다볼 수 있기 때문에 그 조사원은 내가 집에서 라이브 방송을 하는 모습을 지켜봤다. 문을 열어주지 않는 나를 이상하게 생각했을 것이다.

우리의 첫 번째 라이브런칭에서는 잊을 수 없는 재미난 일도 있었다. 첫 라이브런칭에서 나를 비추는 메인 카메라는 현관 쪽에 설치해놓았기 때문에 나는 현관을 바라보면서 라이브 방송을 진행했다. 한참 방송을 진행하는데, 다람쥐 한 마리가 우리 집 현관 앞을 오가며 노는 모습이 보였다. 나는 카메라에 집중하려고 했지만, 내 주의는 자꾸만 다람쥐 쪽으로 분산됐다.

다람쥐가 계속 눈에 들어오자 나는 결국 시청자들에게 현관 앞의 다람쥐 이야기를 꺼냈다. 나는 내 시청자들도 메인 카메라 바로 뒤에 귀여운 다람쥐가 있다는 사실을 재미있어 할 거라 생각했기 때문에 메인 카메라를 마주보는 위치에, 그러니까 다람쥐가 카메라에 들어오는 위치에 카메라 하나를 추가로 설치하고 그 카메라를 '다람쥐캠'이라고 불렀다. 나는 방송을 진행하면서 다람쥐캠에 다람쥐가 들어오면 시청자들이 보게 되는 화면을 다람쥐캠으로 돌리곤 했다. 다람쥐캠의 인기는 아주 좋았다. 그 이후 내가 라이브런칭을 진행하게 되면 시청자들

중에서 오늘은 다람쥐캠이 없냐고 물어보는 이들이 한동안 나왔을 정도였다.

내가 말하고자 하는 것은 당신이 라이브 방송을 하게 되면 시청자들도 그것이 라이브 방송이라는 점을 안다는 것이다. 라이브 방송에서는 돌발 상황이 발생할 수 있다는 점을 이해하고, 웬만한 돌발 상황에는 시청자들도 상당히 관대하다. 지금은 솔직함과 투명함이 높게 평가받는 시대다. 돌발 상황이나 문제가 발생했을 더 좋은 평가나 더 좋은 반응을 이끌어낼 수도 있다. 내 라이브런칭에 다람쥐가 언제 또 등장하게 될지는 모르겠다. 하지만 내 첫 번째 런칭에서 내 주의를 분산시키던 다람쥐 문제를 대했던 내 방식은 시청자들 사이에서 상당히 긍정적인 영향을 만들어냈을 거라고 생각한다.

라이브런칭에서
주의해야 할 사항들

기술적인 문제들, 그리고 돌발 상황 외에도 라이브런칭에서 고려해야 할 것들이 몇 가지 있다.

우선은 시간이다. PLC로 똑같은 분량의 내용을 잠재고객에게 전달한다고 했을 때 녹화된 (그리고 편집된) 동영상 콘텐츠에 비해 라이브 방송은 시간이 훨씬 더 길어지게 된다. 최근에 진행했던 한 런칭에서 나는 첫 번째 PLC로 20분 분량의 꼼꼼하게 촬영되고 편집된 동영상 콘텐츠를 이용했는데, 같은 내용을 라이브 방송으로 전달하려고 했다면 방송 시간은 두 배로 길어졌을 것이다. 라이브 방송을 하다 보면 특정 주제에 관하여 예상보다 더 긴 시간을 할애하기도 하고, 아무래도 편집

본에 비해서는 진행이 늘어질 수밖에는 없다.

조금 전에도 언급했지만, 당신이 라이브 방송을 하게 되면 시청자들도 그것이 라이브 방송이라는 것을 안다. 그리고 라이브 방송의 시간 효율성이 편집본보다 떨어지더라도 관대하게 받아들인다. 특히 당신이 시청자들과 실시간으로 상호작용을 하느라 방송이 늘어지는 건 더더욱 관대하게 받아들인다.

이번에는 라이브 방송의 재사용이라는 문제를 생각해보자. 녹화되고 편집된 동영상 콘텐츠의 유통기한은 상당히 길다. 나는 한번 녹화한 동영상의 경우 1~2년 동안 반복해서 사용한다. 그러나 라이브 방송이라면 이야기가 다르다. 이건 일회용이다.

어떤 사람들은 라이브 방송을 하고, 그 방송을 녹화하고, 다른 곳에서 그 녹화된 라이브 방송을 재사용하면서 현재 라이브 방송을 하고 있는 것처럼 사람들을 기만하기 위해 여러 장치들을 추가한다(나는 이 방식을 정말 좋아하지 않는다. 시간도 많이 드는 데다가, 사람들을 속이는 일이기 때문이다). 라이브 방송 녹화본을 재사용하면서 그러한 사실을 공지하는 경우도 있기는 한데, 이것 역시 추천하지 않는다. 라이브 방송 녹화본은 이미 아주 큰 장점이 없어진 콘텐츠다.

라이브런칭을 매끄럽게
진행하는 법

라이브런칭의 진행 역시 PLF의 방식을 따른다. 프리런칭은 기본적으로 세 번의 방송으로 구성되고, 각각의 방송은 변화에 대한 기회, 변화의 모습, 사용자 경험 등을 다루게 된다. 한 번의 방송이 추가될 수도 있는데, 이 네 번째 방송을 하는 경우 방송의 내용은 제품 판매에 집중한다.

내 경우는 라이브 방송을 할 때 설득이나 설명의 효과를 높이기 위해 화이트보드판을 이용한다. 설득이나 설명의 효과를 높이기 위해 자신에게 맞는 도구나 장치를 이용할 수 있다. 화이트보드판은 내 집중력도 높여주지만, 시청자들의 집중력도 높여준다. 나는 라이브 방송을 할때 화이트보드판에 방송의 핵심 주제를 적어놓고 방송을 진행한다.

시청자들이 라이브 방송에서 기대하는 건 완벽하고 깔끔한 진행이 아니다. 나는 라이브 방송을 진행할 때 가까운 곳에 노트나 컴퓨터를 놓아두고, 필요한 때에 참고를 한다. 이런 모습을 시청자들 앞에서 굳이 감추지 않는다. 당신이 평소 잠재고객 앞에서 완벽한 사람인 것처럼 행동하지 않았다면 라이브 방송을 진행하면서도 억지로 완벽해 보이려 할 필요는 없다.

라이브런칭을 진행할 때 잘 갖춰진 스튜디오를 마련할 필요는 없다. 많은 사업가들은 라이브런칭을 진행할 때 스마트폰 카메라나 컴퓨터에 내장된 웹캠만을 사용한다. 심지어 카메라 앵글을 맞출 때 별도의 거치대를 사용하지 않고, 그냥 책 몇 권 쌓아놓은 다음에 스마트폰이나 컴퓨터를 올려놓고 앵글을 맞춘다!

중요한 것은 방송 환경이 아니다. 방송을 통해 잠재고객에게 가치를 제공하는 것이 중요하다. 라이브 방송을 시청하는 잠재고객은 당신에게 꽤 관대하기 때문에 녹화된 동영상을 시청하는 것보다는 더 오랜 시간 당신의 라이브 방송에 머물러줄 것이다. 시청자들에게 가치를 제공할 수 있는 기회가 더 오래 주어지는 것이다. 하지만 그렇다고 해서 방송 시간을 낭비해도 된다는 의미는 물론 아니다.

게다가 방송 시간이 너무 길어지면 시청자들의 집중력은 다른 곳으로 분산된다. 내 수강생들의 경우는 라이브 방송을 진행할 때 방송 시간 1시간은 넘기지 않으려고 한다.

효과적인
라이브런칭 타임라인

최근에 우리는 라이브런칭 타임라인의 길이를 대폭 줄였다. 원래 라이브런칭 타임라인도 일반 프리런칭의 타임라인을 따랐다. 프리런칭은 보통 7~10일 동안 진행한다.

1일 차: 첫 번째 PLC 공개
4일 차: 두 번째 PLC 공개
7일 차: 세 번째 PLC 공개
9일 차: 오픈 카트

PLF는 유연한 접근법이기 때문에 프리런칭 타임라인은 매우 다양하게 정해질 수 있다. 위의 예시는 오랜 경험을 통해 만든 가장 효과적인 타임라인이다. 하지만 라이브런칭의 경우 라이브 방송, 세미나, 워크숍 등으로 진행되기 때문에 진행을 연달아 이어나가는 게 더 효과적이라는 결론을 얻게 되었고, 그 결과 라이브런칭 타임라인은 상당히 압축된 형태로 나타나게 되었다.

1일 차: 첫 번째 PLC 공개
2일 차: 두 번째 PLC 공개

3일 차: 세 번째 PLC 공개

4일 차: 오픈 카트

라이브런칭의 경우 이와 같은 식으로 압축하여 진행하는 편이 더 효과적이라는 게 우리가 내린 결론이다. PLF의 본질은 당신의 마케팅을 이벤트로 만드는 것이며, 라이브런칭을 이와 같은 식으로 연이어 진행한다면 라이브런칭 참여자들은 자신들이 재밌는 이벤트에 참여하고 있다는 느낌을 더 강하게 갖게 될 것이다.

물론 압축된 타임라인을 반드시 따라야 하는 건 아니다. 만약 사업을 처음 시작하는 단계라면 라이브 방송을 매일 진행하는 건 상당히 어려운 일다. 무엇보다 한 번의 방송 후 다음 방송을 준비하기까지의 시간이 절대적으로 부족하기 때문이다. 게다가 런칭 기간에는 챙겨야 할 다른 일들도 여러 가지가 있다. 이메일을 보내고, 소셜미디어의 댓글을 관리하고, 그 밖에도 해야 할 일들이 계속 생겨난다. 사업 경험이 많고, 일을 도와줄 직원들이 있는 상황이 아니라면 라이브런칭의 방송과 방송 사이에는 간격을 며칠 두는 편이 좋다.

오픈 카트의 기술

최근에 우리가 이루어낸 또 하나의 큰 혁신은 라이브런칭에서 오픈 카트 콘텐츠를 크게 강화한 것이다. 지난 8장에서 언급했듯이 당신의 런칭이 실제로 시작되는 것은 오픈 카트부터다. 주문을 받는 순간부터가 실질적인 런칭의 시작이다.

대부분의 런칭에서 오픈 카트 기간은 5일에서 7일이 된다. 오픈 카트 기간을 5일에서 7일보다 더 길게 가져간다면 런칭의 긴장감이 사라진다. 잠재고객은 더 오래 더 천천히 구매 여부를 고민하게 되고, 당신은 너무 많은 구매 설득 이메일을 보내게 된다("제 제품을 사 주세요"라는 내용의 이메일을 너무 많이 보내서 좋을 일은 없다).

라이브런칭에서도 오픈 카트 기간을 동일하게 가져간다면, 이 기간에 더 많은 콘텐츠를 공개하고, 잠재고객과의 소통을 더 강화해야 한다. 오픈 카트의 본질은 제품 판매라는 점을 기억하자. 따라서 이 기간에 공개하는 콘텐츠 및 잠재고객과의 소통은 제품 판매에 초점을 맞춰야 한다.

프리런칭 단계에서 당신은 가장 먼저 잠재고객에게 변화의 기회, 혹은 변화의 가능성을 보여준다(첫 번째 PLC). 더 나은 부모가 되고, 금연에 성공하고, 명상하는 법을 배우고, 잘못된 인간관계를 끊음으로써 더 즐거운 삶, 덜 고통스러운 삶을 살 수 있다는 점을 보여준다. 그런 다음에는 원하는 목표를 이루면 사람들의 삶이 어떻게 달라질 수 있는지를 보여준다(두 번째 PLC). 마지막으로, 당신의 제품을 사용한 사람들이 실제로 어떤 변화된 삶을 살고 있는지를 보여준다(세 번째 PLC).

여기까지가 프리런칭 단계다. 그다음 오픈 카트 단계에서는 잠재고객의 구매를 이끌어내야 한다. 그들을 한 걸음 더 앞으로 이끌어야 하는 것이다. 변화된 삶이 가져다줄 미래를 실제로 누리기 위해서는 그걸 가능하게 해주는 것, 바로 제품을 이용해야 한다는 점을 설득해야 한다.

그렇게 하기 위해 라이브런칭의 오픈 카트 단계에서 무엇을 해야 할까? 사람들의 의문에 답을 제시하고, 당신의 제품이 만들어줄 변화를 알리는 라이브 방송을 해야 한다. 기존 고객들의 실제 성공을 보여주는 내용의 방송도 좋다. 콘텐츠가 크게 강화된 오픈 카트는 다음과 같은 방식으로 진행된다.

오픈 카트 1일 차: 네 번째 PLC 라이브 방송

오픈 카트 2일 차: 세일즈 동영상

오픈 카트 3일 차: FAQ 라이브 방송

오픈 카트 4일 차: 케이스 스터디 라이브 방송

오픈 카트 5일 차: 마무리 방송(마지막 Q&A, 감사 인사)

네 번째 PLC 라이브 방송에서는 주로 당신이 팔려고 하는 제품에 대한 이야기를 한다. 제품 판매가 시작되었고, 잠재고객이 주문할 수 있다는 점을 분명히 한다. 라이브런칭 네 번째 PLC의 내용은 일반적인 런칭 네 번째 PLC의 콘텐츠 내용과 같다.

오픈 카트 2일 차에는 세일즈 동영상을 공개한다. 이 세일즈 동영상은 잠재고객의 제품 구매를 설득하기 위한 것으로, 이미 공개된 PLC들을 기반으로 만들어진다. 1일 차와 3일 차의 라이브 방송 중간에 왜 사전에 녹화된 동영상을 공개하느냐고 묻는 사람들도 있을 것이다. 좋은 질문이다. 당신의 제품에 관심 있는 사람 모두가 당신의 라이브 방송을 시청할 수 있는 건 아니다. 이 세일즈 동영상은 당신의 제품에 관심은 있지만 라이브 방송을 시청하지 못하는 사람들을 위해 만들고 공개하는 것이며, 짧고 간결하게 만드는 것이 바람직하다. 적어도 네 번째 PLC 라이브 방송보다는 세일즈 동영상의 길이가 더 짧아야 한다. 다만 2일 차의 세일즈 동영상을 반드시 만들어야 하는 건 아니다. 이 2일 차 과정은 제외해도 괜찮다. 특히 런칭을 처음 진행하는 사람이라면 이 과정은 제외하는 게 더 낫다. 불필요한 추가적인 과정일 수도 있기 때문이다.

오픈 카트 3일 차의 라이브 방송은 시청자들의 주요 질문들에 답을 하는 식으로 간단하게 방송을 이끌어나갈 수도 있다. 이때 당신이 응답해야 하는 시청자들의 주요 질문들은 잠재고객의 거부감과 관련된 것들이어야 한다. 그리고 시청자들에게 응답을 할 때 지금까지 다루지 않았던 새로운 개념이나 정보를 이용하는 것은 바람직하지 않다. PLC의 내용을 기반으로 이용하여 답하라. 오픈 카트 3일 차의 라이브 방송 역시 잠재고객의 제품 구매를 이끌어내는 방향으로 진행해야 한다.

오픈 카트 4일 차의 라이브 방송은 케이스 스터디를 이용한다. 기존 고객들의 성공 사례를 잠재고객에게 전달하는데, 이때 기존 고객들의 성공 사례를 소개하는 동영상을 미리 만들어 이용할 수도 있다. 당신이 다른 사람들의 성공 사례 자료를 소개하는 진행자가 되는 것이다. 아니면 라이브 방송에 기존의 고객들이 출연하여 성공 스토리를 직접 소개하는 방법도 있다. 내 경우, 3일 차까지는 동영상 자료를 이용하여 내 기존 수강생들의 성공 사례를 다수 소개하고, 오픈 카트 4일 차 라이브 방송에는 기존 수강생들 몇 명을 직접 출연시켜 그들의 성공 스토리를 듣는다. 그들을 라이브 방송의 주인공으로 만드는 것이다.

오픈 카트 마지막 날의 방송에서는 제품의 희소성을 강조하는 내용을 반드시 포함시킨다. 그리고 런칭의 마지막 방송인만큼 활기찬 분위기에서 진행한다. 시청자들로부터 질문을 받고, 새로운 고객들에게 환영의 인사를 전하고, 그동안의 런칭을 함께 해준 시청자들에게 감사를 표한다. 마지막 방송을 흥겨운 분위기에서 진행하는 이유는 당신은 최선을 다했고, 당신과 시청자들 모두 짧지 않은 기간에 걸쳐 값진 경험을 했기 때문이다(시청자들은 이번에는 구매하지 않더라도 당신의 잠재고객으로 존재할 것이다).

앤의 타임라인

이번 장의 앞부분에서 표면 패턴 디자인을 가르치는 앤 라폴리트의 이야기를 짧게 들려줬다. 앤은 이메일 리스트도, 완성된 제품도, 소셜미디어 계정도, 사업 경험도 없이 사업을 시작했지만, 사업 3년 차에 (만으로는 사업 2년 차에) 40만 달러의 매출을 이끌어냈다. 이 40만 달러의 매출을 올리기까지 앤은 모두 여섯 번이 넘는 런칭을 진행했는데, 거의 다 라이브런칭이었다.

게다가 앤의 라이브런칭은 모두 압축된 타임라인으로 진행되었다 (이건 나의 라이브런칭과 상당히 비슷하다). 현재 그는 라이브런칭을 할 때 다음과 같은 타임라인으로 진행한다고 한다.

월요일: 라이브 방송 - 첫 번째 PLC

수요일: 라이브 방송 - 두 번째 PLC

금요일: 라이브 방송 - 세 번째 PLC

월요일: 라이브 방송 - 오픈 카트

화요일: 라이브 방송 - 제품 선공개

수요일: 기존 수강생들과의 라이브 방송

목요일: Q&A 위주의 마지막 라이브 방송

앤의 라이브런칭 타임라인은 내가 예시로 든 것과 조금 다르다. 다시 한번 강조하지만, PLF는 매우 유연한 접근법이며 정해진 정답은 없다. PLF의 원리를 기반으로 잠재고객에게 설득력 있는 이야기를 전하는 것이 중요하다.

일부분만 라이브로 해도
괜찮을까?

지금까지의 설명만 본다면 라이브런칭은 대부분의 콘텐츠를 (전부는 아니더라도) 라이브 방송으로 전달해야 한다는 인식을 갖게 되었을 수 있다. 하지만 그럴 필요는 없다. 일반적인 런칭을 진행하면서 보조적인 도구로서 라이브 방송을 이용하는 방식도 얼마든지 가능하다. PLC로는 전부 녹화되고 편집된 동영상을 이용하고, 사이사이에 라이브 방송을 하는 식으로 진행할 수도 있다.

> 1일 차: 동영상 - 첫 번째 PLC
>
> 2일 차: 라이브 방송 - Q&A
>
> 3일 차: 동영상 - 두 번째 PLC
>
> 4일 차: 라이브 방송 - Q&A
>
> 5일 차: 동영상 - 세 번째 PLC
>
> 6일 차: 라이브 방송 - Q&A
>
> 7일 차: 동영상 - 오픈 카트

동영상 PLC를 공개하는 사이사이에 짧은 Q&A 라이브 방송을 하는 타임라인이다. 라이브 방송은 오픈 카트 이후에만 하는 타임라인을 만들어도 된다.

> 1일 차: 동영상 - 첫 번째 PLC
>
> 3일 차: 동영상 - 두 번째 PLC
>
> 5일 차: 동영상 - 세 번째 PLC

7일 차: 동영상 – 오픈 카트

8일 차: 라이브 방송 – 새로운 콘텐츠

9일 차: 라이브 방송 – 케이스 스터디

10일 차: 라이브 방송 – Q&A

11일 차: 라이브 방송 – 마무리 방송

지금 소개한 것은 하나의 예시일 뿐, 얼마든지 다양한 방식으로 타임라인을 구성할 수 있다. 사실 라이브 방송의 가장 큰 장점 가운데 하나는 런칭 과정의 어디에라도 추가할 수 있다는 것이다. 누구라도 관심 가질 만한 새로운 사건이 생겼다면, 런칭을 하는 중에 라이브 방송을 편성하여 해당 상황에 관해 소통하는 식으로 진행해도 좋다.

라이브 방송의 녹화본을 만들 때 주의할 점

라이브런칭에서 확실한 것 하나는 모든 사람이 당신의 라이브 방송을 실시간으로 시청하지는 못한다는 것이다. 특히 외국에 거주하는 잠재고객은 시간대가 크게 차이나는 경우 라이브 방송을 실시간으로 시청하기가 더욱 어렵다.

당신이 진행하는 라이브 방송을 실시간으로 시청하지 않는 사람들도 많기 때문에 라이브 방송의 녹화본에도 신경 써야 한다. 그런데 많은 사업가들이 이 부분에서 실수를 하고만다. 라이브 방송을 훌륭하게 진행하는 데는 엄청난 시간과 노력을 기울이지만, 녹화본을 보는 사람들의 경험은 전혀 신경 쓰지 않는다. 사실 당신이 진행하는 라이브 방송보다는 그 녹화본을 보는 사람들이 더 많을 수도 있다.

어떻게 해야 라이브 방송의 녹화본을 보는 사람들의 시청자 경험을 높일 수 있을까? 우선 라이브 방송의 도입부 편집을 고려해볼 수 있다. 많은 경우 라이브 방송의 도입부는 기술적인 부분들을 확인하고 주변적인 이야기를 하느라 진행이 다소 느리다. 실시간으로 시청하는 사람들은 당연하게 받아들이지만, 녹화본을 보는 사람에게 느린 도입부는 따분하게 느껴질 것이다. 따라서 녹화본에서는 느린 도입부를 편집해내고, 불필요한 다른 부분들도 편집해내는 것이 좋다.

그다음에는 녹화본 재생의 통제권을 시청자들에게 내주는 것도 고려해볼 수 있다. 빨리 감기, 되감기, 멈춤, 빠른 재생 등의 기능을 시청자들에게 내주는 것이다. 모든 기능을 전부 다 내주라는 말은 아니다. 필요에 따라 일부의 통제권만 내주는 식으로 접근하면 된다. 물론 합리적인 이유로 시청자들에게 녹화본 재생 통제권을 내주지 않는 경우도 있다(예를 들어 어떤 콘텐츠는 시청자들이 건너뛰는 부분 없이 순서대로 다 봐야만 설득의 효과가 발생할 수도 있고, 아니면 빠른 재생을 하는 경우 배경 음악이나 말소리가 왜곡되면서 당신의 의도와는 다르게 콘텐츠가 우스꽝스러워질 수도 있다).

분명히 많은 잠재고객이 당신의 라이브 방송이 아니라 그 방송의 녹화본을 시청할 것이다. 그렇다면 그 녹화본을 보는 사람들의 시청자 경험을 높일 수 있도록 여러 가지 사항들을 고려해야 한다. 이러한 세심한 대응이 높은 전환율로 이어진다.

도구를 효과적으로 사용하면
성과가 보인다

런칭은 라이브 방송을 중심으로 진행될 수도 있고, 아니면 라이브 방송이 보조적인 도구로 이용될 수도 있다. 라이브 방송을 이용하면 런칭 컨버세이션을 능동적으로 이끌어나갈 수 있고, 변화하는 시장 상황에 유연하게 대처할 수 있다. 그리고 런칭에서 발생하는 예기치 못했던 문제들을 효과적으로 대응할 수도 있다.

다만 라이브 방송은 여러 가지 선택 수단 가운데 하나일 뿐이라는 점을 기억하기 바란다. 반드시 라이브 방송을 이용해야 하는 건 아니다. 라이브 카메라 앞에 서는 게 불편하다면 라이브 방송은 빼고 런칭을 진행하는 편이 더 낫다. 누구나 잘 하는 게 있고 못 하는 게 있다. 라이브 방송이 당신의 강점이 아니라면 일부러 사용할 필요는 없다.

중요한 것은 PLF의 기본 원리다. 이메일 기반의 런칭을 진행하든, 동영상 기반의 런칭을 진행하든, 아니면 라이브 방송 기반의 런칭을 진행하든 그 근간이 되는 PLF의 방식과 장치들을 이용한다면 기대하는 성과를 이끌어낼 수 있다.

12장

소셜미디어로
런칭 화력
올리기

10년 전부터 현재까지 소셜미디어는 여전히 세상 모든 이슈와 유행의 중심이었고 중심이다. 최근에는 소셜미디어의 영향력이 더욱 커졌다. 이제 어디를 가더라도 자신의 스마트폰을 들여다보고 있는 사람들을 발견하게 된다. 커피숍에서도, 전철에서도, 심지어 길을 걸으면서도 사람들은 자신의 스마트폰을 들여다본다. 어쩌다 다른 사람들의 스마트폰이라도 슬쩍 보게 되면 그들 가운데 상당수는 소셜미디어를 이용하고 있다는 걸 알게 된다.

소셜미디어의 세계는 항상 변화한다. 새로운 소셜미디어 플랫폼이 나타나고, 오래된 소셜미디어 플랫폼은 사람들의 기억에서 지워지며 소셜미디어 세계의 지형은 계속 달라진다. 어느 시점에 특정 소비자 집단이나 특정 연령대에서 가장 인기를 끄는 소셜미디어라는 건 항상 존재한다. 다시 말해 어떤 사업가들은 페이스북에 관심을 가져야 하고, 어떤 사업가들은 링크드인에 관심을 가져야 하고, 어떤 사업가들은 인스타그램이나 핀터레스트에 관심을 가져야 하는 식이다.

소셜미디어는 사업을 발전시킬 수 있는 환상적인 도구지만, 동시에 지뢰밭 같은 곳이기도 하다. 잘못 접근하면 엄청난 시간과 돈만 낭비하게 되기 때문이다. 이번 장의 목적은 런칭을 진행하고 사업을 발전시키며 소셜미디어를 전략적으로 이용하고, 시간과 돈을 낭비하지 않도록 방향을 제시하는 것이다.

이번 장의 앞부분에서는 소셜미디어의 강점을 개괄적으로 설명하고(소셜미디어는 정말로 강력한 도구가 될 수 있다), 그런 다음 프리-프리런칭, 프리런칭, 오픈 카트의 각 단계를 진행하면서 소셜미디어를 어떻게 이용할 수 있는지 살펴본다. 뒷부분에서는 소셜미디어를 이용할 때 조심해야 할 점들을 이야기할 것이다(이 역시 매우 중요한 내용이다).

다만 이번 장을 진행하면서 (그리고 다음 장에서도) 나는 특정 소셜미디어 플랫폼을 사용하라는 지침은 제시하지 않을 것이다. 이유는 단순하다. 소셜미디어 플랫폼의 유행은 계속 변하기 때문이다. 내가 여기서 특정 소셜미디어 플랫폼이 더 효과적이라는 말을 하더라도 시간이 흐르면 그 말은 더 이상 유효하지 않게 된다.

내가 디지털 비즈니스 세계에서 25년 동안 꾸준히 성장할 수 있었던 이유는 언제나 장기적인 시야로 일을 했기 때문이다. 큰 그림을 보고, 유행의 변화에도 흔들리지 않을 전략을 수립하고 그러한 전략을 기반으로 단기적인 전술을 수립하여 움직였다.

소셜미디어로
아바타를 파악하라

　사업가 입장에서 소셜미디어의 가장 두드러진 장점은 잠재고객을 쉽게 찾고 그들을 당신의 세상으로 초청할 수 있다는 것이다. 잠재고객은 이미 소셜미디어의 세상에 모여 있다. 그들은 적극적으로 커뮤니티를 형성하고, 그 안에서 이미 소통을 하고 있다. 때문에 당신은 그들을 쉽게 발견할 수 있고, 그들을 배울 수 있고, 그들을 당신의 세상으로 초대하여 고객으로 만들 수 있다. 소셜미디어에서 당신은 잠재고객의 커뮤니티에 들어가 존재감을 드러낼 수 있으며, 그들 사이에서 전문가나 리더로서 인식될 수 있다.

　사람들은 자신과 비슷하거나 뭔가를 공유하는 다른 사람들과 모이거나 소통하고 싶어 하고, 인터넷 시대 초창기부터 다양한 온라인 모임을 만들었다. 초고속 인터넷이 없던 90년대에도 사람들은 인터넷 통신 서비스에서 서로 소통했다. 이러한 온라인 모임은 인터넷의 발달에 따라 유즈넷 그룹이나 온라인 포럼으로 진화했다. 공통의 이익, 관심사, 목표를 중심으로 모이는 것은 우리 인간의 본능이다.

　소셜미디어와 최신 디바이스들은 그 연결과 소통의 수준을 그전과는 차원이 다른 수준으로 끌어올렸다. 이제 사람들은 스마트폰 하나로 표적시장과 잠재고객을 찾아 시장조사까지 행할 수 있다. 이런 작업을 자신이 자주 가는 커피숍에 앉아 금세 마칠 수 있다.

　다시 말해 시장조사를 하고 아바타가 누구인지를 파악하는 과정을 매우 빠르게 끝낼 수 있는 것이다. 훌륭한 제품을 만들기 위해서는 (그리고 훌륭한 런칭을 위해서는) 당신의 아바타가 가지고 있는 희망, 꿈, 공포, 좌절 등을 정확하게 파악하는 게 우선이다. 소셜미디어에서 잠재고객을 찾았다면 그들에게 적절한 질문을 하고 그들의 이야기를 듣는 것만으로 그들의 희망, 꿈, 공포, 좌절 등을 정확하게 파악할 수 있다.

잠재고객이 소셜미디어에서 나눈 대화를 찾아보라. 그럼 그들에게 어떤 질문을 하고 어떻게 대화해야 하는지 알 수 있다. 소셜미디어에는 당신의 잠재고객이 반복적으로 제시하는 질문들이 있다. 당신이 찾는 해답이 거기에 있다. 그 질문들의 행간에 담겨있는 뜻을 이해한다면 그들을 좌절시키는 게 무엇인지, 그들이 열망하는 게 무엇인지 알게 된다.

당신이 잠재고객에 대해 알고자 하는 것의 상당 부분은 소셜미디어에 이미 그 답이 나와 있다. 에이미 스몰은 잠재고객의 소셜미디어에서 그들이 원하는 변화가 무엇인지를 발견할 수 있었고, 그러한 변화를 도와주는 제품을 내놓음으로써 큰 성공을 이루어낼 수 있었다. 당신의 아바타를 이해하고, 그들의 가장 큰 관심사, 혹은 걱정을 파악하는 것은 그들이 사고 싶어 하는 제품을 개발하는 핵심 전제다. 이를 위한 효과적인 도구가 바로 소셜미디어다.

나는 지금까지 헤아릴 수도 없을 만큼 많은 수의 사업가들을 대상으로 코칭을 해왔는데, 사업가들의 가장 심각한 실수는 사람들이 사고 싶어 하는 제품을 만드는 게 아니라 사업가 자신이 팔고 싶은 (혹은 사업가 자신이 사람들에게 필요하다고 생각하는) 제품을 만드는 것이다. 그런데 분명히 해야 할 점이 있다. 많은 경우 사람들이 원하는 것과 사람들에게 필요한 것은 일치하지 않는다. 어떤 젊은이가 생전 처음으로 기타를 구입했다고 가정해보자. 그럼 그가 원하는 것은 속성으로 노래 몇 곡의 연주를 하는 것일 가능성이 크다(조만간 참가하게 되는 학교 캠프에서 다른 친구들에게 깊은 인상을 남기고 싶어 할 수도 있다).

하지만 기타를 처음으로 구입한 사람에게 필요한 것은 기본부터 배우는 것이다. 기타 잡는 법, 기본 연주법, 메트로놈 사용법 같은 것들 말이다. 당신이 사업가로서 성공하고자 한다면 사람들이 원하는 것을 제공해야 한다.

자신의 사업을 성공으로 이끌기 위해서는 아바타의 머리 안으로 들어가 그들의 생각을 전부 읽어내야 한다. 내가 당신을 새벽 3시에 갑자기 깨워 당신의 아바타가 가장 중요하게 생각하는 희망, 꿈, 공포 등을 세 가지씩 대보라고 했을 때 당신은 조금의 망설임도 없이 이에 대한 답을 곧바로 할 수 있어야 한다. 그 정도로 잠재고객을 잘 알고 있어야 한다는 의미다.

당신의 아바타들은 소셜미디어에서 자신들에 관한 온갖 이야기를 하고 있으며, 당신은 그를 기반으로 아바타들이 사고 싶어 하는 게 뭔지 거의 정확하게 알아낼 수 있다.

존재감과 신뢰를 높이라

온라인 세계에서 회피할 수 없는 영원한 진리가 하나 있다. 당신의 사업이 온라인을 기반으로 하는 것이라면 당신의 일은 본질적으로 콘텐츠 공개다. 콘텐츠를 계속 공개해야 온라인 공간에서 신뢰를 얻을 수 있고(특정 분야에서 유능한 사람, 혹은 믿을 수 있는 사람으로 인식되고), 존재감을 높일 수 있다(수많은 보통의 온라인 사업가들과는 달라야 한다). 이런 의미에서 소셜미디어는 많은 사람을 상대로 콘텐츠를 공개하는 매우 유용한 수단이기 때문에 중요하다.

당신이 온라인으로 뭔가를 판매하고 있다면 당신은 다이렉트 마케팅 비즈니스를 하고 있는 것이다. 판매 뿐만 아니라 소비자들에게 직접적으로 마케팅도 해야 한다. 이전에는 다이렉트 마케팅과 브랜드 마케팅의 경계선이 명확했다. 브랜드 마케팅은 코카콜라나 애플 같은 대기업들이나 하는 것이었고, 다이렉트 마케팅은 사실상 소규모 기업들만 하는 것이었다.

그런데 지금은 그 경계선이 허물어졌고, 1인 기업들까지도 자신의 브랜드를 강화하기 위해 마케팅을 하고 있다. 옛날 기준으로 본다면 나는 브랜드 마케팅 전문가는 절대로 아니다. 사업체의 로고, 색상, 폰트 등을 가르치는 사람이 아니다. 그러나 나는 사업 초기부터 온라인상에서의 평판이나 신뢰가 매우 중요하다는 것을 알았고, 이는 오늘날 브랜드 관리의 핵심이 되었다.

논란의 여지가 많은 주장이겠지만, 나의 PLF 코칭 프로그램은 온라인 마케팅 교육 분야에서는 현시점 최고의 브랜드라고 자부한다. 처음 출시했던 2005년만 하더라도 나의 프로그램은 수많은 온라인 마케팅 교육 프로그램들 가운데 하나일 뿐이었다. 하지만 수많은 온라인 마케팅 교육 프로그램들 중에서 사람들이 인식하는 브랜드가 된 건 내 프로그램이 처음이다. PLF 코칭 프로그램 이전의 것들은 온라인상에서 평판이나 신뢰를 만들어내는 데 실패했고, 대부분은 시장에서 존재감을 갖지 못한 채 사라졌다.

물론 내가 사업을 시작할 때부터, 내 프로그램을 브랜드화하고 새로운 비즈니스 모델을 만들겠다는 계획을 가지고 있던 건 아니다. 나는 그저 제품을 런칭하는 효과적인 방법을 알고 있었고, 그 방법을 다른 사람들에게 판매했을 뿐이다. 나는 내 공식을 계속 개선했고, 공식을 이용하는 사람들 중에서 성공하는 사람들이 계속 생겨났다. 그렇게 오랜 시간이 흐르자 PLF는 사람들 사이에서 인지도를 갖는 브랜드가 되었다.

　이제 다시 콘텐츠 공개에 대한 이야기로 돌아가보자. 말했다시피, 당신이 시장에서 존재감을 갖기 위해서는 지속적으로 콘텐츠를 공개해야 한다. 특히 온라인 사업을 하는 사람이 자신의 제품을 브랜드화하기 위해서는 지속적인 콘텐츠의 공개가 핵심이다. 글이든, 동영상이든, 음성이든, 그리고 앞으로 나오게 될 새로운 미디어 방식이 무엇이든, 그를 활용하여 꾸준히 사람들 앞에 콘텐츠를 공개해야 한다. 당신의 잠재고객이 많이 존재하는 소셜미디어를 찾아 콘텐츠를 공개하라.

　소셜미디어는 콘텐츠를 공개하는 매우 유용한 플랫폼이다. 당신의 앞에는 훌륭한 플랫폼이 마련되어 있고, 그 플랫폼에는 많은 사람이 머물고 있다. 당신이 할 일은 그 플랫폼으로 들어가 잠재고객을 찾고, 그들 앞에서 꾸준히 콘텐츠를 공개하는 것이다. 소셜미디어에서는 당신이 공개한 콘텐츠에 대한 사람들의 의견을 즉각적으로 파악할 수 있다. 사람들의 의견을 반영하여 콘텐츠를 수정함으로써 사람들의 긍정적인 반응을 크게 늘릴 수 있다.

　소셜미디어 활동을 열심히 하여 팔로워 수나 구독자 수가 늘면 사회적 검증이나 권위 같은 심리적 방아쇠가 활성화된다. 소셜미디어 사용자들은 당신 계정의 팔로워 수나 구독자 수를 확인할 수 있고, 당신이 어느 정도 수준에서 다른 사람들과 소통하고 있는지도 어렵지 않게 알아볼 수 있다.

　소셜미디어 활동이라는 게 결코 쉬운 일은 아니다. 다른 사용자들에게 검색되거나 추천되기 위해 계속 방법을 강구해야 하고(그래야 애써 공개하는 콘텐츠들을 많은 사람들에게 보여줄 수 있다), 플랫폼마다 접근 방식도 달라지기 때문에 계속 공부해야 한다. 예를 들면 인스타그램에서는 릴스와 스토리를 만들고, 페이스북에서는 라이브 방송과 그룹 활동을 하고, 핀터레스트에는 짧은 동영상을 만들어 올리는 식으로 접근하게 된다. 유행하는 소셜미디어 플랫폼과 미디어 방식은 날씨만큼이나 다채롭게 변화한다. 어떤 플랫폼에서 어떤 방식으로 콘텐츠를 공개하든, 콘텐츠 공개의 기본 방식은 PLC의 공개를 참고하기 바란다.

온라인에서
나와 같은 사람을 만나다

캐시 헤이는 빅토리아 시대 스타일의 코르셋과 드레스를 만드는 일을 한다. 이 일은 그의 오랜 꿈이었다. 캐시가 만드는 옷들은 기본적으로 입을 수 있는 것들이지만, 예술 작품이라고 할 수 있을 정도로 수준이 높다. 그리고 캐시는 다른 사람들에게 빅토리아 시대의 옷 만드는 법을 가르쳐주는 온라인 멤버십 사이트도 운영하고 있다.

그가 멤버십 사이트를 운영한 건 벌써 13년째다. 원래 사이트에서 나오는 수입은 꽤 적었다. 하지만 5년 전에 그는 돈을 더 많이 벌어야 한다는 생각에 절실해졌고, 사업을 한 단계 더 성장시키기로 결심했다. 캐시가 PLF를 알게 된 것은 바로 그 무렵이었고, 그 이후 그의 사업은 빠른 성장을 거듭해오고 있다. 캐시가 자신의 첫 번째 런칭에서 발생시킨 매출은 수만 달러였는데, 그건 시작일 뿐이었다. 이 책을 쓴 시점에서 18개월 전에 진행한 런칭에서는 거의 10만 달러에 가까운 매출을 발생시켰다. 최근 마무리 된 런칭에서 곧 75만 달러의 매출을 발생시켰다고 전해왔다. 대단한 성과다!

빅토리아 시대의 코르셋과 드레스라면 매우 작은 틈새시장이 분명한데, 그런 시장에서 캐시는 어떻게 75만 달러의 매출을 발생시킬 수 있었을까? 게다가 코르셋이라고 하면 온라인으로 광고를 하기에도 어렵다. 대부분의 플랫폼에서 코르셋을 성인물 검색어로 보고 있기 때문이다.

캐시는 오롯이 소셜미디어를 이용하여 자신의 이메일 리스트를 늘리고 있는데, 소셜미디어 시대 이전에도 그는 온라인 포럼이나 라이브 저널 같은 온라인 커뮤니티에서 사람들과 교류하며 이메일 리스트를 늘렸었다.

온라인은 취미나 관심사를 공유하는 다른 사람들을 만날 수 있는 가장 손쉬운 공간이며, 이미 1990년대부터 사람들은 온라인상에서 모임을 만들고 활동을 해오고 있다. 디지털 세상이 시작되며, 세계 각지에 소수로 존재하는 동호인들까지도 모임을 만들 수 있게 되었다. 지금은 이런 일이 당연하게 여겨지지만, 30년 전만 하더라도 빅토리아 시대의 코르셋과 드레스 제작에 관심을 갖는 사람들을 사업하기에 충분한 숫자로 찾는 건 무척이나 어려웠다. 그런 사람들을 같은 지역에서 찾는 건 사실상 불가능하고, 해당 주제로 대화나 소통은 상상도 못하고 정보를 찾는 것조차 쉬운 일이 아니었다.

이와 관련하여 캐시는 다음과 같이 말했다. "학교에서 저는 이상한 아이였어요. 그런데 온라인에는 저와 같은 이상한 사람들이 잔뜩 있더라고요. 우리는 이 공간에서 함께 대화를 나누고, 서로에게 많은 것을 배워요." 소셜미디어를 통해 알게 된 사람들과 교류하고, 관계를 만들고, 그들과 온라인 커뮤니티를 형성함으로써 캐시는 성공을 이루어낼 수 있었다. 당신 역시 이와 같은 방식을 이용할 수 있다.

처음에 캐시는 전통 의상 제작에 관심 있는 사람들이 모이는 온라인 포럼에서 활동하며 온라인상에서의 존재감을 만들어갔다. 그는 다른 사람들의 질문에 답을 해주면서 온라인 커뮤니티 내에서 중요한 멤버로 인식되기 시작했고, 그런 존재감을 기반으로 자신의 멤버십 사이트를 만들었다. 온라인 포럼에서 다른 사람들에게 가치를 제공하며 쌓은 존재감과 신뢰는 사업의 기반이 되었다.

캐시의 현재 소셜미디어에서의 활동은 예전 온라인 포럼에서의 활동을 옮겨온 것이다. 캐시는 인스타그램과 유튜브 활동을 주로 한다. 그는 매주 한 개 이상의 동영상을 유튜브에 올리고 있는데, 유튜브 구독자 수는 11만 명이 넘는다. 빅토리아 시대 코르셋과 드레스라는 주제를 고려하면 엄청난 숫자다. 인스타그램에는 자신의 작업물과 학생들의 작업물을 지속적으로 올리고 있다.

캐시는 소셜미디어 팔로워들을 자신의 이메일 리스트로 이동시키는 일도 꾸준히 한다. 이메일 리스트를 기반으로 매년 2회의 런칭을 진행 중이다. 꾸준한 소셜미디어 활동이 대규모 이메일 리스트로 이어지고, 이 이메일 리스트가 기반이 되어 성공적인 사업이 만들어졌다.

소셜미디어를 이용한
이메일 리스트 만들기

소셜미디어에 관한 나의 철칙은 소셜미디어 팔로워 리스트를 이메일 리스트로 인식하지 않는 것이다. 소셜미디어의 팔로워 리스트는 이메일 리스트를 만들기 위한 과정일 뿐이다. 남의 땅, 그러니까 임차한 땅 위에 엄청난 건축비가 들어가는 드림 하우스를 짓는 사람은 없다. 마찬가지다. 당신의 가장 소중한 사업 자산을 임시로 빌려 사용하는 플랫폼 위에 구축해서는 안 된다(이메일 리스트는 온라인 비즈니스를 하는 사람에게는 가장 소중한 자산이다).

당신의 잠재고객 리스트를 소셜미디어 플랫폼에만 두지는 말라는 의미다. 소셜미디어의 팔로워 숫자가 본격적으로 증가하기 시작하면 그 팔로워 리스트를 당신의 이메일 리스트로 옮기려고 해야 한다. 이는 매우 중요한 작업이다. 어떤 소셜미디어 플랫폼이든 단 며칠 만에 정책을 바꾸거나 서비스를 중단할 수 있으며, 당신의 팔로워 리스트를 더이상 이용하지 못하게 될 수도 있다. 그래서 소셜미디어 팔로워 리스트를 이메일 리스트로 옮겨놓으라고 말하는 것이다.

이 작업은 결코 쉬운 작업은 아닐 것이다. 하지만 절차가 복잡하지도 않다. 지난 3장에서 다룬 이메일 리스트 만들기의 내용을 따르면 된다. 우선 당신의 웹페이지에 리드 마그넷을 사람들이 이메일 주소를 제공하고 회원가입을 할 수 있는 시스템을 만든다. 그리고 소셜미디어 팔로워들에게 그 리드 마그넷의 내용과 리드 마그넷을 받아볼 수 있는 웹페이지 링크를 알려준다.

사실 소셜미디어 사용자들은 자신이 사용하고 있는 플랫폼을 떠나는 걸 좋아하지 않는다. 소셜미디어 플랫폼 쪽에서도 사용자들을 자신들의 플랫폼에 계속 머무르게 하기 위해 다른 인터넷 서비스로의 이동을 꽤 까다롭게 만들어놓는 게 일반적이다. 여기에는 온갖 장치들이 동원된다. 마치 라스베이거스의 카지노 같다. 손님들이 카지노 밖으로 쉽게 나가지 못하도록 여러 가지 장치들을 사용하여 출구 찾기를 어렵게 한다.

그러나 소셜미디어 팔로워 리스트를 당신의 이메일 리스트로 옮기는 일은 반드시 해야만 하는 중요한 작업이다. 당신의 웹사이트를 소개하는 콘텐츠를 만들어 소셜미디어에 포스팅할 수도 있고, 여러 가지 해시태그를 이용할 수도 있고, 리드 마그넷의 동영상 일부를 소셜미디어에 올릴 수도 있다. 조금만 창의력을 발휘하면 방법은 많다. 다음과 같은 제목으로 콘텐츠를 만들어 팔로워들을 직접적으로 초청하는 방법도 있다. "_____를 받아보고 당신의 이메일 주소를 남겨주세요" "_____를 보고 싶지 않으신가요? 그와 관련된 뉴스레터를 받아보세요," "제 웹사이트에 오시면 _____에 관한 정보를 전부 받아보실 수 있습니다"

소셜미디어 팔로워들 가운데 이메일 리스트까지 따라가는 사람들은 중요한 고객이 될 가능성이 매우 크다. 이메일 리스트에 있는 사람들은 서로 동등하지 않다. 소수의 주인공들이 있고, 이들은 다른 고객들보다 더 중요하다.

이메일 리스트의
유용성

당신의 이메일 리스트에 있는 잠재고객에게는 그들이 사용하는 소셜미디어를 통해서도 접근할 수 있다. 그래서 이메일 리스트가 중요하다고 계속 강조하는 것이다. 페이스북, 인스타그램, 유튜브, 핀터레스트, 링크드인 등등을 비롯한 수많은 소셜미디어 플랫폼들은 이메일 주소를 기반으로 사용자들을 관리한다. 따라서 당신의 이메일 리스트의 잠재고객을 소셜미디어에서도 찾아볼 수 있다. 이메일과 (잠재고객이 즐겨 방문하는) 소셜미디어를 통해 동시에 마케팅을 진행한다면 그 효과는 매우 커질 수 있다. 나는 여전히 이메일이 최고라고 생각하지만, 접근 경로가 다양할수록 잠재고객에게 닿을 가능성은 더욱 커진다.

소셜미디어로
런칭의 성과를 높이라

소셜미디어는 런칭의 성과를 높일 수 있는 매우 멋진 도구다. 프리-프리런칭, 프리런칭, 오픈 카트의 각 단계마다 당신은 소셜미디어 팔로워 리스트로 많은 것을 할 수 있다.

다만 이를 위해서는 매우 부지런해야 한다. 사람들은 스마트폰이나 컴퓨터를 할 때 무척이나 바쁘다. 이메일도 확인하고, 여러 소셜미디어에서 새로운 콘텐츠를 확인하고, 그 밖에도 많은 것들을 본다. 만약 다수의 소셜미디어 팔로워 리스트를 동시에 관리하면서 이메일까지 활용한다면 런칭 과정 내내 정말로 많은 수의 잠재고객을 대상으로 마케팅을 행할 수 있다. 당신의 잠재고객이 어떤 소셜미디어 플랫폼에 모여 있는지 확인하고, 당신도 그곳에서 그들과 소통하라. 페이스북, 인스타그램, 유튜브, 링크드인, 핀터레스트, 틱톡, 클럽하우스 중 당신의 잠재고객은 어느 곳에 있는가? 그런데 소셜미디어의 숫자는 정말로 많다. 이 모든 곳을 전부 관리할 수는 없다. 잠재고객과 대화를 나누고, 그들이 주로 어떤 플랫폼에서 모이는지를 확인하고, 당신은 그 소수의 플랫폼만을 관리하면 된다.

런칭의 출발점인 프리-프리런칭부터 생각해보자. 프리-프리런칭에서는 당신의 제품에 대한 시장의 관심을 이끌어내고, 그러한 관심을 기반으로 제품에 대한 시장의 거부감을 파악하고, 시장의 관심도를 확인하게 된다. 이때 당신의 소셜미디어 팔로워들이 충분히 많다면 소셜미디어는 이러한 작업을 수행하기에 최적의 공간이 된다.

내가 '시장에 대한 경고사격'으로 표현하는 프리-프리런칭은 다방면에서 이루어질수록 효과적이다. 프리-프리런칭 단계에서는 제품

이야기는 하지만, 실제 판매와 관련된 활동은 하지 않는다. 다만 잠재고객에게 제품에 대한 의견을 묻거나 제안을 요청하는 것은 프리-프리런칭 단계의 중요한 활동이다.

프리-프리런칭에서는 기본적으로 이메일 리스트의 잠재고객에게 이메일을 보내 앞으로 판매될 제품이나 프로젝트에 관한 소식을 알리고, 일정 수준의 피드백을 요청한다. 이 기본적인 접근법을 따르는 것만으로도 충분하다. 하지만 소셜미디어를 통한 소통은 매우 빠르고 간편하기 때문에 프리-프리런칭의 접근 범위를 소셜미디어로 넓히는 것도 고려해볼 만하다. 본격적인 프리-프리런칭의 시작에 앞서 당신이 판매하려는 제품이나 프로젝트에 관한 언급을 소셜미디어에 짧게 올리는 것으로 시작하라.

판매를 위한 메시지를 전하라는 게 아니다. 소셜미디어를 통해 새로운 제품에 대한 소식을 짧게 언급하는 것으로 충분하다. 이때 새로운 제품 개발 과정에서 겪었던 도전, 시행착오, 고생, 그리고 성취감 같은 이야기를 할 수도 있다. 사람들은 개발 과정에 자신이 직접 참여한 제품이 성공하기를 바라고, 그 제품의 성공을 돕고 싶어 한다. 따라서 제품 개발 과정을 잠재고객과 공유하는 것은 좋은 전략이 된다(소셜미디어는 이러한 전략을 수행하기에 매우 좋은 곳이다).

이 책(미국판)을 출간할 당시에 내 소셜미디어 팔로워들에게 책의 표지 디자인을 골라줄 것을 부탁했다. 여러 개의 표지 디자인 시안을 소셜미디어에 올리고 투표를 진행했다. 이를 통해 나는 내 새로운 책의 제작에 잠재고객을 참여시켰고, 출간 몇 달에 앞서 내 책에 대한 시장의 관심과 기대를 불러일으켰다. 출간된 이후 다수의 베스트셀러 리스트에서 1위를 차지했는데, 소셜미디어를 이용한 프리-프리런칭 전략이 이와 같은 성과에 어느 정도 기여를 했을 거라고 생각한다. 또 다른 런칭에서는 제품 출시 몇 달 전에 제품의 예고편 형식으로 동영상 몇 개를 만들어 소셜미디어에 올리고는 내 팔로워들에게 어떤 동영상이 제일 마음에 드는지를 물어보기도 했다. 프리 - 프리런칭 단계에서 소셜미디어는 팔로워들과 소통하며 당신의 제품에 대한 그들의 관심을 이끌어내는 데 이용될 수 있으며, 여기서 중요한 것은 팔로워들의 직접적인 참여다.

유료 트래픽과 소셜미디어

소셜미디어의 가장 유용한 점 가운데 하나는 거의 모든 소셜미디어 플랫폼들이 유료 광고를 허용하고 있다는 것이다. 유료 광고는 유료 트래픽이라고도 불리는데, 유료 트래픽을 빼놓고는 소셜미디어 이야기를 할 수 없을 정도다. 이 이야기를 기다린 독자들도 꽤 있을 것이다. 사실 유료 트래픽은 그 자체로 엄청난 주제이기 때문에, 다음 장에서 별도로 다루려고 한다.

소셜미디어가 가장
빛을 발하는 런칭 단계

런칭의 전체 과정에서 소셜미디어가 가장 빛나는 단계는 프리런칭 단계다. 프리런칭 단계에서 가장 중요한 것은 잠재고객이 PLC를 보게 되는 것인데, 이를 위해 내가 오랫동안 사용해온 주요한 도구는 이메일이었다. 새로운 PLC를 공개할 때마다 나는 이메일 리스트의 잠재고객에게 이메일을 보내 그러한 사실을 알리려고 했다. 하지만 지금은 소셜미디어도 함께 사용하고 있다. 소셜미디어를 통해 내 팔로워들에게도 새로운 PLC의 공개를 알리고 있다.

　이때 중요한 것은 이메일 리스트와 소셜미디어 팔로워 리스트를 서로 다른 별개의 것으로 생각하면 안 된다는 점이다. 이메일 리스트와 팔로워 리스트 모두를 한 거대한 플랫폼의 구성 요소로 인식하라. 새로운 PLC를 공개하게 되면 이메일 리스트와 소셜미디어 팔로워 리스트에 있는 모든 사람들에게 그러한 사실을 알려야 한다. 페이스북이나 핀터레스트에서는 사진 링크를 인스타그램이나 클럽하우스나 틱톡에서는 바이오 링크를 업로드하라. 더 많은 사람을 PLC로 이끌기 위해서는 창의력을 발휘해야 한다. 런칭 웹사이트로 사람들을 이끌 때 소셜미디어 게시물로 이용할 수 있는 콘텐츠 유형들을 소개할 테니 참고해도 좋다.

○ 성공의 뒷이야기를 알려주는 짧은 동영상

○ 오픈 카트까지의 카운트다운(혹은 카트 클로징까지의 카운트다운)

○ 얻게 될 이점들: 변화는 잠재고객에게 무엇을 가져다주는가?

○ 신제품 미리 들여다보기(혹은 부가 선물 들여다보기)

○ 잠재고객을 주저하게 만드는 기존의 통념 부수기

○ 미래 엿보기: 5년 후 잠재고객의 모습은?

○ '다른 사람들'이 실패하는 이유

○ FAQ-프로그램에 대한 자세한 소개

○ 관련 분야 유명인과 함께 찍은 사진

○ 훈계: 잠재고객에게 필요하지 않은 것, 왜 그것들을 피해야 하는가

○ 잠재고객에게 용기를 불어넣어주는 인터넷 밈들

○ 기존 사용자들의 성공 후기, 성공 사례

○ 실제 사례 시범

○ 빠른 성공을 위한 몇 가지 팁

○ 출시 예정 제품에 관한 투표(그리고 팔로워들의 의견 수용)

○ 관련 분야 유명 인플루언서의 언급이나 소개

○ 연속 시리즈: 간단한 사용법 설명

온라인 비즈니스 사업가에게 이상적인 세계에서는 이메일 리스트와 소셜미디어 팔로워 리스트가 서로 100퍼센트 일치할 것이다. 그와 같은 세계에서 당신의 소셜미디어 팔로워들은 전부 당신의 이메일 리스트에 등록되어 있고, 당신의 이메일 리스트에 있는 사람들은 전부 당신의 소셜미디어를 팔로우하고 있다. 그래서 당신이 어느 한 경로를 통해서만 새로운 PLC의 공개를 알리더라도 당신의 잠재고객 모두는 그러한 사실을 알게 된다. 그러나 현실은 너무나도 다르다. 그렇기 때문에 어느 한 경로를 통해서만 런칭과 관련된 소식을 전하는 것보다는 동시에 두세 개의 경로를 통해 런칭과 관련된 소식을 전하는 게 잠재고객에게 정보를 전달하게 될 가능성을 크게 높이게 된다.

오픈 카트를 진행할 때도 동시에 두세 개의 경로를 통해 잠재고객과 소통해야 한다. 카트를 닫을 때까지의 전체 오픈 카트 과정에서 이루어지는 잠재고객과의 소통은 이메일만이 아니라 소셜미디어를 통해서도 이루어져야 한다. 오픈 카트 기간에 추가로 콘텐츠를 공개하는 경우 소셜미디어 팔로워들에게도 그러한 사실을 알리도록 하라. 11일 동안 오픈 카트를 진행한다면 이렇게 타임라인을 짤 수 있다.

1일 차: 첫 번째 PLC 공개, 이메일과 소셜미디어를 이용한 공지

2일 차: 이용 중인 모든 소셜미디어에 첫 번째 PLC 소식 포스팅

3일 차: 두 번째 PLC 공개, 이메일과 소셜미디어를 이용한 공지

4일 차: 이용 중인 모든 소셜미디어에 두 번째 PLC 소식 포스팅

5일 차: 세 번째 PLC 공개, 이메일과 소셜미디어를 이용한 공지

6일 차: 이용 중인 모든 소셜미디어에 세 번째 PLC 소식 포스팅

7일 차: 오픈 카트, 이메일과 소셜미디어를 이용한 공지

8일 차: 새로운 콘텐츠, 이메일과 소셜미디어를 이용한 공지

9일 차: FAQ, 이메일과 소셜미디어를 이용한 공지

10일 차: 케이스 스터디, 이메일과 소셜미디어를 이용한 공지

11일 차: 카트 클로징, 이메일과 소셜미디어를 이용한 공지

이 사례에서는 런칭 기간 내내 소셜미디어를 매일 이용하게 된다. 실제로 런칭을 진행하다 보면 하루에도 여러 번씩 소셜미디어에 런칭과 관련된 소식을 올리게 된다. 이게 이메일과 소셜미디어의 커다란 차이점이다. 이메일 리스트의 사람들에게 하루에 여러 통의 이메일을 보내면 이메일 수신자들은 상당한 피로감을 느끼지만, 소셜미디어는 하루에 여러 개의 포스팅을 하는 게 당연하게 받아들여지는 곳이다. 어차피 당신이 소셜미디어에 올린 콘텐츠는 다른 많은 사용자들의 콘텐츠에 금세 묻히게 된다. 그리고 당신이 소셜미디어에 올리는 콘텐츠에 대한 평가는 팔로워 숫자를 통해서도 가능할 수 있다. 팔로워 숫자가 늘어나고 있다면 별로 걱정할 일은 없다는 뜻이다.

페이스북 그룹을 이용하는 법

지금까지 특정 소셜미디어 플랫폼 하나만을 놓고 이야기하는 건

최대한 피해왔는데 페이스북 그룹 기능만큼은 이 원칙을 예외로 해야 할 것 같다. 너무나도 유용한 기능이기 때문이다. 페이스북 그룹은 특정 관심사를 공유하는 사람들끼리 온라인상에서 모일 수 있도록 해주는 기능인데, 그룹 내에서 콘텐츠를 포스팅하고 서로 대화를 나눌 수도 있다. 페이스북 이용자라면 누구나 그룹을 생성할 수 있고, 그룹을 생성한 사람은 그룹의 목적과 그룹 내에서 통하는 규칙을 정할 수 있다.

런칭을 진행하는 입장에서 페이스북 그룹을 이용하는 가장 좋은 방법은 특정 런칭에 관심을 보이는 사람들만을 대상으로 그룹을 생성하는 것이다. 이렇게 하면 페이스북 그룹은 PLC를 공개하는 또 하나의 경로가 된다. 그리고 런칭 컨버세이션의 범위를 넓히는 수단이 되기도 한다. 나는 페이스북 그룹 기능을 유용하게 사용하고 있으며, 이를 통해 런칭의 성과를 더욱 높이고 있다. 지금까지 나는 다수의 페이스북 그룹들을 생성했고, 그 안에서는 방대한 분량의 런칭 컨버세이션이 이루어졌다. 잠재고객은 페이스북 그룹에서 공개된 당신의 PLC에 대해 의견을 남기거나 질문을 할 수 있고, 그것을 바탕으로 잠재고객과의 소통을 더욱 확장해나갈 수 있다.

물론 이제 처음 런칭을 진행하는 경우라면 페이스북 그룹까지 활용할 시간적, 정신적 여유는 없을 것이다. 페이스북 그룹의 활용은 런칭 경험을 어느 정도 쌓은 이후에 생각해도 좋다. 하지만 런칭에 어느 정도 능숙해진 이후라면 페이스북 그룹의 활용은 런칭의 성과를 높이는 좋은 방법이 된다.

물론 페이스북 그룹만 이와 같은 기능을 제공하는 건 아니다. 잠재고객과 소통하고, 런칭 컨버세이션을 진행하고, 잠재고객에게 더 많은 정보를 제공하고, 상호간에 신뢰를 높일 수 있는 수단을 제공하는 다른 소셜미디어들도 많이 있다. 에이미 스몰은 인스타그램으로, 캐시

헤이는 유튜브로, 앤 라폴리트는 페이스북의 라이브 기능으로 미래의
고객들과 소통했다. 이들은 소셜미디어를 활용하여 큰 성과를 이끌어
냈으며, 이와 같은 일은 당신에게도 일어날 수 있다.

미래의 언젠가는 페이스북의 그룹 기능이 사라질지도 모른다(혹
은 페이스북 그룹의 포맷이나 규정이 지금과는 완전하게 달라질지도 모른다).
하지만 소셜미디어 플랫폼 내의 '모임'이라는 기능과 개념은 앞으로도
계속 존속할 것이다.

소셜미디어를
런칭 플랫폼으로 활용하기

PLF는 꾸준히 진화하는 시스템이며, 나는 언제나 PLF에 새로운
방식을 도입하려고 한다. 그리고 가장 최근의 시도는 소셜미디어 플랫
폼에서 전체 런칭 과정을 진행했던 것이었다.

나는 런칭과 관련된 최대한 많은 변수들을 사업가가 직접적으로
통제해야 한다고 생각하기 때문에 전체 런칭 과정을 소셜미디어 플랫
폼에서 진행한다는 것은 나로서는 상당히 파격적인 아이디어였다. 소
셜미디어를 런칭 플랫폼으로 사용하면 런칭 준비 시간을 크게 줄일 수
있고, 웹사이트의 관리 같은 기술적인 부담도 크게 줄어들기 때문에 그
냥 지나쳐보낼 수 없는 기회였다.

우리는 페이스북을 런칭 플랫폼으로 이용했다. 페이스북을 통해
PLC와 오픈 카트 콘텐츠를 공개하는 식으로 진행했다. 라이브런칭 방
식으로 이 실험을 진행했으며, 라이브 방송은 전부 페이스북의 라이브
기능을 이용했다. 물론 회원가입이나 주문 등의 과정은 우리의 웹사이

트에서 진행했다.

우리는 페이스북에 그룹을 생성하고, 그곳에 콘텐츠들을 올리고, 그곳에서 잠재고객과 소통했다. 라이브 방송도 그곳에서 진행했다. 우리는 이메일 리스트에 있는 사람들을 페이스북 그룹으로 초청했으며, 새로운 잠재고객을 런칭으로 이끌기 위해 유료 광고도 진행했다.

결과는 대단했다. 매출도 많이 나왔고, 기술적인 부담이 크게 줄어들었기 때문에 일반적인 런칭보다 훨씬 더 빠르고 쉽게 런칭을 진행할 수 있었다. 이는 처음 런칭을 진행하는 사람들에게 특히 좋은 소식이다.

반드시 알아야 할
소셜미디어의 단점

소셜미디어에 장점만 있는 건 아니다. 따라서 소셜미디어 전략을 수립하고 실행하기에 앞서 소셜미디어의 단점, 혹은 위험성에 대해서도 이해할 필요가 있다. 소셜미디어에 접근할 때 주의하지 않으면 시간적으로도 금전적으로도 상당한 손실을 볼 수 있다.

우선 소셜미디어에 콘텐츠나 관계성을 축적해두는 건 모래밭 위에 건물을 짓는 것과 마찬가지라는 걸 이해해야 한다. 소셜미디어의 세계는 안정된 세계가 아니다. 그곳은 급격하게 변화하는 곳이며, 가까운 미래에 뭐가 어떻게 될지는 그 누구도 알 수 없는 곳이다. 시장 지배적인 지위에 있는 거대한 소셜미디어 플랫폼이라고 해서 예외가 되는 것은 아니다.

당신은 마이스페이스Myspace를 기억하는가? 오늘날 우리가 알고 있는 소셜미디어의 출발점이자, 한때는 소셜미디어 세계를 지배했던 플랫폼이다. 이 글을 쓰고 있는 시점에도 마이스페이스는 존재하고 있다. 하지만 그곳은 이제 유령도시와 마찬가지다. 누구도 그곳에 가지 않는다. 구글 플러스Google Plus는 또 어떤가? 구글 플러스는 구글이 전사적으로 성공에 상당한 의지를 보이며 직원들의 성과급을 구글 플러스의 성과에 직접적으로 연동시키겠다고 발표했을 정도였다. 그러나 구글 플러스 역시 서비스 중단 상태다. 현시점 소셜미디어의 최강자 페이스북조차 특정 연령대에서는 별로 힘을 발휘하지 못하고 있는 것 같다 (우리 집 아이들은 페이스북에 대해 '나이 많은 사람들이 쓰는 것'이라고 말을 한다). 젊은 세대에서는 인스타그램, 틱톡, 클럽하우스가 인기가 높다.

소셜미디어의 세계에서 안정적인 것은 아무것도 없다. 당신이 선택한 소셜미디어 플랫폼에서 당신의 잠재고객이 갑자기 사라질 수도 있고 (소셜미디어 사용자들은 특별한 이유도 없이 그냥 사라진다) 아니면 소셜미디어가 서비스를 중단할 수도 있다. 이렇게 되면 해당 소셜미디어 플랫폼에서 팔로워들을 만들기 위해 당신이 투입한 시간과 돈과 노력은 모두 무위로 돌아간다.

근본적인 문제도 있다. 당신의 소셜미디어 팔로워 리스트는 당신의 것이 아니라는 사실이다. 소셜미디어 사용자들은 팔로워들을 만들고 유지하기 위해 많은 노력을 행했고, 팔로워들과 인간적으로 친밀한 관계를 맺고 있기 때문에 팔로워 리스트를 자신이 완전하게 통제하고 관리한다고 생각한다. 그러나 팔로워 리스트를 통제하고 관리하는 주체는 소셜미디어 플랫폼이다. 그리고 소셜미디어 플랫폼 측에서는 언제든지 운영규정을 바꿀 수 있다. 심지어 그들은 단지 소셜미디어 플랫폼 내에서의 당신의 활동이 마음에 들지 않는다는 이유로 당신의 소셜미디어 계정을 폐쇄해버릴 수도 있다.

아직 온라인 세계에서의 경험이 많지 않은 사람이라면 너무 멀리

간 이야기라고 치부해버리고 싶을 것이다. 플랫폼의 규정만 잘 지키고, 법을 어기거나 윤리적으로 문제되는 행동만 하지 않으면 계정 폐쇄까지는 당하지 않을 것이다. 그렇지 않은가? 그리고 소셜미디어 사업자들은 중간에 갑자기 운영규정을 바꾸지는 않을 것이다. 그렇지 않은가?

나도 '그렇다'라는 답을 하고 싶다.

하지만 나는 온갖 말도 안 되는 이유로 계정 폐쇄를 당하는 사람들을 많이 봐왔다. 소셜미디어의 계정 폐쇄는 그야말로 예측 불가다(당신이 정성을 들인 소셜미디어 플랫폼에서는 단지 다른 사람들로부터 항의가 많이 들어온다는 이유로, 혹은 정치적으로 올바르지 않다는 이유로 당신의 계정을 폐쇄할지도 모른다). 순전히 플랫폼 담당자의 실수로 계정이 사라지는 일도 있다. 어이없는 상황이지만, 실제로 일어나고 있는 일이다. 내 경우만 하더라도 얼마 전에 비밀번호를 몇 차례 잘못 입력해서 소셜미디어 계정 하나가 정지된 일이 있다. 나는 계정 정지를 풀기 위해 다방면으로 노력했으나 해당 소셜미디어 플랫폼의 담당자와는 연락을 할 수가 없었다. 이와 같은 문제는 해결되는 경우가 많지만, 해결되기까지 몇 주 이상 걸리기도 한다. 더 길어질 수도 있다!

그런가 하면 소셜미디어 플랫폼의 서비스 약관에 대해서도 숙지하고 있어야 하고, 소셜미디어 플랫폼마다 서로 다른 알고리즘에 대해서도 파악하고 있어야 한다. 서비스 약관에 위배되는 일을 하면 당신의 계정은 정지되거나 폐쇄될 수 있고, 알고리즘이 원하는 콘텐츠를 만들어내지 않으면 계정은 살아 있더라도 아무도 찾지 않는 계정이 된다(지속적으로 콘텐츠를 만들어 올리더라도 당신의 콘텐츠는 사람들에게 노출되지 않는다).

소셜미디어의 단점은 여기서 끝이 아니다. 반드시 언급하고 넘어가야 할 문제점들이 두 가지가 더 있다.

우선 하나는 소셜미디어에서 사람을 모으는 일, 즉 팔로워들을 늘리는 일이 비용이 하나도 들지 않는 일이라고 생각하기 쉽다는 것이다. 소셜미디어 내에서 잠재고객이 어디에 있는지를 찾고 그들과 소통을 하면 자연스럽게 팔로워들이 늘어난다고 생각하는 것이다.

그러나 팔로워들을 늘리는 일은 공짜가 아니다. 직접적으로 돈을 쓰지는 않을지도 모른다. 하지만 돈보다 더 가치 있는 걸 써야 한다. 바로 당신의 시간 말이다. 소셜미디어에서 팔로워들을 늘리기 위해서는 시간을 쓰거나, 돈을 쓰거나, 아니면 둘 모두를 써야 한다. 사람들은 팔로워들을 늘리기 위한 유료 트래픽, 즉 유료 광고에 지출한 돈은 분명하게 지출로 인식을 한다. 그러나 팔로워들을 늘리기 위해 사용한 시간에 대해서는 뭔가를 썼다는 인식을 하지 않는 경우가 많다. 소셜미디어에 콘텐츠를 올리는 데도 시간을 써야 하고, 팔로워들과의 소통에도 시간이 사용되어야 한다. 그리고 팔로워들의 숫자를 유지하거나 늘리기 위해서도 시간이 필요하다.

사실 콘텐츠를 만드는 일은 요령이 붙으면 많은 시간을 들이지 않고도 가능하다. 그러나 소셜미디어 팔로워들과의 관계를 유지하는 일이라면 이야기가 다르다. 지속적으로 많은 시간을 투입해야 하며, 관심이나 투입 시간을 줄인다면 팔로워 숫자는 금세 줄어든다. 그런데 사업가들에게 (혹은 곧 사업가가 될 사람들에게) 가장 부족한 자원은 다름 아닌 시간이다.

소셜미디어 팔로워들을 늘리는 일은 결코 무료가 아니다. 시간과 노력이라는 큰 비용을 지불해야 한다. 시간 투입을 하지 말라는 소리가 아니다. 다만 소셜미디어를 이용하는 일은 공짜가 아니라는 사실을 인식해야 한다는 소리다. 공짜로 소셜미디어 팔로워들이 늘어나는 일은 없다.

그다음 문제점은 소셜미디어의 중독성이다. 소셜미디어 기업은 자신들의 서비스에 사람들을 붙잡아두기 위해 매년 수백만 달러를 (많은 경우 수십억 달러를) 사용한다. 그들은 가장 유능한 사회공학자들과 행동과학자들을 고용하고, 방대한 양의 실험 데이터를 활용하여 자신들의 소셜미디어를 중독적으로 만들기 위해 노력한다. 그리고 당신은 소셜미디어의 중독성에 대해 완벽한 면역력을 가진 사람이 아니다.

아마도 소셜미디어를 사용하면서 이렇게 생각할 수도 있다. "나는 단지 일을 위해 소셜미디어를 사용하고 있을 뿐이야. 나는 전문가이고, 잠재고객을 찾기 위해 여기에 있는 거야." 그리곤 귀여운 고양이가 나오는 동영상부터 찾아보다 정신을 차리면 3시간이 훌쩍 지나가 있는 것을 확인한다. 비즈니스를 위해 소셜미디어를 사용하는 것은 매우 위험한 환경에 스스로를 노출시키는 일이다. 당신은 엄청난 시간과 집중력을 상실할 수 있다. 소셜미디어 기업들은 당신의 시간을 두고 당신과 경쟁을 하는 상대방으로 봐야 한다. 그리고 누군가의 시간을 가져가는 데 있어 그들은 세계 최고의 실력가들이다. 게다가 경쟁 환경은 당신에게 매우 불리하다. 대부분의 승리는 그들의 것이다. 어쩌다 하루는 당신이 이길 수도 있다. 그러나 그들을 상대로 계속 이기는 것은 여간 어려운 일이 아니다.

당신은 시간과 노력과 집중력을 지키기 위해 노력해야 하며, 조금이라도 방심하다가는 소셜미디어 기업들과의 경쟁에서 패하게 된다.

그럼에도 소셜미디어가
엄청난 런칭 도구인 이유

소셜미디어에 대해 엄청난 경고를 해대기는 했지만, 온라인 비즈니스를 하는 사람들에게 있어 소셜미디어는 매우 훌륭한 도구다. 런칭을 진행할 때 반드시 사용해야 한다. 소셜미디어는 잠재고객을 찾아 그들과 소통할 수 있는 곳이고, 잠재고객의 희망, 공포, 꿈, 욕망 등에 대해 알 수 있는 곳이고, 이메일 리스트를 확장하는 기반이 되는 곳이다. 그리고 프리 - 프리런칭, 프리런칭, 오픈 카트 등 런칭의 모든 단계에서 더 많은 사람들을 참여시키고, 더 큰 성과를 이끌어내도록 해주는 효과적인 수단이 된다.

이제 소셜미디어는 런칭과 관련된 콘텐츠를 공개하는 주요한 경로가 되어가는 중이다. 소셜미디어 플랫폼에서 라이브 방송을 진행하고, 프리런칭 동영상을 공개하고, 잠재고객의 질문이나 의견에 실시간으로 대응할 수 있다. 소셜미디어 플랫폼에서는 유료 광고를 진행할 수 있는데, 이를 적절히 활용하면 소셜미디어의 힘은 더욱 증폭된다. 그 힘은 그대로 런칭의 성과로 이어질 수 있다.

: 13장 :

유료 트래픽,

잠재고객을 끌어당기는

지름길

온라인 비즈니스 쪽에서 나타난 가장 중요한 발전 가운데 하나는 유료 트래픽의 발전이다. 이제는 1인 기업이나 소기업들도 비교적 적은 비용의 광고를 이용하여 자신들의 사업이나 제품 쪽으로 대량의 트래픽을 만들어내는 일이 꽤 용이해졌다. 그리고 이러한 유료 트래픽은 우리가 진행하는 런칭에도 이용할 수 있다.

내가 처음 온라인 비즈니스를 시작했던 인터넷 암흑기에는 (1990년 대 중반의 이야기다) 이와 같은 유료 트래픽 효과 같은 건 불가능한 일이었다. 온라인 비즈니스의 웹사이트에 트래픽을 만들어내는 방법은 입소문이 나거나, 검색엔진의 상단에 노출되는 것뿐이었다(그 당시에는 열개 남짓한 주요 검색엔진들이 많이 사용되었는데, 구글은 아직 창업 전이었다).
1인 기업이나 소기업이 사용하기에 좋은 온라인 광고는 없던 때였다.

그러다 배너광고가 등장했다. 배너광고에 대해서는 부정적인 평가도 많았고, 초기의 온라인 배너광고는 표적시장에 대한 고려 없이 불특정 인터넷 사용자들에게 제시되는 방식이었다. 배너광고 다음에 등장한 건 클릭 횟수에 따라 광고비를 지불하는 PPC 광고였다. PPC 광고의 등장 이후 표적시장을 고려하는 광고 방식이 점차 발전하기 시작했는데, 당시에는 시작 단계에 머물러 있었다. 초기의 PPC 광고는 분명한 목적을 가지고 검색엔진을 사용하는 사람들에게만 효과가 있었다(인터넷 사용자들이 검색엔진에 '자물쇠 수리'와 같은 식으로 자신이 찾고자 하는 대상을 구체적으로 적시하는 경우에만 효과를 볼 수 있었다). 찾고자 하는 대상의 구체적인 호칭이나 기능을 잘 모르는 경우, PPC 광고는 잘 작동하지 않았다.

이와 같은 시절과 비교했을 때 최근의 온라인 광고 분야는 놀라울 정도로 크게 발전했다. 심지어 지난 몇 년의 기간만 놓고 보더라도 온라인 광고 분야의 발전 속도는 감탄을 자아낼 정도다. 인터넷이나 소셜미디어 사용자들의 취향이나 행동을 기반으로 소비자를 세분화하는 온라인 광고 분야의 역량은 그 어떤 광고 방식에서도 볼 수 없었던 수준으로 높아져 있다.

유료 트래픽은 사업가들이 사용할 수 있는 너무나도 강력한 도구다. 오늘날 온라인 광고는 잠재고객을 초세분화하는 수준을 넘어 잠재고객을 사업가들이 원하는 방향으로 이끄는 역량까지 갖추고 있다. 그리고 잠재고객의 취향과 행동에서 나타나는 다양한 요소들을 기반으로 최고 수준의 전환율을 이끌어낼 수 있도록 해준다.

현재 거대 광고 플랫폼들은 당신의 아바타를 찾기 위한 놀라울 정도로 정교한 알고리즘을 개발하여 활용하는 중이다. 게다가 그들은 자신들의 플랫폼을 이용하는 과정을 점점 더 간단하게 만들고 있기 때문에 그들의 알고리즘은 당신도 매우 유용하게 활용할 수 있다. 광고 플랫폼의 알고리즘을 이용할 때 더 많은 소비자 데이터를 입력한다면 당신은 매우 정교한 표적 세분화 자료를 받아낼 수 있고, 당신의 시장 접근 비용은 크게 줄어들게 된다.

콜드 트래픽과
웜 트래픽

유료 트래픽의 세계는 소셜미디어 세계와 마찬가지로 거의 매일 지형 변화가 일어나는 곳이다. 따라서 유료 트래픽에 관한 상세한 전술은 언급하지 않으려고 한다. 내가 여기서 구체적인 접근법에 대해 이야기를 하더라도, 이 책이 당신의 손에 들릴 무렵이면 그 접근법은 이미 구식이 되어 있을 것이기 때문이다. 대신에 나는 본질적인 유료 트래픽 전략에 대해 이야기를 하려고 한다. 유료 트래픽의 장점은 너무나도 크다. 특히 이제 막 사업을 시작하는 사람들에게는 그 장점이 더욱 빛을 발하게 된다(이에 대해서는 조금 있다가 자세히 다룰 것이다).

유료 트래픽 전략에 대해 본격적으로 이야기하기에 앞서 이번 장에서 사용될 용어 두 가지에 대해 설명할 필요가 있다. 바로 콜드 트래픽과 웜 트래픽이다. 콜드 트래픽은 당신을 전혀 모르는 사람들, 당신과 아무런 접촉이나 교류가 없던 사람들을 지칭한다. 이들은 당신의 이메일 리스트에 오른 적도 없고, 당신의 소셜미디어 팔로워였던 적도 없다. 반면에 웜 트래픽은 당신의 이메일 리스트에 올라있는 사람들, 당신의 웹사이트 방문 기록이 있는 사람들, 당신의 소셜미디어 팔로워 등을 의미한다. 정도의 차이가 있지만, 웜 트래픽은 당신을 알고 있거나 기억할 수 있다.

웜 트래픽과 콜드 트래픽에 대한 접근 방식은 서로 달라야 한다. 형식면에서도 다르고, 메시지 내용면에서도 달라야 한다.

콜드 트래픽이라는 성배

온라인 비즈니스를 하는 사람들에게 콜드 트래픽은 종종 성배처럼 느껴질 수 있다. 콜드 트래픽 1인당 광고비 1달러를 지출하면 그 1달러가 2달러의 매출로 되돌아올 수 있다는 제안이 주어졌다고 가정해보자. 당신은 이러한 제안을 받아들일 것인가? 사실 그 1달러가 1.1달러의 매출로 되돌아온다 하더라도 그냥 보낼 수는 없을 것이다.

콜드 트래픽에 대해 이 정도의 광고 효과를 실제로 거둘 수 있다면 그건 정말로 좋은 일이다. 만약 커다란 광고 효과가 확실하게 보장된다면 당신은 광고에 최대한 많은 지출을 집행하려 할 것이다. 광고비를 더 많이 쓸수록 더 많은 매출이 발생하기 때문이다.

그러나 현실은 그렇게 간단하지가 않다. 광고비 대비 매출액, 혹은 광고비 대비 매출 증가액을 의미하는 ROAS라는 수치가 있는데, 이 수치는 연중 고정된 채로 유지되는 게 아니다. 이 수치는 경쟁 상황, 계절, 그리고 다른 많은 요인들에 의해 계속 변하며, 특히 집행된 광고비의 규모에 따라서도 달라지게 된다.

어떤 시장에서든 인구통계학, 심리학, 그리고 다양한 표적 세분화 기준에 따라 당신의 아바타를 가려냈다면, 당신에게 가장 먼저 유입되는 잠재고객이 가장 좋은 잠재고객이다. 이들은 당신의 제품이나 서비스에 큰 관심을 가지고 있는 사람들이며, 당신의 메시지에 반응을 보인다. 당신의 제품이나 서비스를 구매할 가능성이 가장 큰 사람들이기도 하다. 다시 말해 가장 먼저 유입되는 잠재고객은 광고 효과가 가장 좋으며 판매 전환율도 가장 높게 나타나는 잠재고객이다.

이와 같이 당신의 메시지에 가장 잘 반응하는 최초의 잠재고객이 유입된 다음부터는 지출되는 광고비 대비 광고 효과는 떨어지기 시작하고, 유입된 잠재고객의 판매 전환율도 낮아진다. 많은 사업가들이 처음 광고를 하던 시절이 가장 사업하기 쉬웠던 시절이라고 느끼는 이유가 바로 이것이다. 이미 당신에게로 유입된 트래픽이 많아질수록 지출되는 광고비 대비 매출 증가액은 계속 낮아진다.

그렇다고 해서 콜드 트래픽에 대한 광고를 그만두라는 의미는 아니다. 콜드 트래픽은 온라인 비즈니스를 하는 사람들에게 여전히 성배다. 다만 사업 규모가 커지고 유입된 트래픽이 많아질수록 예전만큼 투입하는 비용 대비 효과를 거두기가 어려운 것뿐이다.

거대 광고 플랫폼들 중에는 이와 같은 문제에 대한 해법을 제시하는 경우도 있다. 그들의 광고 알고리즘에 당신이 더 많은 데이터를 투입하면, 즉 그들의 광고 알고리즘을 더욱 스마트하고 효과적인 것으로 만든다면 광고비의 효율을 계속 높게 가져갈 수 있다는 것이다.

이제 처음 사업을 시작하는 단계라면 상대적으로 적은 광고비 지출로 이메일 리스트를 크게 늘리고, 꽤 괜찮은 매출을 이끌어낼 수 있다(당신의 제품이나 서비스가 좋다는 전제하에 그렇다는 것이다). 논란의 여지가 많은 언급이기는 한데, 나는 내 수강생들 가운데 이제 막 사업을 시작하는 초보 수준의 사업가들이 광고를 통해 자신의 사업에서 상당한 성과를 이끌어내는 경우를 아주 많이 봐왔다.

콜드 트래픽과
런칭

당신의 런칭에 콜드 트래픽을 유입시키기 위해 유료 광고를 이용하는 것은 합리적인 선택이다. 런칭을 진행할 때 회원가입 페이지를 만들고 거기에 리드 마그넷을 집어넣게 되는데, 리드 마그넷은 PLC를 기반으로 만드는 게 일반적이다. PLF 코칭 프로그램의 판매를 위한 런칭을 진행할 때 나는 런칭 워크숍이나 런칭 마스터클래스의 내용으로 PLC를 만들었다. 나는 회원가입 페이지를 만들고, PLC의 내용 일부를 이용하여 리드 마그넷을 만들고, 회원가입 페이지로 트래픽을 이끌어내기 위해 유료 광고를 이용했다. 이 과정의 목표는 회원가입 페이지로 유입된 사람들로부터 PLC에 대한 접근의 대가로 이메일 주소를 받아내는 것이다. 그럼 그 시점부터 당신의 회원가입 페이지로 유입된 사람들은 당신의 이메일 리스트에 오른 잠재고객이 되고, 당신은 런칭 과정을 진행하며 그 이메일 리스트를 이용하게 된다.

광고비의 경우 광고에 대한 클릭 횟수에 따라 비용을 지불하는 PPC 방식으로 집행되는 게 일반적이다. 이때 광고는 당신의 웹사이트로 사람들을 연결해주는 기능을 수행하는데, 광고를 클릭했다고 해서 사람들이 웹사이트에 회원가입을 하거나, 런칭 과정에 참여하거나, 제품을 구매한다는 보장은 없다. 그러니까 지불해야 하는 광고비는 광고의 효과가 확인되기도 전에 일찌감치 확정되는 것이다. 만약 어떤 잠재고객이 11일 동안 진행되는 런칭의 첫 날에 당신의 광고를 클릭했다면 그 고객이 유발시킨 광고비의 최종적인 효과를 확인하기까지는 11일이 걸린다. 당신이 지불해야 하는 광고비는 미리 확정이 되지만, 광고의 효과는 어느 정도 시간이 지난 뒤에야 확인할 수 있다.

게다가 오프라인 광고의 경우, 광고비 효과를 확인하기까지 몇 주에서 몇 달이 걸릴 수도 있다. 나는 사업 초기에 한 잡지에 광고를 낸 일이 있는데, 내 광고가 실리는 잡지의 발행 세 달 전에 미리 광고비를 지불했어야 했다. 이에 비하면 광고비의 효과를 확인하기까지 11일 정도 기다리는 건 상당히 짧은 시간이기는 하지만, 그래도 효과를 알기도 전에 광고비가 확정된다는 점은 똑같다.

광고 효과를 확인하기 위해 잠재고객 각각을 추적하지는 않는다. 유료 광고로 유입된 트래픽의 전환율을 통해 계산한다. 그리고 유료 광고의 범위를 확대하고자 한다면 그에 앞서 당신이 현실적으로 기대할 수 있는 전환율이 어느 정도인지 미리 파악하고 있어야 한다. 다만 유료 광고 효과로 나타나는 실제 전환율은 예상치와 상당히 다를 수 있다.

모든 트래픽이 동일한 수준의 전환율을 나타내는 건 아니다. 당신의 이메일 리스트에 있는 잠재고객으로 구성된 트래픽은 매우 높은 전환율을 나타낸다(이메일 리스트의 잠재고객으로 구성된 트래픽은 이미 당신을 어느 정도 신뢰하고 있는 사람들이다). 그다음으로는 높은 전환율을 나타내는 트래픽은 JV런칭에 의해 유발된 트래픽이다(JV파트너들이 당신에 대해 어느 정도 보증을 해주기 때문이다). 반면 콜드 트래픽의 전환율은 매우 낮게 나타나는 게 일반적이다.

런칭을 진행하게 되면 프리런칭을 개시하기 며칠 전부터 광고를 시작하고, 그렇게 시작한 광고는 프리런칭이 끝날 때까지는 유지하게 된다. 이때 당신의 런칭이 콜드 트래픽을 대상으로 진행되는 거라면 광고비를 많이 지출하지는 않는 편이 좋다. 콜드 트래픽을 대상으로 높은 전환율을 이끌어내는 건 상당히 어려운 일이기 때문이다.

당신이 안정적인 사업 기반을 쌓기 전까지는, 그러니까 대량의 이메일 리스트를 갖기 전까지는 콜드 트래픽에 대해 접근할 때 조심해야하고, 기대치보다 낮은 결과를 예상해야 한다. 실제로 그런 결과가 나타난다. 다만 이제 처음 사업을 시작하는 경우라면 콜드 트래픽에 대한 유료 광고를 통해 상당히 좋은 성과를 이끌어낼 가능성이 매우 크다.

하루 3달러 광고비로 월 매출 12만 달러 만들기

지난 11장 라이브런칭에 대해 이야기를 하면서 앤 라폴리트와 그녀의 표면 패턴 디자인 사업에 대해 소개했다. 그는 아무런 이메일 리스트나 소셜미디어 팔로워 없이 사업을 시작했지만, 콜드 트래픽을 끌어들이며 자신의 이메일 리스트를 늘려나갔고, 사업 3년 차에 40만 달러 매출을 냈다. 그때 앤이 이용했던 게 바로 콜드 트래픽을 대상으로 하는 하루 5달러짜리 온라인 광고였다.

앤의 사례는 사업을 처음 시작하는 사람이 콜드 트래픽에 대한 유료 광고를 통해 상당한 성과를 이끌어내는 전형적인 사례이며, 내 수강생들 가운데 많은 이들이 앤과 같은 방식으로 시장에 안착하고 있다.

마이클 워커는 투어링 밴드 활동을 하던 뮤지션이었다. 그의 밴드는 꽤 성공적이었다. 유명한 음악 행사에도 출연을 했고, 온라인 스트리밍 서비스에서 꽤 많은 사람들이 그들의 음악을 들었고, 아이튠스의 한 차트에서 그들의 앨범이 2위를 기록한 적도 있었다. 그러나 그는 결혼을 하고 그의 아내가 첫 아이를 임신하면서, 더 이상 투어링 밴드 활동을 진행하기 어렵다고 생각했다. 사실 그가 생각하는 결혼 생활과 투어링 밴드 활동은 서로 양립할 수 없는 성격의 것들이었다.

바로 그 시점에 마이클은 PLF에 대해 알게 되었고, 자신의 사업을 시작할 준비를 하게 되었다. 그는 자신이 잘 알고 있는 분야, 바로 성공적인 뮤지션이 되는 방법을 가르쳐주는 온라인 사업을 시작하기로 결정했다. 그가 활동하던 밴드는 유튜브 조회 수가 수백만 회에 달했지만, 그의 유튜브 시청자들은 그가 하려는 사업의 고객들과는 성격이 다른 사람들이었다. 즉, 그는 아무런 이메일 리스트나 사업 기반 없이 사업을 시작하는 셈이었다. 마이클은 콜드 트래픽에 대한 광고부터 시작하기로 했다.

마이클은 앤보다 더 보수적으로 접근했다. 그는 하루 3달러짜리 온라인 광고를 시작했다. 그는 페이스북에서 스스로를 뮤지션, 보컬리스트, 기타리스트라고 밝힌 사람들을 대상으로 광고를 했고, 씨디베이비닷컴의 회원들에 대해서도 광고를 했다. 씨디베이비닷컴은 인디 뮤지션들이 자신들의 음악을 팔기 위해 많이 이용하는 사이트다. 그는 자신의 고객이 될 가능성이 가장 높은 사람들을 대상으로 광고를 행했고, 자신의 이메일 리스트를 빠르게 늘려나갔다.

마이클은 뮤지션들에게 팬을 늘려나가는 법을 알려주는 온라인 과정을 개설하고 런칭을 진행했다. 그리고 런칭을 진행하며 확인해보니 광고의 효과는 확실했다. 광고비를 집행하는 만큼 매출이 증가했던 것이다. 그는 "광고 없는 사업은 생각할 수도 없다"고 말했다. 마이클은 지금도 사업을 진행하며 계속 광고비 지출을 늘리는 중이다.

창업 3년 만에 마이클의 사업은 크게 성장했다. 현재 그는 유료 광고뿐만이 아니라 JV런칭도 이용하고 있다. 그렇지만 그의 사업 기반을 만들어준 것은 콜드 트래픽에 대한 유료 광고였으며, 현재 그는 4만 명에 달하는 이메일 리스트를 가지고 있다. 지난 3년 동안 마이클은 유료 광고와 더불어 많은 노력을 했고, 18명의 직원들을 두고 매달 12만 달러의 매출을 올리고 있다.

이제 막 사업에 뛰어든 사람이라면

온라인 비즈니스를 처음 시작한 앤과 마이클이 사용했던 방식이 바로 콜드 트래픽에 대한 유료 광고다. 그들에게는 이메일 리스트도, 소셜미디어 팔로워들도 없었고, 적은 예산으로 새롭게 이메일 리스트를 만들어내야만 했다. 그들은 이메일 리스트가 없는 상태에서, 그러니까 런칭에 대한 준비가 안 된 상태에서 유료 광고를 시작했다. 만약 당신의 현재 상태가 사업을 시작했을 때의 앤과 마이클의 상태와 같다면 당신 역시 그들과 같은 접근법을 사용할 수 있다.

콜드 트래픽을 대상으로 런칭을 진행하는 경우 당신의 리드 마그넷은 PLC에서 가져다 사용하게 된다. 당신이 판매하려는 제품이 워크숍이든, 동영상 강의든, 단기 코스든, 실전 강의든, 회원가입 페이지의 리드 마그넷은 PLC에서 일부를 발췌하여 사람들에게 제시하게 된다. 가치 있는 콘텐츠를 제시함으로써 사람들의 회원가입을 이끌어내고, 이메일 주소를 수집하는 것이다.

당신이 이제 처음 사업을 시작하는 단계에 있는데, 아직 이메일 리스트도 없고 PLC로 제시할 만한 콘텐츠도 마련하지 못한 상태라면 어떻게 해야 할까? 그런 때는 앤과 같은 식으로 접근할 수 있다. 앤은 표면 패턴 디자인 만드는 몇 가지 방법을 알려주는 PDF 자료를 만들어 그 자료를 회원가입 페이지의 리드 마그넷으로 사용했다. 그런 다음 하루 5달러짜리 온라인 광고를 이용하여 자신의 회원가입 페이지로 사람들을 이끌었고, 그 사람들 가운데 일부가 회원가입을 하고 이메일 주소를 남겼다. 이메일 리스트가 없는 상태에서 사업을 처음 시작하는 사람들이 사용할 수 있는 매우 모범적인 접근법이다.

앤은 광고비를 투자하여 이메일 리스트를 얻은 셈이다. 그리고 그 이메일 리스트를 이용하여 잠재고객에게 자신의 제품을 소개하고, 잠재고객과 소통하고, 신뢰관계를 만들어나갈 수 있었다. 이메일 리스트가 없었다면 앤은 고객들에 대해 알지 못하고, 고객들과 대화를 나누지도 못했을 것이다. 또한 이메일 리스트는 앤이 자신의 고객들 앞에서 목소리를 낼 수 있는 기회와 공간을 마련해주었다.

아직 판매할 제품을 완성하지 않은 상태에서 광고비부터 지출하는 것은 꽤 위험한 전략이기는 하다. 그러나 광고비가 당신이 감당할 수 있는 예산 범위 내에 있다면 광고를 일찍 시작하는 것은 당신의 사업에 일찍 추진력을 부여할 수 있는 좋은 방법이 된다. 요즘 광고 알고리즘은 매우 영리하고, 광고 플랫폼의 인터페이스는 상당히 단순해졌다. 그렇기 때문에 온라인 광고는 매우 효과적이면서도 사용하기 쉬운 도구다. 아직 사용 경험이 없는 사람들에게도 말이다.

콜드 트래픽을 위한 광고 타임라인 만들기

콜드 트래픽을 타깃으로한 광고를 너무 일찍 시작하고 싶지는 않을 것이다. 광고를 너무 일찍 시작하여 프리런칭 2주 전에 잠재고객이 당신의 웹사이트에 회원가입을 한다면 정작 프리런칭이 시작될 무렵이면 잠재고객은 당신의 런칭에 대해 까맣게 잊게 된다. 따라서 콜드 트래픽에 대한 광고는 프리런칭 시작 사나흘 전부터 시작하여 프리런칭이 끝날 때까지 유지하는 게 좋다. 그래야 충분히 많은 숫자의 잠재고객을 당신의 런칭 리스트에 넣을 수 있다.

콜드 트래픽 전략에서 핵심은 바로 타임라인이다.

콜드 트래픽에 대한 광고를 런칭 몇 주 전부터 시작할 수도 있는데, 이때의 광고에는 오직 제품에 대한 소개만 들어간다. 광고 콘텐츠를 통해 제품을 소개할 뿐, 웹페이지에 대한 클릭 같은 것은 유도하지 않는다. 당연히 여기서는 회원가입이나 이메일 주소 입력 같은 것도 유도하지 않는다.

이와 같은 광고의 목적은 이메일 리스트를 늘리거나 당장의 다른 이득을 기대하는 것이 아니라, 사업이나 제품의 인지도를 높이는 것이 된다. 런칭을 몇 주 앞두고 당신의 광고 콘텐츠를 소비한 사람들의 숫자를 늘리는 것 그 자체가 목적이 된다. 이런 광고는 대부분의 광고 플랫폼에서도 낮은 광고비를 매긴다는 점도 기억하기 바란다.

이와 같은 인지도 제고를 위한 광고를 진행하는 경우, 런칭 시작 2~3일 전에 당신의 이메일 리스트에 있는 사람들을 대상으로 추가 광고를 진행하게 된다. 이 추가 광고는 이메일 리스트 사람들의 런칭 참여를 유도하는 목적으로 진행되며, 이 추가 광고를 통해 런칭 리스트가 만들어진다. 처음의 광고에서는 아무런 행동 유도 없이 사업이나 제품을 소개하고, 그다음 광고에서는 런칭 웹사이트 회원가입을 유도한다.

이와 같은 2단계 광고 전략은 런칭을 며칠 앞두고 진행되는 행동 유도 광고에 비해 비용이 덜 들고, 더 효과적인 접근법이 될 수도 있다. 다만 2단계 광고 전략의 효과성이 항상 담보되는 건 아니다. 중요한 것은 PLF의 기본 원리를 따르는 것이다. 잠재고객에게 어떤 행동을 요구하기에 앞서 그들에게 가치 있는 콘텐츠를 제공하고 그들과 신뢰관계를 형성해야 한다.

웜 트래픽과
런칭

온라인 비즈니스를 하는 사람들에게 있어 콜드 트래픽이 성배라면, 웜 트래픽은 사업의 기본이 되는 대상이다. 콜드 트래픽에서 전에 없던 새로운 잠재고객을 만들어 추가적인 매출의 발생을 기대한다면, 이미 기존의 잠재고객인 웜 트래픽에서는 전환율의 제고를 추구한다.

콜드 트래픽을 대상으로 런칭을 진행할 때 우리의 작업은 콜드 트래픽을 회원가입 페이지로 유도하는 일에 맞추어진다. 하지만 웜 트래픽을 대상으로 런칭을 진행할 때는 좀 더 많은 작업이 필요하다. 그 중 하나가 기존의 이메일 리스트와 소셜 팔로워 리스트에 있는 사람들을 새로운 런칭 리스트로 이끄는 일이며, 이를 위해 광고를 통해 그들 앞에 새로운 콘텐츠를 제시하게 된다. 정해진 광고 타임라인은 없으며, 광고를 프리 - 프리런칭 단계라고 생각할 수도 있다.

프리런칭의 시작에 가까워지면 웜 트래픽에 대한 전략도 콜드 트래픽에 대한 전략과 유사해진다. 웜 트래픽을 새로운 런칭을 위한 회원가입 페이지로 유도하는 일에 집중해야 한다. 웜 트래픽을 왜 회원가입 페이지로 유도하는지 혼란스러워하는 사람들도 있을 텐데, 이유는 간단하다. 현재 진행하는 런칭에 관심을 보이는 사람들로 구성된 새로운 런칭 리스트를 만들기 위해서다. 새로운 런칭을 위한 런칭 리스트를 만드는 중요한 이유로 (나는 새로운 런칭을 진행할 때마다 새로운 런칭 리스트를 만드는 경우가 많다) 두 가지를 들 수 있다.

1. 시간이 흐를수록 당신의 이메일 리스트에는 온갖 이유로 당신에게 이메일 주소를 알려준 사람들이 아주 많이 모이게 된다. 그렇기 때문에 필연적으로 이들 가운데 많은 사람은 현재 진행하는 런칭에는 관심을 갖지 않는다.
2. 현재의 런칭 리스트에 등록한 사람들은 당신이 진행하는 런칭에 대해 더 잘 반응하게 된다.

기존의 이메일 리스트에 있는 사람들을 대상으로 런칭 리스트 등록을 유도하는 유료 광고를 진행하는 것은 런칭을 위한 웜 트래픽 전략의 출발점이 된다. 이때 웜 트래픽이 유료 광고를 클릭하면 그들은 새로 진행하는 런칭을 위한 회원가입 페이지로 연결되고, 이 회원가입 페이지에서 사용되는 리드 마그넷은 PLC가 된다. 가치 있는 콘텐츠를 제공하면서 사람들의 회원가입을 유도하는 방식은 기본적으로 동일하다. 나는 웜 트래픽을 대상으로 하는 광고의 경우 프리런칭 시작 며칠 전부터 시작하여 프리런칭이 끝날 때까지 진행한다.

웜 트래픽을 위한
PLC 광고법

프리런칭 단계가 시작되면 PLC를 소개하는 유료 광고를 진행할 수 있다. 이때의 광고는 런칭 리스트에 있는 사람들을 대상으로 하며,

PLC에 대한 이들의 관심도를 높이는 게 목적이다. 런칭 리스트의 사람들이 PLC를 더 많이 볼수록 당신의 제품에 대한 신뢰도가 높아지고, 전환율도 더 높아진다는 점을 기억하라.

따라서 첫 번째 PLC 공개에 맞추어 광고를 진행한다. 라이브런칭을 진행하는 경우에는 시간에 맞추어 라이브 방송을 시청하고, 라이브 방송을 시청하지 못하는 경우에는 재방송을 시청해달라는 내용으로 광고를 진행한다. 두 번째, 세 번째 PLC도 마찬가지다.

이때 광고의 형태는 어떤 매체를 이용하는지, 광고 시점에 해당 매체의 규정이 어떤지에 따라 달라질 수 있다. 동영상 광고, 사진 광고, 문자 광고 등등 다양하게 나타날 수 있으며, 광고 자료는 PLC와 잠재고객의 의견 등에서 발췌하여 사용할 수 있다.

다시 한번 말하지만, 여기서 진행하는 광고의 대상은 이미 런칭 리스트에 등록되어 있는 사람들이다. 이들은 당신을 어느 정도 아는 사람들이기 때문에 당신의 PLC를 소비해야 하는 이유를 제시하는 데 초점이 맞추어져야 한다. PLC가 잠재고객에게 얼마나 가치 있는 것인지를 강조해야 한다. 당신의 제품이나 런칭이 얼마나 멋지고 신나는지를 강조하는 게 아니라, 당신의 제품으로 잠재고객의 삶이 얼마나 좋아질 수 있는지를 강조해야 한다.

구매 결정의 유도

오픈 카트 단계로 들어가면 웜 트래픽 전략도 변하게 된다. 처음 카트를 열고 주문을 받을 수 있게 되면 웜 트래픽을 세일즈 페이지로 보내야 한다. 이때의 광고 대상은 이미 당신의 런칭 리스트에 등록되어 있는 사람들이고 아마도 PLC를 이미 본 사람들일 것이다(적어도 PLC의 일부라도 봤을 것이다). 오픈 카트에서 광고의 목적은 세일즈 메시지를 고객이 보도록 만드는 것이다.

오픈 카트 기간에도 추가 콘텐츠를 공개할 수 있다. 이러한 콘텐츠는 최종 구매 단계에서 설득을 위한 것으로, 유료 트래픽을 이 추가 콘텐츠로 이끌어낸다면 상당히 강력한 매출 증대 효과가 발생한다. 오픈 카트 기간에 보낼 수 있는 이메일 횟수는 제한적이다. 너무 자주 이메일을 보내는 경우 잠재고객이 피로를 느끼기 때문이다. 하지만 매체와 형식과 내용을 다양하게 가져가는 광고는 잠재고객의 피로를 유발하지 않으면서 당신의 메시지를 충분히 전달할 수 있다.

오픈 카트 마지막 이틀 동안에는 제품의 희소성을 강조하는 게 중요하며, 광고의 메시지도 여기에 맞춰져야 한다. 이제 곧 제품의 판매가 끝나거나, 판매조건이 크게 달라진다는 점을 강조하는 것이다. 웜 트래픽과 콜드 트래픽의 큰 차이점이 바로 여기에서 나타난다. 광고는 (그리고 마케팅은) 분위기나 맥락이 중요한데, 콜드 트래픽에게 "런칭이 오늘밤 끝납니다, 지금 결정하셔야 합니다."라는 메시지를 던져봐야 아무런 일도 일어나지 않는다. 콜드 트래픽은 당신이 누구인지, 당신이 하는 말이 무슨 소리인지 모르기 때문이다. 반면에 당신의 PLC를 소비한 웜 트래픽에 대해서는 이 정도의 메시지만으로도 충분하다. 당신이 누구인지, 지금 무슨 소리를 하는 건지 별도로 설명할 필요가 없다.

마지막으로 웜 트래픽 중의 웜 트래픽, 바로 결제 직전에 후퇴한 잠재고객에 대해 이야기하고 싶다. 이들은 유료 광고를 진행했을 때 가장 큰 효과를 나타내는 사람들이다. 세일즈 페이지를 거쳐 결제 페이지까지 이르렀다가 되돌아나간 잠재고객을 대상으로 별도의 광고를 진행하라. 당신도 온라인 비즈니스의 소비자 입장에서 결제 페이지까지 갔다가 되돌아나온 적이 있을 것이다. 그때 어떤 광고들은 당신이 결제 직전에 되돌아나간 사실을 알고 있다. 이는 꽤나 오싹한 경험이 될 수도 있지만, 비즈니스 측면에서 보자면 결제 페이지까지 갔다가 구매를 포기한 잠재고객을 대상으로 하는 유료 광고는 일반적으로 매우 좋은 투자가 된다.

웹 트래픽 광고 뒤에서
일어나는 일

여전히 많은 사람이 온라인 광고를 어떻게 이용해야 하는지 궁금해한다. 런칭 리스트까지는 만들 수 있지만, 그 사람들에게 어떻게 광고를 노출시킬 수 있는 걸까?

런칭 리스트의 잠재고객에게 광고를 노출시키기 위해서는 우선 해당 리스트를 광고 플랫폼에 업로드해야 한다. 당신이 페이스북을 선택한다면 페이스북에 런칭 리스트의 이메일 주소들을 업로드하는 것이다. (아니면 런칭 리스트 잠재고객의 전화번호를 사용할 수도 있다.)

주의해야 할 점은 당신이 수집한 이메일 주소를 이용하여 마케팅 활동을 하기 위해서는 당신의 회원들로부터 개인정보 수집 및 이용 동의를 미리 받아놓아야 한다. 당연한 말이겠지만, 당신이 제3자에게 제공한 런칭 리스트의 이메일 주소는 제3자의 마케팅 활동에 사용되어서는 절대로 안 된다.

온라인 광고 플랫폼은 이렇게 작동한다. 당신이 페이스북을 온라인 광고 플랫폼으로 선택하고 런칭 리스트의 이메일 주소들을 업로드

하면, 페이스북에서는 그 이메일 주소들 가운데 자신들의 플랫폼에 이미 가입한 이메일 주소가 있는지 확인한다. 당신의 런칭 리스트 이메일 주소를 사용하여 이메일을 보낼 수 있는 권리가 있는 건 당신 밖에 없다. 다만 페이스북에 런칭 리스트의 이메일 주소들을 업로드하는 이유는 해당 이메일 주소의 페이스북 사용자들에게 당신의 광고를 노출시키기 위해서다.

물론 당신의 런칭 리스트에 있는 모든 사람들이 페이스북을 사용하는 것도 아니고, 페이스북을 사용하는 사람들 중에서도 런칭 리스트에 등록한 이메일 주소와 페이스북에 등록한 이메일 주소가 서로 다른 경우도 있을 것이다. 그러나 런칭 리스트의 이메일 주소들 가운데 상당수는 페이스북에 이미 가입되어 있는 주소들일 것이고, 당신은 페이스북의 광고를 그들에게 노출시킬 수 있다. (내가 여기서 페이스북을 예로 들기는 했지만, 다른 온라인 광고 플랫폼들도 같은 방식으로 작동할 것이다.)

웜 트래픽 광고를 진행할 때 픽셀pixel 같은 것을 이용하는 방식도 있다. 여기서 픽셀이란 (페이스북이나 구글 같은) 광고 플랫폼 측에서 당신의 웹사이트에 설치하는 코드를 지칭한다. 광고 플랫폼 측에서는 이 픽셀을 이용하여 웹사이트 방문자들의 온라인 활동을 추적할 수 있고, 당신의 웹사이트를 방문한 이력이 있는 사람이 플랫폼에 접속하는 경우 그 사람은 당신의 광고에 노출된다. 특히 당신의 웹사이트에서 결제 페이지까지 갔다가 되돌아나온 잠재고객의 경우 광고를 했을 때 가장 높은 전환율을 나타내는데, 이들에 대해 세분화된 표적 광고를 할 때 매우 유용하게 사용될 수 있는 도구가 바로 픽셀이다.

웜 트래픽 광고+콜드 트래픽 광고
=최강의 조합

콜드 트래픽 광고와 웜 트래픽 광고는 서로 매우 다르다. 콜드 트래픽 광고는 새로운 사람들에게 당신의 사업을 소개하고, 당신의 런칭을 알리고, 그들의 회원가입을 유도하여 당신의 런칭 리스트에 등록하도록 만드는 게 목표다. 반면 웜 트래픽 광고는 기존의 잠재고객이 당신의 런칭 콘텐츠를 소비하고, 최종적으로 당신의 제품을 구매하도록 만드는 게 목표다.

유료 트래픽 활용이 익숙해지면 콜드 트래픽 광고와 웜 트래픽 광고를 동시에 진행하게 된다. 하나의 프로젝트를 진행하면서 콜드 트래픽과 웜 트래픽에 대해 서로 다른 목표의 광고를 만들어 성과의 극대화를 추구하는 것이다. 이때 광고는 다음과 같은 식으로 진행될 수 있다.

○ 프리-프리런칭

웜 트래픽: 곧 공개될 PLC 기대감 높이기

콜드 트래픽: 곧 공개될 PLC 인지도 높이기

○ 프리런칭의 시작(첫 번째 PLC 공개)

웜 트래픽: 첫 번째 PLC 소비

콜드 트래픽: 첫 번째 PLC 소비 및 회원가입

○ 프리런칭 3일 차(두 번째 PLC 공개)

웜 트래픽: 두 번째 PLC 소비

콜드 트래픽: 첫 번째 PLC 소비 및 회원가입

○ 프리런칭 5일 차(세 번째 PLC 공개)

웜 트래픽: 세 번째 PLC 소비

콜드 트래픽: 첫 번째 PLC 소비 및 회원가입

○ 오픈 카트 1일 차

웜 트래픽: 세일즈 페이지로 유도

콜드 트래픽: 첫 번째 PLC 소비 및 회원가입

○ 오픈 카트 2일 차

웜 트래픽: 오픈 카트 콘텐츠 소개

콜드 트래픽: 첫 번째 PLC 소비 및 회원가입

○ 오픈 카트 3일 차

웜 트래픽: 오픈 카트 콘텐츠로서의 FAQ 소개

웜 트래픽: 결제 직전에 후퇴한 잠재고객 대상 광고

콜드 트래픽: 첫 번째 PLC 소비 및 회원가입

○ 오픈 카트 4일 차

웜 트래픽: 마감 24시간 전 알림

웜 트래픽: 결제 직전에 후퇴한 잠재고객 대상 광고

콜드 트래픽: 광고 안 함

○ 오픈 카트 5일 차(종료일)

웜 트래픽: 카트 마감 임박 알림

웜 트래픽: 결제 직전에 후퇴한 잠재고객에 대한 광고

콜드 트래픽: 광고 안 함

이번 예시에서 콜드 트래픽 광고는 전부 첫 번째 PLC에 집중한다. 이렇게 되면 콜드 트래픽으로 새롭게 유입되는 잠재고객은 런칭의 전 과정에 참여하게 된다. 다만 이번에 든 예시는 우리가 사용하는 방식일 뿐, 광고의 사용에서 정해진 답은 없다. 어떤 경우에는 두 번째 PLC나 세 번째 PLC 광고에 집중하는 편이 더 나은 성과로 이어질 수도 있다.

유료 트래픽, 매우 강력한 도구

정교하게 세분화된 광고 이용은 내가 PLF를 개발한 이래 마케팅 분야에서 이루어진 가장 주목할 만한 발전 가운데 하나다. 특히 콜드 트래픽을 잠재고객으로 유입시키는 데, 광고의 능력은 매우 강력하다. 사업가로서 당신은 이제 더 이상 검색 사이트를 통한 트래픽, 혹은 구전 효과로 인한 트래픽을 마냥 앉아서 기다릴 필요가 없다. 이제 최적의 고객들을 찾아 세분화된 광고를 진행할 수 있으며, 그들로 구성된 트래픽을 당신 쪽으로 끌어들일 수 있다. 물론 광고 효과를 파악하고 광고비 지출도 관리해야 하지만, 그럼에도 광고는 당신이 사용할 수 있는 가장 강력한 도구 가운데 하나다.

반복해서 언급하는 말이지만, 마케팅의 세계는 빠르게 지형이 변하는 곳이자, 복잡다단한 곳이다. 이와 같은 곳에서 유료 트래픽과 PLF의 결합은 매우 효과적인 접근법이며, 특히 온라인 비즈니스를 하는 사람이라면 런칭을 진행할 때 활용할 만한 가치가 있는 방법이다.

4부

PLF
이후의 삶

: **14장** :

새로운 런칭과

새로운 비즈니스

누구도 예상할 수 없던 큰 사고가 일어나 사업을 계속 유지할 수 없게 된다면 당신은 어떻게 하겠는가?

루스 부친스키는 전문 심리할자이자, 행동의학 임상적용 연구소 NICABM라는 사업체를 경영하는 사업가다. 루스 부친스키는 20년이 훌쩍 넘도록 NICABM을 통해 관련 분야 종사자들을 대상으로 계속 교육 continuing education을 제공하는 일을 했다.

NICABM을 창업한 이래 그는 수만 명의 심리학자, 상담사, 사회복지사, 의사, 간호사 등의 사람들에게 계속 교육을 제공해왔고, 이들이 시민들과 환자들을 더 잘 도와줄 수 있도록 지원하는 일을 했다. 루스는 오프라인 컨퍼런스 방식으로 수업을 진행했다. 전 세계에서 1000명에 가까운 참석자가 모인 컨퍼런스도 있었고, 최고의 전문가들을 강연자로 초빙하여 참석자들에게 최신의 지식을 전해주도록 했다.

루스의 사업은 순조롭게 진행됐다. 2001년 9월 11일까지는 말이다. 9월 11일 테러 공격은 많은 사람의 삶을 완전히 바꿔버렸다. 그런 상황 가운데 하나가 사람들이 항공기 여행을 하지 않게 된 것이었다. 많은 사업이 타격을 입었고 루스의 사업도 예외는 아니었다. 사업의 매출 대부분은 오프라인 컨퍼런스에서 나왔는데 사람들이 항공기 여행을 기피하면서 컨퍼런스 참석자 숫자는 계속 줄어들었다. 계속 교육 사업에서 이익이 있긴 했지만, 매출과 이익 규모는 줄었다.

루스를 힘들게 만드는 일은 또 있었다. 한창 사업이 어렵던 무렵, 그의 오랜 파트너가 병으로 세상을 떠났다.

그는 한동안 슬픔에 빠져있었지만, 그 시기를 지나며 사업을 새로운 눈으로 바라보게 되었다. 뭔가 바꿔야 한다는 생각이 들었다. 이익은 줄어들고 있었고, 컨퍼런스 참석자 숫자는 좀처럼 늘어나지 않았다. 그 때 그의 시야에 들어온 게 인터넷과 디지털 마케팅이었다. 인터넷과 디지털 마케팅은 사업에 새로운 돌파구가 될 것 같았고, 오프라인 컨퍼런스가 아닌 버추얼 컨퍼런스를 시작하기로 마음 먹었다.

루스의 컨퍼런스 참석자 대부분은 정식 국가자격증을 취득한 전문가들이었다. 비전문가들은 거의 없었다. 따라서 마케팅의 방향은 전문적인 이미지를 중요시해야 했고, 동시에 상업성도 추구해야 했다. PLF는 이와 같은 필요에 딱 들어맞는 방식이었다.

"나도 당신의 콘텐츠를 봅니다"

루스의 온라인 컨퍼런스는 출발부터 성공적이었다. 그는 매회 온라인 컨퍼런스를 개최할 때마다 PLF 단계를 충실하게 진행했다. 세 개로 구성되는 PLC는 보통은 동영상 콘텐츠였고, 가끔은 PDF 자료를 이용하기도 했다. 얼마 전 루스가 개최한 '브레인 사이언스 트레이닝'의 경우 첫 번째 PLC는 동영상 콘텐츠였는데, 1000개가 넘는 댓글이 달리기도 했다.

프리런칭 단계를 진행한 다음에는 해당 회차의 온라인 컨퍼런스 참석을 위한 회원가입 페이지를 연다. 루스가 주최하는 온라인 컨퍼런스는 여러 웨비나로 구성되는데, 이런 웨비나는 회원가입만 한다면 무료로 참석할 수 있다. 루스의 매출은 골드 회원들로부터 나온다. 이 골드 회원들은 웨비나의 자료와 동영상을 다운로드 받을 수 있고, 그 외에도 여러 가지 부가 서비스를 받을 수 있다.

루스는 자신의 온라인 컨퍼런스를 거의 전부 무료로 공개한다. 회원가입만 하면 누구라도 루스가 주최하는 온라인 컨퍼런스 내 모든 웨비나를 무료로 시청할 수 있다. 그러나 꽤 많은 사람들이 웨비나의 다운로드 및 부가 서비스 같은 혜택을 누리기 위해 돈을 지불하고 골드 회원이 된다.

사업 모델을 새롭게 바꾼 이후 루스의 사업은 꾸준히 성장해오고 있다. 그는 현재 마음 다스리기, 뇌과학, 트라우마 치료 같은 주제로 온라인 컨퍼런스를 매년 여러 차례 개최하고 있는 중이다.

최근에 그가 주최한 한 온라인 컨퍼런스에는 전 세계 70여 개 국가에서 9000명의 사람들이 회원가입을 하고 참석했다. 루스의 온라인 컨퍼런스 참석자들 대부분이 국가자격증을 취득한 전문가라는 점을 생각해보면 상당히 큰 숫자다.

얼마 전 루스에게는 자신의 영향력을 확인할 수 있는 기회가 있었다. 그는 미군의 정신건강관리를 주제로 열렸던 한 회의에 초대받아 참석을 했는데(그 자리에는 정신건강 분야의 다른 전문가들도 참석했다), 그곳에서 미군 의무총감을 만났다. 당시 미군 의무총감은 그에게 이런 말을 했다고 한다. "당신이 보내주는 이메일을 잘 읽어보고 있습니다." 미군 의무총감이 그의 웹사이트에 회원가입을 하고 PLC를 보고 있다는 의미다!

사람들이 직접 참석하는 오프라인 컨퍼런스의 선호도가 크게 줄어드는 시기에 그는 사업 모델을 바꿔 살아남았고, 더 큰 성공을 이루어내고 있다. 지난 3년 사이 그의 사업은 160퍼센트나 성장했고, 매년 수만 명의 전문가들이 그의 온라인 컨퍼런스에 참석한다.

루스의 성공은 자신의 사업을 완전히 새로운 것으로 바꾸었기에 가능한 일이었다. 제품을 오프라인 컨퍼런스에서 온라인 컨퍼런스로 바꾸었고, 마케팅은 이메일에만 의존하던 방식에서 PLF 기반의 런칭으로 바꾸었다. 이런 변화를 통해 전보다 더 큰 이익을 내고 있고, 고객 기반을 확대했으며, 사업 리스크를 크게 낮췄다.

PLF를 확장하며
나아가라

이제 PLF가 당신의 제품과 서비스를 시장에 소개하는 매우 효과적인 도구라는 점을 이해했을 것이다. 이제 PLF를 한 단계 더 진화시킨 개념인 비즈니스 런치 포뮬러, 즉 BLF에 대해 이야기하고 싶다. BLF는

PLF의 핵심 개념을 기반으로 전체 사업 모델을 새롭게 만드는 (혹은 기존의 사업을 새로운 차원으로 성장시키는) 방법을 의미한다.

나는 내가 어떤 과정을 거쳐 지금에 이르게 되었는지에 대하여 이 책에서 꽤 많이 이야기했다. 집에 머물며 두 아이를 돌보는 미스터 맘에서 연 매출 수백만 달러의 사업체를 경영하는 사업가가 되었고, 지금까지 수십만 명의 사람들에게 긍정적인 영향을 줬다. PLF는 단순한 제품 런칭 도구를 넘어 비즈니스 런칭 도구를 지향하고, 사람들이 추구하는 멋진 삶을 살 수 있도록 돕기 때문이다.

책의 앞부분에서 소개했던 존 갤러거는 푸드 스탬프에 의존하여 가족을 부양했고, PLF 코칭 프로그램을 구입하기 위해 아버지로부터 돈까지 빌렸던 사람이다. 그러나 지금 그는 식물 및 허브와 관련된 여러 제품군을 취급하는 연 매출 100만 달러가 넘는 사업체를 경영하는 중이며, 직원도 여섯 명을 고용하고 있다.

그리고 마이클 워커는 인기 있는 투어링 밴드 활동을 하던 프로 뮤지션이었으나, 결혼을 하고 아이가 생기면서 가족을 부양할 새로운 길을 찾아야 하는 상황에 처했다. 그는 다른 뮤지션들에게 팬을 늘려나가는 법을 알려주는 온라인 과정을 개설하고 자신의 사업을 시작했다. 지금 마이클은 가족과 함께 지내며 멋진 삶을 살고 있다. 그토록 좋아하던 음악과 관련된 일을 하며 다른 뮤지션들의 성공까지 도와주는 것이다.

그리고 윌 해밀턴은 대학을 졸업하자마자 테니스 강사로 일했고, 유튜브 채널을 만들었지만 큰 성과를 내지 못했다. 하지만 그는 지금 세계 최고의 테니스 선수들과 협업하며 테니스 강습 프로그램을 판매하는 사업을 한다.

내 PLF 고객들의 재무적인 성과에 대해서는 구체적으로 공개하지는 않을 것이다. 하지만 PLF 고객 대부분은 놀랄 정도의 매출과 이익을 꾸준히 만들어내고 있다. 그들은 어떻게 그와 같은 일을 해낸 것일까?

BLF를 향한 도약

PLF 코칭 프로그램을 통해 내가 하는 일은 (특히 온라인 비즈니스의 쪽에서) 사람들의 창업과 사업 성장을 돕는 일이다. 이와 더불어 나의 일을 사업가들의 비즈니스 DNA를 재구성하는 일이라고 규정하고 싶다. 내 수강생들은 일단 PLF라는 접근법을 배우게 되면 그 방법을 사업의 모든 영역에서 활용하기 시작한다.

PLF 코칭 프로그램의 수강생들에게 내가 제시하는 목표는 그들이 생각하는 1년 매출을 한 주짜리 런칭으로 달성하는 것이다. 꽤 높은 목표이고, 모든 수강생들이 이 목표를 달성하는 것은 아니다. 사실 첫 번째 런칭에서 이와 같은 목표를 이루어내는 수강생은 거의 없다. 그러나 첫 번째 런칭이 마지막 런칭은 아니다.

지금까지 헤아릴 수도 없을 정도로 많은 수의 내 수강생들이 PLF 의 방식을 이용하여 자신의 사업을 새로운 차원으로 성장시켰다. 당신도 당연히 할 수 있는 일이다.

푸드 스탬프 아빠에서
100만 달러 매출의 기업가로

존 갤러거 이야기부터 해보겠다. 지난 2장에서 소개했듯이 그는 첫 번째 런칭에서 교육용 보드게임을 팔았다. 그 첫 번째 런칭을 통해 그는 매출만이 아니라 수백 명의 고객들과 수천 명의 잠재고객을 얻게 되었고, 엄청난 규모의 이메일 리스트도 갖게 되었다. 그는 첫 번째 런칭에서 생겨난 이와 같은 자산을 기반으로 다른 제품들도 팔기 시작했는데, 그 중에는 가정상비약으로 사용할 수 있는 허브 키트 같은 것들도 포함되었다.

그의 첫 번째 런칭에서 생겨난 자산은 그가 시장에서 자리를 잡는 기반이 되어주었다. 그리고 런칭을 거듭할수록 그의 잠재고객 이메일 리스트는 더욱 확장되었다. 존은 런칭마다 이메일 리스트의 잠재고객과 많은 소통을 했고, 자신의 다음번 제품은 뭐가 되어야 하는지를 알 수 있었다. 그들은 자신들이 원하는 제품이 무엇인지를 전부 말해주었기 때문에 존은 고민할 필요가 없었다.

그렇게 잠재고객의 숫자가 충분히 늘어난 시점에 존은 새로운 멤버십 사이트를 열었다. 당연하게도 그는 그동안 여러 차례 런칭을 진행하며 쌓은 경험과 지식을 모두 동원하여 자신이 생각하는 최고의 런칭을 진행했고, 월회비를 내는 수백 명의 회원들을 모을 수 있었다. 그는 자신의 멤버십 사이트 회원모집을 위한 런칭을 계속 진행했고, 월회비를 내는 회원들의 수를 수천 명으로 늘렸다. 회원들이 존의 멤버십 사이트에서 내는 월회비는 12달러다. 존의 멤버십 사이트 회원들은 수천 명 규모다. 멤버십 사이트 성공으로 그의 사업은 본격적인 성장 궤도에 오르게 되었다.

그 멤버십 사이트는 존에게 많은 액수의 안정적인 수입을 만들어줬다. 그가 의지할 수 있는 지속적인 수입이었다. 이 안정적인 수입 덕분에 존은 직원들을 고용할 수 있게 되었고, 회사의 모습을 갖추어나가기 시작할 수 있었다.

시장에서 존의 위상도 크게 올랐다. 그는 고객들에게 자신을 허브 전문가로 소개하지는 않고, 고객들이 필요로 하는 허브 전문가들을 소개해준다. 그렇지만 허브 교육시장에서 그는 분명히 시장의 리더로 통하고 있다.

존은 허브 분야 전문가들과 협업하여 동영상 강의를 만들고, 1년에 두 번은 동영상 강의의 판매를 위한 런칭을 진행하고 있다. 1년에 한 번은 자신의 멤버십 사이트 회원모집을 위한 런칭을 진행한다. 이와 같은 식으로 존은 1년에 3~4번 런칭을 진행하며, 런칭을 진행할 때마다 그의 이메일 리스트에는 많은 잠재고객의 이메일 주소가 추가된다. 이러한 자산은 시장에서 그의 위치를 더욱 공고히 만들어주고 있다.

존의 성공은 하룻밤 사이에 이루어진 게 아니다. 그의 최초의 보드게임 판매 시도는 완전한 실패로 끝났었지만, 지금 존에게는 직원들이 있고 (존의 회사는 강소기업이다) 해외에도 많은 고객들이 있다. 한때, 푸드 스탬프에 의존하여 가족을 부양하는 사람이었지만, 지금은 연매출 100만 달러 이상의 사업을 경영하고 있는 사업가다.

당신이 시장에 대해 지속적으로 가치를 만들어낸다면 당신과 고객과의 관계는 강화된다. 당신이 고객들과 지속적으로 소통한다면 새로운 제품이나 홍보방법에 대한 가장 효과적인 아이디어를 계속 얻을 수 있다. 이는 지속적으로 성장하는 사업을 만드는 가장 좋은 방법이다. 이것이 바로 BLF다.

행복한 반려견들과 함께

수전 게릿은 반려견들과 그 주인들이 더 나은 삶을 살 수 있도록 돕는 일을 한다. 그는 세계 최고의 반려견 훈련사들 가운데 한 명이며,

특히 반려견 스포츠 분야에서 유명하다. 지금까지 미국과 캐나다에서 열렸던 독 어질리티 전국대회에서 25차례 이상 우승했으며, 국제대회에서도 몇 차례 우승을 한 경력이 있다.

이와 같은 경력과 탁월한 능력 덕분에 그는 전 세계에서 찾는 반려견 훈련사가 되었고, 미국과 캐나다만이 아니라 유럽, 호주, 뉴질랜드 등을 오가는 바쁜 스케줄을 소화해야만 했다. 물론 반려견들과 그 주인들을 돕는 일에 열정을 가지고 있던 수전은 자신의 일에 아주 만족했다.

그러나 어느 시점부터 출장 스케줄을 소화하기가 어려워졌다. 게다가 그에게 의뢰가 오는 일은 지속적인 일이 아니라 일회성의 일이었다. 수전은 출장을 줄이고, 더 많은 반려견들을 (그리고 그 주인들을) 돕기로 결심했다. 그는 한 번의 출장으로 열 마리 정도의 반려견들을 돕는 게 아니라, 수만 마리의 반려견들을 도울 방법을 찾았다.

PLF 코칭 프로그램을 시작한 수전의 첫 목표는 이 코칭 프로그램의 강습비 정도를 버는 것이었다. 그는 반려견 훈련에 관한 자신의 지식을 담은 책 한 권을 쓰고 그걸 간단한 전자책 형태로 팔기로 했다. 전자책 한 권의 가격은 14.97달러였다. 그는 첫 번째 런칭에서 2만 7000달러를 벌었다. 코칭 프로그램의 강습비를 훌쩍 뛰어넘는 성과였다.

이 첫 번째 런칭을 통해 수전은 자신이 PLF를 통해 성과를 낼 수 있다는 사실을 확인했고, 자신의 경쟁력을 기반으로 훨씬 더 큰 결과를 만들어낼 수 있다는 자신감을 갖게 되었다. 이 첫 번째 런칭 이후 그는 꾸준히 온라인 강습 과정을 만들어 자신의 고객들에게 공개하고 있다. 그는 요즘 1년에 몇 차례씩 런칭을 진행한다. 런칭을 진행할 때는 PLF에서 제안하는 것처럼 프리런칭을 통해 상당한 가치를 사람들에게 무료로 제공한다. 그는 프리런칭에서 자신의 프로그램 일부를 공개한다. 요즘 수전의 연수입은 수십만 달러에 이르는데, PLF를 알기 이전과 비교했을 때 16배로 커진 숫자라고 한다. 이러한 성과 덕분에 그는 직원들을 고용하며, 이들과 함께 반려견들과 그 주인들에게 더 큰 가치를 제공하기 위해 힘쓰는 중이다.

이제 수전은 독 어질리티 대회 출전과 개인적인 여행을 위해서만 비행기를 탄다. 그리고 무엇보다 수많은 반려견들과 그 주인들에게 도움을 주고 싶다는 자신의 인생 목표를 이루게 되었고, 세상에 대한 긍정적인 영향력이라는 측면에서 보더라도 전과는 비교할 수 없을 정도로 나은 삶을 사는 중이다.

풋내기 테니스 강사에서
최고의 스타들과 협업하는 사업가로

월 해밀턴의 사업 성공 과정은 BLF의 좋은 사례다. 그는 자신의 첫 번째 런칭을 통해 3만 5000달러의 매출을 발생시켰다. 1년 동안 매출이 거의 발생하지 않던 상태에서 이루어낸 의미 있는 성과였다. 그런 다음 첫 런칭에서 배운 바를 토대로 세 번의 런칭을 더 진행하여 총 34만 달러의 매출을 발생시켰다.

이 네 번의 런칭을 진행하며 그는 온라인 테니스 강습 업계에서 이름을 알리게 되었고, 아울러 대규모 이메일 리스트를 갖게 되었다. 이제 월은 대학을 갓 졸업한 풋내기 테니스 강사가 아니라 유능한 사업가로 통하게 되었다.

이와 같은 성과와 시장에서의 위상 덕분에 그는 최고의 테니스 스타들과 협업하는 기회를 갖게 되었다. 처음에는 브라이언 형제로 불리는 밥 브라이언, 마이크 브라이언과 함께 일했고, 그다음에는 남자 테니스 세계 랭킹 1위를 기록한 팻 래프터, 6년이 넘도록 여자 테니스 세계 랭킹 1위에 오른 마르티나 나브라틸로바 같은 사람들과도 협업했다. 월은 현재 다른 테니스 스타들과의 협업을 추진하고 있으며, 자신의 사업 범위를 다른 스포츠 분야로 넓히는 방안을 구상하는 중이다.

BLF의 여섯 가지 핵심 윤리

이번 장에서 소개한 네 명의 사례는 BLF가 어떤 결과를 만들어낼 수 있는지를 보여주고 있다. 이들 모두 PLF를 진행하며 배우고 경험한 바를 바탕으로 자신의 사업을 완전히 새롭게 바꾸고, 전보다 훨씬 더 큰 성공을 이루어냈다.

PLF의 방식은 잠재고객에게 먼저 주고, 그다음에 구매를 기대하는 것이다. 상거래 이전에 당신은 잠재고객에게 신뢰할 수 있는 전문가로 (혹은 신뢰할 수 있는 친구로) 다가서는 것이다. PLF의 방식이다. 잠재고객에게 정말로 큰 가치를 먼저 제공하고, 당신이 요청하지 않아도 잠재고객이 스스로 당신의 제품을 구매하는 것이 PLF가 궁극적으로 추구하는 모습이다. 사실 이는 가장 성공한 세일즈맨들의 영업방식과 많은 면에서 닮았다.

하지만 PLF는 접근 대상의 규모 면에서 완전히 다르다. PLF는 대면 영업의 효과성과 대형 미디어의 접근 범위를 결합한 시장 접근법이다. 물론 PLF가 매우 유능한 세일즈맨의 대면 프레젠테이션만큼 강한 설득력을 갖기는 어렵고, 지상파 TV 프로그램만큼 폭넓은 대상에게 접근할 수는 없다. 그러나 PLF는 이 둘의 장점을 상당 부분 취합해놓은 방식이다.

그리고 BLF는 PLF의 자연스러운 확장이다. BLF의 핵심 윤리는 다음과 같다.

1 항상 최고의 PLC를 제공하라

런칭을 할 때는 언제나 시장에 최고 수준의 가치를 제공해야 한다. 이는 PLC를 통해 매우 높은 가치를 제공해야 한다는 의미이며, 구매가 확실하지 않은 잠재고객에 대해서도 마찬가지다. 이는 매우 중요한 원리이며, 이 책에서 반복적으로 이 내용을 강조해왔다.

모든 잠재고객이 제품을 구매하는 건 아니다. 사실 대부분의 잠재고객은 제품을 구매하지 않는다. 잠재고객이 제품을 구매하지 않는 데에는 많은 이유들이 있지만, 가장 흔한 이유는 단지 시기가 맞지 않기 때문이다. 당신이 웨딩드레스를 팔기 위해 런칭을 하는 경우 1~2년 내로 결혼 계획이 없는 잠재고객은 당신의 제품을 사지 않는다.

그런데 지금은 누구나 소셜미디어를 통해 아주 쉽게 큰 목소리를 낼 수 있는 시대라는 걸 기억하자. 당신의 제품이나 서비스에 대해 좋은 이야기를 해주는 사람들을 수만, 수십만이나 만들어내는 것의 이점은 너무나도 크다. 런칭을 통해 많은 수의 잠재고객과 신뢰관계를 형성하고, 그들 하나하나가 당신의 비즈니스에 대한 좋은 입소문의 근원지가 되어준다면 그 효과는 긍정적인 방향으로 증폭된다. 당신의 팬을 만들어내는 것은 비즈니스의 성공에 있어 더할 나위 없이 중요한 일이다.

프리런칭을 통해 시장에 최고의 가치를 제공한다면 결국 언젠가는 그 과실이 당신에게로 돌아온다. 어떤 잠재고객은 여러 번의 런칭을 그냥 지켜보기만 하다가, 관련 제품을 구매해야 하는 시기가 되면 결국은 제품 구매를 진지하게 고려한다. 잠재고객에게 최고의 가치를 제공하고 신뢰관계를 형성한다면 그들의 구매 시기와 맞아떨어지는 경우 그들이 당신의 제품을 구매하게 될 가능성은 매우 커진다.

2 이메일 리스트를 확장하고, 잠재고객과의 관계를 강화하라

일단 이메일 리스트를 갖게 되었다면 (수백 명 규모의 작은 이메일 리스트라 하더라도) 이제 당신은 자신의 운명을 스스로 통제할 수 있게 된 것이다. 이메일을 작성하고, 이메일 리스트의 잠재고객에게 발송하고, 매우 짧은 시간 내에 그들로부터 반응이 오는 걸 지켜본다면 당신이 생각하는 가능성의 범위는 그전과는 달라진다. 그리고 이와 같은 일을 직접 경험한다면 이메일 리스트의 중요성을 더욱 분명하게 인식하게 된다.

물론 여기서는 이메일 리스트라고 통칭하고 있지만 12장에서 언급했듯이, 당신의 잠재고객 리스트에는 여러 종류가 있다. 그리고 이메일 주소를 담고 있는 잠재고객 리스트는 온라인 비즈니스 사업가들에게 있어서는 가장 중요한 자산이 된다. 당신의 사업은 당신이 만드는 이메일 리스트의 규모만큼, 이메일 리스트 잠재고객과의 관계만큼 성장하게 된다.

잠재고객과의 상호작용 하나하나가 당신과 잠재고객과의 관계를 강화할 수도, 아니면 약화할 수도 있다. 그렇다고 해서 가치 있는 콘텐츠를 무료로 제공하기만 하고, 판매와 관련된 언급은 전혀 하지 말라는 의미는 아니다. 가치 있는 콘텐츠를 무료로 제공하고, 판매도 해야 한다. 잠재고객을 고객으로 만드는 것이야말로 최고의 관계가 완성되는 일이라는 점을 기억하라. 일단 당신의 제품을 구매한 고객들은 다른 잠재고객과 비교했을 때 앞으로도 당신의 제품을 구매하게 될 가능성이 매우 크다. 더 높은 가격을 수용하게 될 가능성도 매우 크다. 이들은 다른 사람들에게 당신의 제품을 추천할 가능성이 크며, 당신이 판매하는 제품으로부터 원하는 결과를 얻어낼 것이다.

③ 여러 개의 런칭을 진행하라

런칭을 진행하다 보면 다음 제품이나 런칭을 위한 좋은 아이디어가 한 개 이상 떠오르게 된다. 이는 PLF 방식으로 런칭을 진행하는 대다수에게 일어나는 일이다. 이와 같은 일이 일어나는 이유는 런칭 컨버세이션 때문이다. PLF 방식으로 런칭을 진행하면 잠재고객과 소통을 하게 되는데, 이 과정에서 잠재고객으로부터 많은 제안과 아이디어를 얻게 된다. 그리고 이렇게 얻은 아이디어를 기반으로 다수의 런칭을 진행할 수도 있다(루스 부친스키는 고객들로부터의 제안을 바탕으로 1년에 다수의 온라인 컨퍼런스를 진행한다). 내 프로그램의 수강생들은 1년에 서너 차례의 런칭을 진행하고, 어떤 사람들은 여기서 몇 차례의 런칭을 더 진행한다.

경영하는 사업의 분야에 따라 다르지만, 나의 경우는 보통 1년에 2회에서 4회의 런칭이 가장 적절하다는 결론을 내린 상태다. 사업 분야별로 한두 번은 대규모 JV런칭을 진행하고, 이를 통해 매출을 크게 높이고, 이메일 리스트도 크게 확장한다. 그리고 1년에 한두 번은 소규모 내부 런칭도 진행하는데, 제품의 내용 개선이나 새로운 판매 조건에 대한 시장 반응을 시험한다.

④ '서클 오브 어섬'을 활용하라

매우 효과적으로 작동하는 런칭의 과정, 혹은 런칭의 흐름이 있는데, 나는 이걸 서클 오브 어섬Circle of Awesome이라고 부른다. 어법상 그다지 올바른 표현이 아니라는 점은 나도 잘 알지만, 이런 표현이 입에는 꽤 잘 붙는다. 내용의 의미도 잘 전달하는 용어다.

서클 오브 어섬의 한 주기는 다음과 같이 진행된다. 우선 새로운 제품에 대한 아이디어가 떠오르면 시드런칭을 통해 그 아이디어를 제품화한다. 시드런칭이 완료되면 당신은 완성된 제품을 갖게 되는데, 이 제품으로 내부 런칭을 진행한다. 내부 런칭에서는 프리런칭의 전체 단계를 충실하게 진행하며, 이를 통해 당신의 런칭 방식을 정립한다. 내부 런칭은 시드런칭보다 더 큰 규모로 진행되기 때문에 당연히 재무적인 성과도 더 크게 나타난다.

내부 런칭에서 만족할 만한 결과가 나타났다면 그다음에는 JV런칭을 진행한다. 성공적인 내부 런칭을 진행했다면 당신에게는 JV파트너들에게 제시할 데이터와 평가 지표들이 있을 것이고, 내부 런칭에서 검증된 런칭 방식도 있을 것이다. JV런칭에는 변수들이 더 많기는 하지만, 내부 런칭을 진행했다면 대부분의 변수들은 관리가 가능하다. 그리고 JV런칭이 성공적으로 진행되는 경우, 재무적인 성과는 내부 런칭과는 비교도 할 수 없을 정도로 크게 나타나는 게 일반적이다.

시드런칭, 내부 런칭, JV런칭 등으로 이어지는 한 주기의 런칭들을 진행했다면 아마도 당신에게는 다음 제품에 대한 새로운 아이디어들이 모이게 될 것이다. 그렇다면 그 아이디어들을 기반으로 다시 시드런칭, 내부 런칭, JV런칭을 진행한다. 서클 오브 어섬 한 주기를 진행했다면 당신은 런칭에 대해 더 능숙해졌을 것이고, 더 확장된 이메일 리스트를 가졌을 것이고, 당신의 JV런칭에 기꺼이 참여하고자 하는 더 많은 JV파트너들을 보유하고 있을 것이다. 전보다 훨씬 더 유리한 입장에 있는 것이다.

이것이 서클 오브 어섬이며, 당신은 이를 통해 정말로 놀라운 결과를 이끌어낼 수도 있다.

5 리런칭과 에버그린런칭을 진행하라

런칭을 반복하여 진행하는 리런칭은 매우 효과적인 방식이 될 수 있다. 이는 지난 4장에서 소개한 배리 프리드먼의 방식이기도 하다. 그는 자신의 강습을 반복적으로 진행한다. 그의 쇼비즈 블루프린트는 소규모로 진행되는 수업이기 때문에 수업 참가자들과의 소통 수준이 매우 높고, 강습료도 꽤 비싸다. 그럼에도 수요는 매우 높아서 강습을 정기적으로 진행하기 위해 리런칭을 진행한다.

리런칭이 가능하려면 당신의 이메일 리스트로 새로운 잠재고객이 계속 유입되어야 하고, 당신의 런칭이 확실한 효과성을 가져야 한다. 이 두 가지의 조건이 충족되는 경우 당신은 리런칭을 진행하며 높은 성과를 이어나갈 수 있다. 그리고 더 나아가 에버그린런칭을 진행하게 될 수도 있다.

사실 에버그린런칭은 이 책의 범위를 넘어서는 개념인데, 당신의 리스트로 유입된 잠재고객이 그 유입 시기에 따른 런칭에 바로 참여하고, 이와 같은 과정이 지속적으로 반복되는 상황을 의미한다.

6 기존의 고객들을 관리하고, 그들을 대상으로 런칭을 진행하라

사실 이 여섯 번째 핵심 원리는 모든 비즈니스에서 중요하게 다루어지는 개념이다. 새로운 고객을 만드는 것보다 기존의 고객에게 추가로 판매하는 것이 훨씬 더 용이한 일이다. 구체적인 통계치는 업종과 시장에 따라 천차만별이지만, 어쨌든 이 둘의 차이는 언제나 현저하게 나타난다. 내 경우는 기존의 고객에게 재판매를 하는 일이 새로운 고객을 만드는 일에 비해 15배나 용이한 것으로 나타난다.

따라서 당신은 기존의 고객들을 잘 관리해야 한다. 나는 내 고객들에게 약속한 것보다 더 많은 것들을 제공하는 식으로 접근한다. 이는 계획에 따른 것으로, 제품의 판매조건을 설계할 때 미리 고객들에게 제공할 보너스도 마련해둔다. 이런 보너스를 제품의 판매조건 가운데 하나로 제시하거나 런칭 과정에서 미리 언급하는 게 아니라, 고객들의 구매 절차가 모두 끝난 후에 예고 없이 보너스를 제공한다. 가장 까다로운 고객들조차 기대하지 않았던 보너스가 주어지면 좋은 반응을 보인다. 기존의 고객들을 기쁘게 만드는 일은 놀라울 정도로 쉽다. 그다지 많은 비용을 들이지 않고서도 기존의 고객들을 행복하게 만들어줄 수 있다.

비즈니스를 고객들의 기억에 오래 남기는 일은 어렵지 않다. 약속한 제품을 공급하고, 높은 수준의 고객 지원을 제공하고, 추가적으로 한두 가지의 보너스를 제공하면 되는 일이다. 이와 같은 작은 노력은 나중에 100배의 보상으로 돌아온다. 당신으로부터 보너스를 받은 고객들은 당신의 다음 런칭에도 참여하고, 다른 잠재고객에게 당신에 대한 좋은 평가를 전할 것이다.

BLF가 만들어낸
성공들

BLF는 하나의 장에서 제대로 다루기에는 너무나도 큰 주제다. 다만 수많은 내 고객들이 이 방식을 통해 꾸준히 성공을 만들어내고 있기 때문에 개괄적으로나마 소개했다. 지금 많은 수의 고객들은 PLF를 기반으로 거기서 한 단계 더 나아가고 있다. 한 번의 런칭을 진행하고, 그 성공을 발판 삼아 다음 런칭을 진행하고, 그렇게 반복적으로 런칭을 진행하며 자신의 사업을 만들어나간다. 그 과정에서 이메일 리스트는 더욱 확장되고, 제품의 품질은 더욱 개선되고, 제품 구매 이력이 있는 고객들의 수는 더욱 증가하고, JV파트너들로부터의 지원은 더욱 강화된다. 이것이 바로 BLF의 작동 방식이다.

15장

자신이
정말로 좋아하는 사업을
시작하라

사업을 하는 것과, 자신이 정말로 좋아하는 사업을 하면서 삶을 살아가는 것은 완전히 다른 이야기다. 많은 사업가가 해야 하는 일이니까 그냥 하루하루 일을 해나간다. 어떤 사업가들은 자신이 좋아하지 않는 일, 심지어 하기 싫은 일을 견뎌가며 사업을 유지한다. 둘 다 그렇게 좋은 상황은 아니다.

이해가 가지 않는 것은 아니다. 나도 한때는 그랬지만, 수입을 발생시키는 것, 얼굴을 물 위로 내놓은 상태로 떠있는 것만으로도 힘든 시절이 있다. 공과금을 내고 식탁에 음식을 올리는 것조차 어려울 때는 이익이 나는 사업이라면 어떤 것이든 하려고 한다. 그러나 대다수에게 이 절박한 시기가 지나가고 어느 정도의 수입이 발생하면, 자신의 일은 수입을 발생시키는 것 그 이상의 의미로 다가온다. 자신이 좋아하지 않는 일, 혹은 싫어하는 일을 하는 경우 다음과 같은 질문이 떠오르는 것이다. "정말로 이것밖에는 없는 걸까?"

정말로 좋아하는 사업을 만들기 위해서는 그 사업에 자신의 심장과 영혼을 모두 쏟아부어야 한다. 자신의 사업을 갖는 것의 장점은 사업에 관한 규칙을 스스로 만들 수 있다는 점이다. 물론 그 규칙은 법과 도덕 테두리 안에 있어야 한다. 그렇다면 승리를 가져다줄 규칙을 왜 만들지 않는가? 왜 당신에게 유리한 방향으로 규칙을 정하지 않는가?

자신이 정말로 좋아하는 사업을 만드는 최적의 도구는 다름 아닌 PLF다. 그리고 그런 사업을 만들기 위해서는 우선 사업에서 바라는 것이 무엇인지를 분명하게 파악해야 한다.

사업을 하는 '진정한 이유'

자신이 정말로 좋아하는 사업을 만들기 위해서는 먼저 사업을 하는 이유를 분명히 해야 한다. 부자가 되는 게 목표라면 그것도 좋은 이유다. 돈을 많이 번다는 것은 정말로 멋진 일이다. 돈에는 자유와 에너지가 비축되어 있다. 너무 적은 돈을 가져도 문제이고, 너무 많은 돈을 가져도 문제라고 하는데, 나는 문제를 겪게 된다면 후자 쪽을 선택하고 싶다.

사람들은 일정 수준의 돈을 벌게 되면 그다음부터는 자기 인생을 넓혀가기 시작한다. 내 경우는 세상에 대해 긍정적인 영향력을 만들어내기를 바라며, 다른 창업자들을 돕는 일을 한다. 사람들과 함께 일을 하는 것도 좋아해서 직원들에게 많은 성장 기회를 주고 있다. 함께 팀을 이루어 좋은 분위기에서 일을 하고 싶기 때문이다. 누군가는 위대한 기술 개발을 추구하고, 다른 사람들의 교육에 관심을 가지고, 세상의 고통을 줄이는 일을 찾는다.

처음에 어떤 목표를 가지고 사업을 시작했더라도 어느 시점부터는 처음의 목표보다 더 고차원적인 목표를 추구하게 된다. 그렇게 되면 처음의 구체적인 목표는 더 이상 중요하지 않게 된다. 사업을 하는 사람들은 자신이 진정으로 추구하는 중요한 목표가 무엇인지를 알고 있어야 한다. "당신이 지금 어디로 가는지를 알지 못한다면 그 길이 당신을 아무 곳이나 데려갈 것이다." 이 말을 꼭 기억하길 바란다.

PLF 코칭 프로그램에는 사업을 하는 진정한 이유를 찾는 과정이 포함되어 있다. 그리고 이 과정에 대한 프로그램 참가자들의 반응은 정말로 좋다. 자신이 사업을 하는 진정한 이유를 발견하게 되면 그전과는 다른 태도를 갖게 된다.

당신이 원하는 고객들을 찾으라

모든 사람이 똑같지는 않다. 사업을 하는 사람들에게 고객은 더더욱 똑같지 않다. 너무나도 좋은 고객들이 있는가 하면, 그렇지 않은 고객들도 있다. 시장에는 분명히 당신의 제품이나 작업물을 더 좋아해주는 사람들이 있고 그렇지 않은 사람들도 있다.

사람들을 차별하라는 말이 아니다. 하지만 시장에는 분명히 내 스타일을 좋아하는 사람들이 있고, 그렇지 않은 사람들이 있다. 런칭을 진행하다보면 격식을 차리지 않는다, 너무 느슨하게 진행한다, 다른 옷을 입어야 한다, 너무 어려 보인다, 너무 늙어 보인다 같은 부정적인 의견을 주는 사람들이 있다. 사람들이 나에게 이런 부정적인 의견을 주는 건 괜찮다. 결국에는 내 스타일과 잘 맞는 사람들이 나의 고객들로 남게 된다. 내 스타일과 잘 맞는 고객들이 나의 사업과 인생에 있어 정말로 좋은 고객이라고 굳게 믿고 있다.

지나치게 자기중심적이라고 생각하는 사람들이 있을 것이다. 이것 역시 괜찮다. 내 스타일이 마음에 들지 않을 수 있다. 내 스타일과 잘 맞는 사람들이 나와 오랜 관계를 유지하며 상호간에 긍정적인 효과를 만들어낼 수 있다고 믿는다.

당신의 사업 역시 마찬가지다. 더 잘 맞는 사람들이 있고, 그렇지 않은 사람들이 있다. 잘 맞는 사람들을 고객으로 끌어들이고, 그렇지 않은 사람들을 내치는 게 바로 효과적인 마케팅의 여러 가지 기능 가운데 하나다.

내친다는 말이 너무 지나친 표현이라고 생각하는가? 하지만 당신과 잘 맞지 않는 고객들이 너무 많다면 당신도 싫을 것이다. 나는 이러한 경험을 자주한다. 얼마 전에도 두 개의 라이브 컨퍼런스를 연이어 진행하면서 나와 잘 맞는 고객들과 잘 맞지 않는 고객들이 나의 사업과 인생에 어떤 차이를 만들어낼 수 있는지를 분명하게 경험했다. 두 컨퍼런스 모두 수백 명이 참석하는 큰 규모로 진행했고, 표면적으로는 둘 다 비슷한 참석자들이 모이는 컨퍼런스처럼 보였다.

첫 번째 그룹은 나의 강연에 매우 열정적으로 반응했다. 그들은 내가 하는 모든 말에 호응했다. 나의 요구에 맞추어 컨퍼런스에 적극적으로 참여했고, 질문도 많이 했다. 강연장 내부는 에너지로 가득했고, 그 모든 순간이 행복했다. 강연을 마치고 연단에서 내려오자 참석자들은 내 주위로 모여들었다. 그들은 질문을 했고, 우리의 대화는 두 시간 넘게 더 이어졌다.

그러나 두 번째 그룹의 분위기는 완전히 달랐다. 그들은 조용하게 나에게 집중하는 태도를 보이기는 했지만, 그게 전부였다. 그들은 강연에 적극적으로 참여해주지 않았다. 질문도 거의 없었고, 강연장의 분위기는 그야말로 썰렁했다.

이 두 개의 상반된 컨퍼런스 분위기가 말해주는 바는 분명했다. 첫 번째 그룹이 바로 '내 사람들'인 것이다. 그들 가운데 대부분은 나를 처음 보는 사람들이었지만, 그들과 나는 서로 잘 맞았다. 반면에 두 번째 그룹은 내 사람들이 아니었다. 그들은 분명 예의 바르고 좋은 사람들이었지만, 나와 잘 맞는 사람들은 아니었다.

알고 보니 두 컨퍼런스의 차이를 만들어낸 것은 마케팅이었다. 첫 번째 컨퍼런스의 마케팅은 내 방식대로 잘 진행되었다. 그러나 두 번째 컨퍼런스의 마케팅은 그렇지 않았다. 두 번째 컨퍼런스를 위한 마케팅과 메시지는 사람들의 컨퍼런스 참석을 강하게 요구하는 내용으로 구성되어 있었다. 내가 고객들과 소통하는 방식과는 완전히 달랐다.

참석자들의 차이는 강연장 안에서 끝나지 않는다. 고객들이 나와 어떤 관계를 형성하게 되는지 계속 추적하는데, 첫 번째 그룹이 훨씬 더 좋은 고객이라는 걸 확인할 수 있었다. 그들은 뭔가를 추가적으로 요구하는 일이 적었고, 환불 요구도 적었고, 커뮤니티에서 더욱 적극적으로 활동했다. 컨퍼런스를 통해 더 좋은 결과를 만들어냈고, 그렇기에 나에게는 더욱 훌륭한 케이스 스터디 자료를 제공해주었고, 나중에 더 비싼 강습료를 내는 엘리트 코칭 그룹에 참여하는 사람들의 숫자도 훨씬 더 많이 나왔다.

자신과 잘 맞는 사람들을 고객으로 찾으라. PLF는 당신이 원하는 유형의 고객들을 선별적으로 유인하는 데 사용할 수 있는 효과적인 도구다. PLC를 통해 당신의 진짜 이야기, 솔직한 이야기를 전한다면 당신과 잘 맞는 사람들을 고객으로 유인할 수 있다. 이것이 PLF의 방식이다.

멀리 내다보라

아들이 산악 자전거를 배우기 시작했을 때 코치가 "멀리 내다봐야 해"라는 말을 했다고 한다. 산악 자전거를 타고 산길을 내려갈 때는 바로 앞의 길만 봐서는 안 된다. 그건 자전거와 함께 산길에서 구르게 되는 확실한 방법이다. 바로 앞만 보고 달린다는 건 구덩이나 장애물에 대해 순간적으로 대처하겠다는 것인데, 그런 식으로 달리다가는 금세 실수하게 된다.

산악 자전거를 탈 때는 멀리 내다보며 자신의 앞에 나타날 수 있는 구덩이나 장애물에 미리 대비해야 한다. 최대한 멀리 보고, 코너가 나올 때는 길의 굴곡까지 미리 파악해둬야 한다. 그리고 나무에 의해 시야가 가려지는 곳을 통과할 때는 시야에 들어오는 단서들을 통해 다음에 나타날 수 있는 길의 흐름을 최대한 정확하게 예측하려고 해야 한다.

비즈니스도 마찬가지다. 한 주 뒤나 한 달 뒤를 보는 게 아니라 더 멀리 봐야 한다. 당장에 나타나는 좋아 보이는 기회에 일일이 반응하지 말고, 새로 나타나는 전술에 관심을 갖느라 기존의 궤도에서 이탈하지 말라. 기존의 궤도를 수정하고 진로를 바꾸려고 할 때는 그렇게 해야 하는 합리적인 이유가 있어야 한다.

너무나도 많은 사업가들이 최신 유행 전술을 쫓거나 당장의 수익을 추구하느라 자신의 브랜드와 평판, 시장에서의 지위를 상당 부분 상실하는 걸 봐왔다. 시장의 분위기에 단기적으로 반응하느라 이와 같은 상실을 겪는 사업가들을 보는 건 너무나도 안타까운 일이다. 반대로 생각하면 장기적인 시각으로 (요즘은 장기적이라고 하면 보통 3개월 이상의 기간을 말하는 것 같다) 사업을 이끌어가는 사람들은 그 자체로 시장에서 차별화를 이루어내는 셈이다.

마스터마인드 그룹을 활용하라

마스터마인드 그룹은 나폴레온 힐의 1937년 책인 『생각하라 그리고 부자가 되어라』에 나온 개념으로, 성공을 추구하는 사람들로서는 그냥 지나쳐서는 안 되는 개념이다. 처음 사업을 시작했을 때부터 마스터마인드 그룹에 적극적으로 참여했는데, 솔직히 말해 그 마스터마인드 그룹 활동이 없었다면 지금의 성공도 없었을 것이다.

마스터마인드 그룹이 작동하는 방식은 간단하다. 마음이 잘 맞는 사업가들과 함께 모임을 만들고, 그 모임 안에서 서로의 사업 성장을 지원하는 것이다. 네트워킹 그룹은 아니다. 물론 모임을 만들고 구성원들끼리 서로 교류를 한다는 점에서 네트워킹 그룹과 비슷한 면들이 나타날 수는 있지만 말이다. 하지만 어떤 구성원의 문제에 대해 브레인스토밍을 하고, 정보와 지식을 나누고, 자신이 제공한 정보와 지식에 대해서는 책임감을 갖는다는 점에서 일반적인 네트워킹 그룹과는 다르다.

마스터마인드 그룹에서는 어느 한 구성원이 자신이 처한 문제를 모두에게 공개하고, 나머지 구성원들이 브레인스토밍 방식으로 해당 문제의 해결법을 찾는 식으로 토론이 진행된다. 자신이 속한 마스터마인드 그룹에 책임감을 가진 20명에서 30명의 사업가들에게 누군가의 비즈니스 문제를 들려주면 해결책을 찾기 위해 모두 한바탕 난리를 치른다. (그 열띤 분위기를 보면 회의실에 무기를 두면 절대로 안 되겠다는 생각이 들 정도다.) 사실 자신의 문제를 해결할 때보다는, 남의 문제를 해결하기 위해 나서는 게 훨씬 더 재미있는 일이기도 하다.

내가 처음 마스터마인드 그룹에 참여한 건 1999년이고, 이후에도 여러 그룹에 참여해왔다. 전문 주관자가 있는 유료 회원제인 그룹도 있고, 전문 주관자 없이 친한 사업가들끼리 모인 그룹도 있다. 모임을 갖는 방식도 다양하다. 이메일 기반, 전화 기반 등 다양한데, 가장 효과적인 모임은 직접 대면 방식의 모임이다.

내 고객들을 대상으로 유료 회원제 마스터마인드 그룹들을 만들고 나 역시 여기에서 활동한다. PLF 커뮤니티에서 함께 활동하는 사람들끼리 만든 이 모임은 비즈니스 전우들이 함께 하고 있으며, 다른 곳에서는 경험할 수 없는 강하고 끈끈한 연대의식을 여기에서 경험하게 된다.

마스터마인드 그룹에서 기대하는 효과가 나타나기 위해서는 그룹에 참여하는 사람들의 역량과 연대의식이 중요하게 작용한다. 최고의 마스터마인드 그룹이 되기 위해서는 그 안에 모인 사람들이 자신의 것을 취하기보다는 다른 사람들을 위해 가치를 창출해야 한다는 생각을 가져야 한다. 참여자들 모두가 다른 동료들을 돕는 일에 초점을 맞추고, 자신이 취하게 되는 보상은 그러한 과정의 결과로 자연스럽게 생겨난다는 인식을 가져야 마스터마인드 그룹 활동에서 최고의 결과가 만들어진다.

단순히 남들을 위해 뭔가를 한다는 마음만으로는 충분치 않다. 그 안에 모인 사람들이 서로에 대해 강한 연대감과 호감을 가져야 한다. 이 그룹 내에서 자신이 가장 똑똑한 사람으로 인정받겠다는 의욕을 가지고 있는 사람은 그리 바람직한 참여자가 아니다. 최고의 마스터마인드 그룹에서는 "우리 모두 함께하는 사람들이다"라는 강한 연대감과 소속감이 참여자들 사이에 공유된다. 내 경우 정말로 마음에 드는 모임에 한 번이라도 빠지게 되면 커다란 상실감마저 느낄 정도다. 며칠 동안 컴퓨터를 쓰지 못하는 경우, 컴퓨터를 다시 켰을 때 가장 먼저 하는 일은 마스터마인드 그룹 사람들로부터 온 이메일을 확인하는 것이다.

"밀물 때는 모든 배가 전부 뜨게 된다"는 말이 있는데, 마스터마인드 그룹이 제대로 작동하면 모두에게 좋은 일이 일어난다. 모든 구성원이 서로를 도우려 하고, 어떤 식으로든 모두가 도움을 받게 된다. 참여자들은 새로운 아이디어를 얻고, 교류의 범위를 넓히고, 연대감을 통해 정서적으로도 성숙해지고, 이는 사업과 인생의 성공으로 이어진다.

좋은 마스터마인드 그룹을 찾아 그 그룹의 일원으로 활동하라. 당신이 직접 모임을 만드는 방법도 있다. 자신에게 잘 맞는 마스터마인드 그룹을 찾기 위해서는 여러 곳을 경험해봐야 한다.

비즈니스에서
가장 중요한 것

최근에 진행했던 한 PLF 라이브 워크숍에서 한 참석자가 질문을 했다. 비즈니스에서 가장 중요한 것, 중요한 많은 것들 중에서도 더욱 중요한 것, 비즈니스를 하면서 특별히 더 관심을 가져야 하는 것 한 가지를 꼽는다면 그게 무엇이냐는 질문이었다. 정말로 대답하기 어려운 질문이었다!

이 질문에 대한 나의 대답은 '기회비용'이었다.

위키피디아에서 기회비용을 찾아보면 "상호 배타적인 다수의 선택들 가운데 어느 한 가지를 선택했을 때 선택자에게 가능했던 차선의 선택과 관련된 비용"이라고 나온다. 꽤나 난해한 설명이다. 나는 기회비용이라고 하면 다수의 선택들 가운데 어느 하나를 선택했을 때 내가 포기해야 하는 것을 기회비용이라고 생각한다. 이때 포기해야 하는 것에는 돈 외에도 다양한 것들이 들어가며, 사업가에게 가장 중요한 기회비용은 시간이다.

처음 사업을 시작하면 언제나 자본 부족을 겪고, 그렇기 때문에 웬만한 일은 사업가가 직접 한다. 그래서 사업가는 언제나 시간이 부족하다. 이때 올바른 선택을 하는 것은 무척이나 중요하다. 잘못된 선택을 하는 경우 그건 몇 주, 몇 달, 심지어 몇 년의 시간 낭비를 만들기 때문이다.

그래서 기회비용이 가장 중요하다는 것이다. 어떤 기회를 추구하는 데는 돈만 들어가는 게 아니라 돈보다 더 가치 있는 것들을 비용으로 치르게 된다. 아무런 행동을 하지 말라는 뜻은 아니다. 아무런 행동을 하지 않는 것은 그것대로 막대한 기회비용을 유발한다. 선택을 할 때는 신중해야 한다는 말이다. 어떤 길을 선택한다는 것은 다른 길들을 포기한다는 것을 의미하기 때문이다. 일단 사업이 성공 궤도에 오르면 기회비용의 문제는 더욱 중대하게 다가온다.

초기의 성공은 더 큰 성공의 기회를 제공한다. 초기의 성공 직후에는 그야말로 사업의 기회와 일거리가 밀려든다. 당신이 시장에서 성공을 거두고, 다양한 자산을 구축하고, 당신의 가치와 능력을 증명해 보이면, 갑자기 많은 사람이 당신과 함께 일을 하고 싶어 한다. 이렇게 일이 밀려드는 건 좋은 일이다. 성공이 더 큰 성공을 부른다. 무자본 상태에서 1000달러를 버는 것보다, 10만 달러 상태에서 100만 달러를 버는 게 더 쉽다는 말이 나오는 이유다. 그런데 이렇게 일이 밀려들면 자칫 잘못된 선택을 하기가 쉽다. 당신이 가지고 있는 시간, 에너지, 집중력, 자산은 한정되어 있기 때문에 주어진 어떤 기회를 선택하는 것은 다른 기회들은 포기한다는 것을 의미한다.

비즈니스 코치 딘 그라지오시는 기회비용을 책이 꽉 들어찬 책장에 비유를 한 바 있다. 책장이 꽉 들어차있는 상태에서 정말로 좋은 책을 발견하여 그 책이 사고 싶어지면 살 수는 있다. 하지만 그 책을 산다면 책장에서 다른 책 하나를 치워야 한다.

사업을 하면서 선택의 기회를 갖는 건 좋은 일이다. 그러나 어떤 선택이든 기회비용을 수반한다. 기회비용의 가치를 넘어서는 올바른 선택을 하는 것은 사업 성공을 결정하는 가장 중요한 요인 가운데 하나라는 점을 기억하라.

배움에는 끝이 없다

사업에서 성공을 이어나가고자 한다면 끊임없이 배워야 한다. 시장, 고객, 경쟁자들이 계속 변하기 때문에 꾸준히 배우지 않는다면 사업을 유지하는 것도 어렵다. 사업의 속성상 나는 크게 성공한 사업가들을 많이 알고 있는데, 당신에게 이것 하나는 분명하게 말할 수 있다. 최고의 위치에 오른 사람들은 끊임없이 배우는 사람들이다. 공부 같은 건 하지 않아도 되는 사업가는 없다.

물론 내가 하는 일이 사업가들을 가르치는 일이라서 이런 소리를 한다고 치부해버리는 사람들도 있을 것이다. 하지만 내가 하는 말은 사실이다. 나 역시 계속 새로운 것들을 배우기 위해 엄청난 시간과 돈을 쓰고 있다. 그렇게 해야만 한다. 배우는 것도 내 일이라고 생각한다. 성공하기 위해서는 꾸준히 새로운 것들을 배워야 한다. 그리고 이렇게 했을 때 당신에게 주어지는 보상은 엄청난 것이 될 수 있다.

당신은 공부를 해야 한다. 그것도 끊임없이 공부를 해야 한다.

누구도 섬이 될 수는 없다

당신은 섬이 되어서는 안 된다. 동종 업계의 사업가들과 깊은 관계를 맺어나가야 한다. '경쟁자'라는 표현을 사용하기는 했지만, 사실 수강생들 앞에서는 경쟁자라는 표현을 사용하지 않는다. 동종 업계에서 일하는 사업가들을 파트너, 혹은 미래의 파트너로 인식한다.

물론 동종 업계의 사업가들이 경쟁자일 수밖에 없는 분야도 있다. 가령 체육관 사업의 경우 어느 한 체육관에 다니는 고객은 다른 체육관을 같이 다니는 것은 현실적으로 어렵다. 이 경우 같은 지역에 있는 체육관들은 서로 직접적인 경쟁관계에 있을 수밖에 없다.

점점 더 많은 사람이 지식 근로자가 되고, 더 많은 사업이 지식 사업이 되어가면서 기업간의 협력 기회도 늘어난다.

내 사업만 하더라도 나와 직접적인 경쟁 관계에 있다고 할 수 있는 다른 사업가들과의 파트너십을 통해 만들어졌다. 나와 내 파트너들은 경쟁 대신에 협력을 선택했고, 우리는 서로의 파이를 빼앗기 위해 고민하지 않는다. 협력을 통해 전체적인 파이의 크기를 키우기 위해 노력한다. 경쟁 관계에 있는 사업가들을 당신의 협력자로 만들 수 있는 방법을 찾아보자. 네트워크가 힘인 시대다.

정보산업의 요소가
중요하다

이 책에서 소개했던 사례들은 대부분 정보산업의 사례들이다. 테니스, 저글링, 반려견 훈련 같은 거의 다 사람들에게 뭔가를 가르쳐주는 온라인 교육 사업이다. 하지만 모든 산업이 정보산업이 될 수는 없는 법이다. 누군가는 자동차를 팔아야 하고, 부동산 거래를 중개해야 하고, 카펫을 청소해야 한다.

그런데 지금은 어떤 일을 하든 어느 정도 정보산업의 요소를 도입할 필요가 있다. 판매 프로세스에 도입할 수도 있고, 제품의 일부로 도입할 수도 있다. 어떤 산업 분야가 되었든 정보산업의 요소는 성공 여부를 결정하는 중요한 요인이 될 것이다.

카펫 청소 사업을 하고 있는 조 폴리쉬는 카펫 청소 사업자들만 아는 비법 콘텐츠를 무료로 풀어 많은 고객들을 모았다. 그가 만들고 공개한 무료 콘텐츠는 수많은 잠재고객에게 노출되었기 때문에 앞으로도 계속 좋은 결과가 나타날 것이다. 그가 일하는 분야는 정보산업이 아니지만, 그는 자신의 오프라인 서비스 사업을 더욱 강화하기 위해 정보산업의 요소를 이용했다.

우리는 지금 인터넷 시대를 살고 있다. 사람들은 인터넷으로 뭔가를 하려고 하며, 어떤 분야든 인터넷에서 정보를 찾아보려고 한다. 이와 같은 환경에서 사업가들은 자신의 분야에 관계없이 어느 정도는 정보산업의 요소를 이용할 필요가 있다. 제품의 일부분이든, 아니면 마케팅의 수단으로서든 말이다.

고객들은
인간적인 사업가를 반긴다

사업에 인간적인 요소를 도입했을 때 제품을 판매하기가 훨씬 더 쉽다. 사업을 처음 시작했던 1996년부터 알게 되었다. 언제나 고객들을 대할 때 사업의 규모를 자랑하지 않았다. 있는 그대로의 모습으로 고객들을 대했다. 이메일을 보낼 때도 '저희가'라는 표현을 사용하지 않았다. 1990년대 중반으로 되돌아가보면 다들 자기 사업의 규모가 크고 자기가 매우 중요한 일을 하는 것처럼 보이기 위해 노력하고 있었지만, 나는 고객들에게 이메일을 쓸 때도 친구들에게 이메일을 쓰는 것처럼 가볍고 편안한 어투를 사용했고, 그게 오히려 좋은 반응으로 이어졌다.

사무적인 목소리는 판매에는 전혀 도움이 되지 않는다. 고객들에게 말을 하거나 이메일을 보낼 때는 지나치게 정중한 '저희'라는 표현은 사용하지 말라. 한 사람의 지인에게 말하는 것처럼 하라. 그래야 판매에 도움이 된다. 게다가 이렇게 하는 편이 일을 하기에도 더 즐겁다. PLF에서도 가장 중요하게 취급하는 게 바로 고객들과의 대화와 소통이다. 대화와 소통을 기반으로 고객들과의 관계를 강화하는 게 사업 성공의 출발점이다.

16장

원하는 인생을
사는 법

나는 대학시절 경영학과에 재학했고 졸업 후에는 애리조나 템피에 정착하게 되었다. 미시간의 대도시 지역에서 성장했고, 대학을 졸업할 때까지 미시시피강 서쪽으로는 가본 적이 없었지만, 항상 미국 서부로 가고 싶다는 생각은 했다.

취업이 되고 미시간에 애리조나까지 직접 차를 몰고 이사를 가는데, 나흘 동안이나 운전을 해야 했다. 그러다 사흘째 밤에는 그전까지 한 번도 들어본 적이 없던 콜로라도 두랑고라는 도시의 작은 호텔에 묵게 되었다. 두랑고는 웅장한 산맥 아래에 위치한 도시인데 나는 평생 그런 산맥은 본 적이 없었다. 정말 인상 깊은 광경이었다. 다음 날 아침,

부모님에게 전화를 걸어 두랑고에 대한 이야기를 끊임없이 했다.

그렇게 몇 분이나 이야기를 하자 아버지가 나에게 이렇게 말씀하셨다. "와우, 우리 아들은 그냥 두랑고에서 살고 싶은 모양이네. 애리조나까지 갈 거 없이 말이지." 그 당시에는 농담이라 여기고 말았는데, 아버지의 말씀이 현실이 된 지금은 그때 아버지와 나눴던 대화가 종종 생각이 난다.

부모님은 자식들을 잘 길러주셨고, 전부 대학교에도 보내주셨다. 인생의 출발을 순조롭게 할 수 있도록 지원해주셨던 것이다. 대학교에 다닐 때만 하더라도 내 인생의 행로는 이미 정해져있다고 생각했다. 졸업하고, '좋은 직장'을 찾고, 그 직장에서 평생 일하게 될 줄 알았다. 친척들도, 친구들의 가족들도, 이웃들도 전부 그렇게 살고 있었기 때문이다.

한편으로는 어떤 이유에서인지 사업이 하고 싶었다. 왜 그런 생각을 갖게 됐는지는 모르겠는데, 열 살 때부터 사업을 하고 싶다는 생각을 자주 했다. 하지만 주위에는 롤모델이 없었고, 사업을 어떻게 시작하고 어떻게 운영해야 하는지, 작은 실마리조차 잡을 수가 없었다. 물어볼 수 있는 사람이 아무도 없었다. 결국 내가 알고 있는 인생을 따라 템피로 이사를 갔다.

템피로 이주하고 직장 생활을 시작하자마자 나는 대기업 직장 생활이 나와는 맞지 않는다는 사실을 깨달았다. 몇 년 후 나는 직장을 관두고, 대기업의 세상을 떠나 집에 머물며 우리 아이들을 돌보기 시작했다. 그곳으로 돌아갈 생각은 전혀 들지 않았다.

살고 싶은 곳에서
사는 자유

콜로라도 두랑고에 있는 집에서 지금 이 글을 쓰고 있다. 앞에서 이미 말했지만, 우리 가족이 이 집으로 이사를 온 건 20년 전의 일이다. 내가 두랑고에서 살고 싶어 하는 것 같다던 아버지의 생각은 정확했다. 두랑고에서 살 수 있게 된 건 한곳에 정착할 필요가 없기 때문이다. 나는 전 세계 어느 곳으로라도 이사를 가서 살 수 있다.

내 사업은 100퍼센트 온라인 기반으로 진행되고, 직원들과의 업무 협력도 100퍼센트 온라인 기반이다. 어느 한 지역에 얽매여 거주하지 않아도 된다. 인터넷 연결이 되는 곳이라면 어디에서든 일할 수 있다.

두랑고가 거주 선호도 1위를 찍는 지역은 아닐 수 있어도, 나는 이 도시를 사랑한다. 집 바로 뒤로 너무나도 웅장한 산맥이 펼쳐져있고, 차를 몰고 몇 시간만 나가면 멋진 사막 지대가 펼쳐져 있다. 두랑고에서는 스키, 산악 자전거, 급류타기 같은 스포츠 활동을 쉽게 즐길 수 있다. 자녀들을 키우기에도 아주 좋다.

나는 아침에 일어나고 싶을 때 잠자리에서 일어난다. 아침에 알람을 맞춰놓는 경우는 스키를 타러가거나, 이용해야 하는 항공편이 오전 시간에 있을 때뿐이다. (내가 항공편을 이용하는 경우는 가족 여행이 대부분이고 업무상 출장의 경우는 내가 만나고 싶은 사람들을 만나거나, 아니면 세계적인 수준의 세미나에 참가하기 위해서 간다.)

생활을 뽐내기 위해 이런 말을 하는 게 아니다. 당신에게 어떤 인생이 가능한지를 알려주기 위해 이런 말을 하는 것이다. 나는 지금까지 내 사업을 통해 수십만 명의 사업가들을 도와왔고, 훌륭한 팀원들과 함께 일하고 있고, 좋은 평가를 해주는 수많은 사람들이 참여하고 있는 커뮤니티를 운영하고 있다. 꿈꾸던 것보다 훨씬 더 높은 수준의 소득을 내고, 살고 싶은 곳에서 살며 주위의 아름다운 자연을 즐길 수 있는 시간적 여유까지 누린다.

능력이 특별히 뛰어나거나, 보통 사람들은 알지 못하는 비결을 알고 있거나, 인맥이 좋거나, 아니면 그냥 대단히 운이 좋은 것일 뿐이라고 생각하는 사람들도 있을 것이다.

하지만 나는 지금 나열한 것들과는 하나도 관련이 없는 사람이다. 능력이 뛰어나지도 않고, 인맥도 없고, 사업을 시작할 때 누구의 도움도 받지 못했다. 심지어 사업을 시작할 당시에는 돈도 없었다.

미국 중서부 도시 출신의 평범한 청년이었고, 회사에 적응하지 못했고, 생활비에 쪼들리던 미스터 맘이었다. 그런데 PLF로 시작한 사업 덕분에 삶은 달라졌다. 성공의 이면에는 엄청난 노력과 적지 않은 행운도 있었지만, 성공의 원동력은 PLF다.

원하는 인생의 모습을
글로 적어 보자

처음 사업을 시작하기 직전에 이상적인 내 인생의 모습을 구체적으로 적었다. 그 당시 읽었던 한 자기계발서에 나왔던 방식이었는데, 이 작업이 성공의 토대 가운데 중요한 한 가지라고 생각한다. 이 작업은 오래 걸리지도 않고, 어렵지도 않다. 소득, 생활수준, 인간관계, 물질적인 것들, 가고 싶은 여행지 같은 인생에서 원하는 것들을 적으면 된다. 이상적으로 생각하는 것들을 정말로 이룰 수 있을지에 대해 큰 자신감이 없었기 때문에 이 리스트를 그리 길게 작성하지는 않았다. 지금 누리고 있는 것들에 비하면 그 당시의 리스트는 별로 과도한 수준의 것도 아니었지만, 어쨌든 당시 작성했던 내 인생의 이상적인 모습은 그 이후 삶의 방향을 제시해준 게 분명하다.

리스트를 작성한 다음 내 다이어리 포켓에 그 종이를 접어서 넣고, 그 종이에 대해서는 잊고 지냈다. 그러다 몇 년 후에 그 종이를 꺼내보게 되었는데, 놀랍게도 그 종이에 적었던 목표는 거의 다 이루어졌다. 그 이후 미래에 이루고자 하는 목표를 구체적으로 글로 적어, 인생 비전을 구체화하는 작업의 효과를 믿게 되었다.

일단 사업이 성장하기 시작하자 재빨리 내 인생 목표 리스트를 새롭게 작성했다. 소득수준, 일 이외의 자유 시간, 여가 활동으로 하고 싶은 것들, 재산 수준, 내 사업의 모습, 사회에 대한 내 영향력, 함께 일하고 싶은 사람들의 모습 등 내가 미래에 원하는 모든 것을 글로 적었다. 여기서 더 들어가기를 원하는 사람들은 미래의 인간관계, 건강 상태, 교육, 주택, 가족 등 항목을 추가할 수도 있다.

이 작업에 정답이라는 건 없다. 원하는 미래의 모습을 자유롭게 적으면 된다. 한번 적었다고 해서 그걸로 끝이 아니다. 언제든지 그 내용을 바꿀 수 있다. 현시점에서 그리는 미래의 이상적인 모습은 시간의 흐름과 당신의 성취에 따라 변하게 된다. 그래서 내 경우는 3년에서 5년에 한 번씩 인생의 미래 비전을 수정한다. 당신 역시 미래 비전, 미래에 대한 목표를 몇 년에 한 번씩은 수정해야 한다.

설명은 여기까지 하고, 이제 당신이 직접 자신이 원하는 인생의 모습을 글로 적어보라. 휴대폰, 이메일, 소셜미디어, 뉴스앱 등은 잠시 잊자. 인터넷 연결을 모두 끊어두는 것도 좋은 방법이다. 30분 정도 인터넷과 단절되었다고 해서 무슨 문제가 생기는 것은 절대로 아니다. 방문도 닫자. 아니면 가까운 카페나 도서관에 가는 방법도 있다. 필기구와 종이를 준비하고 3년 후에 나타날 당신의 이상적인 모습을 상상해서 글로 적으면 된다.

---

1. 어느 정도의 소득을 내고 있을까?

2. 어떤 자동차를 몰고 있을까?

3. 어느 지역에서 어떤 집에 거주하고 있을까?

4. 내 고객들은 어떤 사람들이고, 나는 그들과 어떤 모습으로
   거래하고 있을까?

5. 신체적, 정신적 건강 상태는 어떨까?

6. 친구, 배우자, 자녀, 부모, 동료와 나의 관계는
   어떤 모습일까?

7. 종교 활동은 어떤 모습일까?

8. 여행, 여가 활동, 취미 활동은 어떻게 즐기고 있을까?

9. 어떤 성취를 이뤄냈을까?

미래의 모습을 글로 적을 때는 이미 그 목표를 이루었다는 걸 가정하고 그런 기분으로 적는 게 더 효과적이다.

상당히 간단한 작업이지만, 효과는 크다. 마음속에서 어떤 목표를 이루었다는 기분을 느껴보고 일을 시작하는 건 일에 대해 완전히 다른

태도를 갖게 만든다.

안정된 생활과
사업

이상적인 삶을 추구하더라도 가장 우선적인 것은 안정된 생활이다. 창업을 생각하는 많은 사람이 안정된 급여의 세상을 떠나는 일을 두려워한다. 그러나 안정된 급여라는 건 더 이상 존재하지 않는다. 아마 당신의 주위에는 한 회사에서 오랫동안 성실하게 근무했으나 결국에는 회사에서 밀려나거나, 아니면 회사가 망하는 바람에 직장을 잃게 된 사람들이 있을 것이다.

세상은 그전과는 크게 달라졌다. 이 세상에서 믿을 수 있는 것이라고는 가치를 창출하고, 그렇게 창출한 가치를 돈을 받고 팔 수 있는 당신 자신의 능력밖에는 없다. 일단 창업을 하고 자신의 사업을 시작하게 되면 진정한 안정이 무엇인지 이해하게 될 것이다. 내 첫 번째 사업은 파트너십이 깨지면서 그대로 주저앉게 되었지만, 나는 몇 주 만에 다시 일어서서 새로운 사업을 시작했다.

당신이 할 수 있는 최고의 투자는 당신의 사업 역량을 위한 투자다. 지금 아무런 기반이 없다 하더라도 자신의 사업을 하는 순간 그때부터 당신의 운명을 통제하는 것은 당신 자신이 된다. 그리고 사업 역량 중에서도 가장 중요한 것은 당신의 사업을 팔 수 있는 역량, 즉 마케팅 역량이며, PLF를 통해 수많은 사람들이 성공을 이루어낸 것도 바로 이 때문이다.

몸과 마음을 최고의 상태로
유지하라

　　스티븐 코비의 책 『성공하는 사람들의 7가지 습관』을 보면 휴식과 재충전의 시간을 갖는 것도 성공에 있어 매우 중요하다는 내용이 나온다. 자기 시간의 100퍼센트를 일하는 데만 쓴다면 오히려 일의 능률은 떨어진다. 누구도 그렇게 일하면서 효율성과 창의성을 높은 수준으로 유지할 수는 없다. 하지만 대다수의 사업가들은 오직 일만 하는 삶을 살아간다. 단 하루도 쉬는 날이 없다.

　　사업가들 사이에서 하는 농담이 하나 있다. 자기 사업을 가졌을 때의 가장 큰 장점은 하루의 절반만, 12시간만 일을 해도 된다는 것이다. 실제로 창업을 하면 월급을 받던 시절보다 더 많은 시간 일을 하게 된다. 그러나 이는 건강한 방식이 아니다. 이렇게 많은 시간 일만 하기 위해 창업을 하는 것도 아니다. 물론 일을 많이 해야 하는 시기도 있다. 특히 창업 초기에는 더욱 그렇다. 하지만 휴식 시간 없이 일만 하고 있다면 뭔가 잘못하고 있는 것이다.

　　조 폴리쉬는 경주마와 같은 방식으로 자신의 시간을 관리한다. 백만 달러짜리 경주마를 소유하고 있는 사람들은 그 경주마를 항상 최선의 상태로 유지하기 위해 세심하게 관리해준다. 값비싼 경주마가 잘 먹고, 잘 쉬고, 훈련을 할 때는 효율적으로 하고, 깨끗하고 편안한 곳에서 잘 수 있도록 한다. 당신의 인생과 사업에 있어서는 당신의 몸이 100만 달러짜리 경주마다. 그렇다면 당신의 시간도 그 정도로 관리되어야 하는 게 아닐까?

　　종교 이야기로 빠지고 싶지는 않지만, 우리의 삶은 한 번 뿐이라는 데는 다들 동의할 것이다. 적어도 인간과 같은 형체로는 한 번 뿐일 것이다. 그렇다면 이토록 소중한 삶을 어떻게 사용해야 할까? 당신의 몸과 정신을 소중하게 다뤄야 하는 게 아닐까? 건강하고 영양가 있는 음식을 먹고, 충분히 자고, 나들이를 가고, 운동을 하고, 명상을 하고, 스트레칭이나 요가를 하고, 정기적으로 건강검진을 받아야 하는 게 아닐까?

더 많은 시간을 일하는 것은 당신의 문제에 대한 해결책이 아니다. 효율적이고 영리하게 일하는 게 중요하며, 그렇게 하기 위해서는 휴식의 시간이 필요하다. 그래야 몸과 정신을 항상 최고의 상태로 유지할 수 있다.

사업가는 히말라야에서 사는 것과 마찬가지다

사업을 하면 사업이 잘 될 때가 있고, 안 될 때가 있다. 이건 피할 수 없는 일이다. 물론 고점과 저점은 모든 사람들이 겪는 일이기는 하다. 그러나 사업가들에게 있어서의 고점은 보통의 경우보다 더 높고, 저점은 보통의 경우보다 더 낮다.

대다수의 사업가들은 사업가로서의 인생을 무척이나 사랑한다. 자신의 운명을 스스로 통제하고, 누구의 지시를 따를 필요도 없고, 뭔가를 만들어내고, 큰 승리를 거둘 때도 있다. 그러나 항상 승리할 수는 없는 일이다. 분명히 저점을 맞을 때가 있다.

사업가 리사 사세비치는 사업가들의 삶에 대해 히말라야에서 사는 것과 같다고 말을 한다. 정상은 매우 높고, 골은 매우 깊다는 것이다. 사업가로서의 삶은 분명 보통 사람들의 삶과 매우 다르다.

그렇기 때문에 자신의 마음을 잘 다스려야 한다. 급여를 받는 사람들은 한두 주 나쁜 시기를 겪더라도 그냥 견뎌내면 된다. 대부분의 경우 급여는 변함없이 지급된다. 그러나 자신의 사업을 경영하고 있다면, 특히 그 사업에 직원들의 인생까지 걸려있다면, 나쁜 시기를 최대한 빨리 극복해내야 한다.

나 역시 다른 사업가들과 다르지 않다. 나에게도 좋은 시기가 있고, 나쁜 시기가 있다. 그런데 나에게는 그 나쁜 시기를 극복해내는 방법이 있다. 또한 수강생들과 동료 사업가들에게도 나쁜 시기를 극복해내는 방법이 있는데, 내 방법과 그들의 방법 중에는 겹치는 것들이 꽤 있었다.

운동 나에게는 이 방법이 가장 효과가 좋다. 운동으로 심박수를 올리는 것만큼 빠르게 기분을 전환시켜주는 방법은 없다. 특히 (실내 체육관이 아니라) 바깥에서 운동을 할 때 효과는 더욱 좋다.

명상 운동만큼이나 효과가 좋은 방법이다. 명상을 복잡하게 할 필요는 없다. 눈을 감고 자신의 호흡에 집중하는 것만으로도 충분하다. 명상은 5분만 해도 효과가 있으며, 20분 정도 하면 효과는 더욱 좋다.

외출 자연이 있는 곳으로 나가면 빠르게 기분 전환이 된다.

모험이나 여행 산악 자전거, 스키, 하이킹 같은 모험도 좋고, 여행도 좋고, 박물관에 가는 것도 좋은 방법이다.

봉사나 기부 다른 사람들을 위해 뭔가 좋은 일을 해보자. 봉사나 기부를 하고 기분이 나빠질 일은 아마 없을 것이다.

긍정적인 생각 자신의 인생에서 좋은 것들, 긍정적인 것들, 감사해야 할 것들을 떠올려보라. 그동안 간과하고 있던 사소한 것들까지 떠올려보고 글로 써보자. 사실 따지고 보면 우리의 생명과 우리가 숨 쉬는 공기도 당연하게 생각해서는 안 되는 것들이다.

나는 이런 방법으로 나쁜 시기를 극복한다. 물론 당신의 방법은 얼마든지 다를 수 있다. 중요한 것은 나쁜 시기에 들어섰다는 판단이 들면 그대로 주저앉거나 방치하는 게 아니라, 나쁜 시기를 최대한 빨리 극복해내려 해야 한다는 것이다.

나만이 할 수 있는 일을 찾으라

사업가는 하나밖에 없는 능력을 찾아야 한다. 기업가 전문 코치로 유명한 댄 설리번이 한 말이다. 유니크 어빌리티는 시장에서 당신만 가지고 있는 능력, 혹은 당신만 할 수 있는 일을 의미한다. 어떤 사명을 가지고 이 세상에 내려왔는가? 시간 가는 줄도 모르고 신나서 하면서도 다른 사람들보다 더 뛰어난 성과를 만들어내는 일은 무엇인가? 다른 사람들은 까다로운 일이라고 생각하지만, 아주 쉽게 해낼 수 있는 일은 무엇인가? 이런 일이 바로 당신만이 해낼 수 있는 일, 당신의 유니크 어빌리티다.

자신만이 해낼 수 있는 일에 시간과 노력을 투입하라. 어렵고 성과도 나지 않는 일에 당신의 시간과 노력을 투입하지 말라. 당신의 강점에 집중하라. 당신의 유니크 어빌리티가 아닌 업무는 직원을 고용하여 그 사람에게 맡기는 게 더 효율적이다.

잘 못하는 일만이 아니라, 잘하는 일이라 하더라도 자신만이 할 수 있는 일이 아니라면 그 일도 직원을 고용하여 직원에게 맡기도록 하라. 고용된 직원이 어떤 업무를 당신만큼 능숙하게 해낼 수 있다면 해당 업무는 직원에게 맡겨야 한다. 당신이 그 일을 매우 능숙하게 해낼 수 있다 하더라도 고용된 직원이 할 수 있는 일이라면 그건 당신의 유니크 어빌리티가 아니다. 다른 사람도 할 수 있는 일을 당신이 직접 수행하게 된다면 자신의 유니크 어빌리티를 수행할 수 있는 기회를 상실하게 된다. 유니크 어빌리티에 시간과 노력을 집중할수록 더 좋은 성과가 나타나고, 그건 당신의 사업과 당신의 고객들에게 더 좋은 일이 된다.

사업가들이
가장 어려워 하는 일

사업가들에게 가장 부족한 능력이 있다면 그건 집중력이다.

이 세상에는 집중력을 흩어놓는 것들 투성이다. 전화, 이메일, 문자 메시지, 소셜미디어 등이 집중력을 흐트러뜨린다.

많은 사람이 잠자리에서 눈을 뜨자마자 스마트폰부터 찾고, 문자 메시지, 이메일, 뉴스, 여러 소셜미디어 등을 확인한다. 그러나 이건 큰 잘못이다. 스마트폰에서 우리를 기다리는 건 다른 사람들의 사업들이다. 아침부터 스마트폰에 시간을 빼앗긴다면 그만큼 사업에 쓸 시간을 잃는 것이다. 불필요한 문자 메시지나 소셜미디어에 일일이 대응하다가는 하루 중 상당 부분의 시간을 잃게 된다.

다른 사람들의 사업에 시간을 빼앗기기 전에 가장 중요한 일을 우선적으로 챙겨야 한다. 당신에게 가장 중요한 일은 무엇인가?

모든 것을
혼자 할 수는 없다

처음 사업을 시작했을 때는 모든 걸 혼자서 해낼 수 있다는 환상을 가지고 있었다. 무형의 상품을 온라인으로 판매하는 것이었기 때문에 다른 직원들의 도움 없이도 충분히 혼자서 해낼 수 있을 거라 생각했고, 또 혼자서 일하는 편이 훨씬 더 편할 것만 같았다.

실제로 사업을 시작하고 처음 10년 동안은 다른 직원들이나 협력업체의 도움 없이 혼자서 일을 했다. 아내와 나, 이렇게 둘이서 모든 일을 해냈다. 그러나 직원을 고용하지 않았던 것은 큰 실수였고, 그로 인해 성장의 기회를 계속 놓쳤던 셈이다. 직원 없이 혼자서 일을 할 수 있다고 생각하는 건 두 살짜리 아이가 "이제 나도 모든 것을 혼자서 해낼 수 있어요!"라고 소리치는 것만큼이나 미숙한 생각이다.

혼자서는 위대한 무언가를 이루어낼 수 없다. 물론 시도해볼 수야 있지만, 시간과 노력을 낭비하는 일이다. 사실 직원들을 고용하고 팀을 구성한다면 당신의 삶은 전보다 더 복잡해진다. 어쩔 수 없는 일이다. 어떤 일이든 다수의 사람들이 관여하게 되면 일은 더욱 복잡해지게 마련이다. 직원들을 고용하고 팀을 구성한다면 리더가 되는 법을 배워야 한다(아직 리더가 되는 법을 모른다면 말이다). 당신은 팀원들에게 답을 제시하는 사람이 되어야 한다.

기술 투자자이자 기업가 코치인 에벤 페이건은 직원을 뽑을 때 '스타스 온리stars only'라는 방침을 적용한다. 그래야 모든 일이 수월하게 진행된다는 것이다. 말 그대로 '스타'들만을 직원으로 채용한다는 방침인데, 그가 말하는 스타는 자신의 직무 분야에서 상위 10퍼센트 이내의 능력을 지니고 있는 사람을 의미한다. 당신은 이 개념을 더욱 강화하여 가급적이면 자신의 직무 분야에서 상위 1퍼센트 이내의 사람을 직원으로 채용해야 한다. 이 스타들은 당신의 일을 더욱 수월하게 만들어준다. 이들은 누가 시키지 않아도 스스로 일을 찾아 하고, 관리 감독이나 교육을 별로 필요로 하지 않는다. 물론 감정에 휘둘리는 일도 적다. 사실 직무 역량이 뛰어나더라도 감정에 쉽게 휘둘리는 사람이라면 스타가 아니다.

가장 중요한
하나의 단어

당신이 성공할수록 점점 더 중요해지는 단어가 하나 있다. 바로 '아니요'라는 단어다. 워런 버핏은 이런 말을 했다. "크게 성공하는 사람들은 거의 모든 것에 대해 '아니요'라고 말을 한다. 성공하는 사람과 크게 성공하는 사람의 차이점이다."

지난 15장에서 사업가들에게 가장 중요한 것은 기회비용이라는 말을 했다. 지금 하려는 말도 결국은 기회비용에 관한 것이지만, 여기서는 좀 더 개인적인 수준에서 이야기해보려고 한다. 당신이 성공할수록, 더 많은 권한을 갖게 될수록, 리더의 위치에 오를수록, 주위 사람들에게 당신은 더욱 매력적인 사람이 된다. 이는 어쩔 수 없는 일이다. 자동적으로 이렇게 된다. 우리가 사는 세상에서 사람들은 언제나 리더를 찾기 때문에 당신이 리더십을 갖게 되면 사람들은 자연스럽게 당신을 따르려

하고, 당신과 함께 무언가를 하고 싶어 한다.

당신이 성공하고 리더가 되면 당신의 인생에는 더 많은 사람들과 더 많은 제안들이 나타나게 된다. 성공하기 이전 사회생활 초년에 맞았더라면 아주 매력적이었을 기회들도 많이 나타나게 된다. 그러나 이런 기회를 수락할 때는 매우 조심해야 한다. 성공한 후의 당신은 전보다는 더 까다롭게 선택해야 하고, '아니요'라고 말할 줄 알아야 한다. 나아가고자 하는 방향으로의 전진을 막는 선택은 결국 발전을 저해하는 선택이 된다.

새로운 친구를 만들지 말라는 소리가 아니다. 기존의 인간관계나 주위의 것들을 전부 끊어내고, 도움의 손길을 뿌리치라는 소리는 더욱 아니다. 시간과 에너지를 사용할 때 신중해야 한다는 소리다. 어떤 기회에 대해 '네'라고 말하면 그로 인해 다른 기회의 문은 닫히기 때문이다.

풍요의 주스를
나누라

주식투자 뉴스레터를 발행하기 시작했던 당시, 내 뉴스레터와 매우 비슷한 뉴스레터를 발행하던 웹사이트가 하나 있었다. 그 웹사이트와 나의 뉴스레터는 동일한 시장을 두고 접근했지만 차이점이 많았다. 무엇보다 그들의 뉴스레터는 유료였고, 내 뉴스레터는 무료였다. 그들의 웹사이트는 꽤나 전문적이었고, 내 웹사이트는 아마추어가 운영하는 것처럼 보였다. 사실 도메인을 구입하거나 웹사이트 호스팅을 할 돈이 없어서 무료 서버를 이용했다.

그 웹사이트는 프랭크 칼러라는 사람이 운영하고 있었는데, 나는 그의 웹사이트를 종종 들여다보곤 했다. 그의 웹사이트와 같은 멋진 웹사이트를 갖고 유료 뉴스레터를 발행하는 것은 당시의 나에게는 궁극의 꿈이었다. 그러나 웹사이트를 제작하는 법도 몰랐고, 웹사이트를 제작할 줄 아는 직원을 고용할 능력도 없었다. 그리고 유료 뉴스레터를 어떻게 팔아야 하는지도 몰랐다. 사람들에게 내 뉴스레터 구독에 돈을 지불해달라고 요구할 자신이 없었다.

그러던 어느 날, 프랭크로부터 이메일 하나를 받게 되었다. 웹사이트에 올리는 주식 차트를 어떻게 그리는지 물어보는 내용이었다. 그 이메일을 받고 크게 놀랐지만 한편으로는 프랭크라는 사람이 나와 내 웹사이트의 존재를 알고 있다는 사실에 우쭐한 기분이 들기도 했다.

프랭크는 직접적인 경쟁자였다. 우리의 관계는 코카콜라와 펩시콜라의 관계와 같은 것이었다(엄밀하게 따진다면 프랭크는 코카콜라였고 나는 무명 상표의 콜라였던 셈이지만 말이다). 우리는 같은 시장을 두고 같은 내용의 비즈니스를 하고 있었고, 그런 상황에서 나의 유일한 강점은 웹사이트에 올리는 주식 차트였다. 스마트폰에 있는 사진을 곧바로 소셜미디어에 올릴 수 있는 지금 같은 시대는 주식 차트 같은 이미지 파일을 웹사이트나 블로그에 올리는 일이 매우 간단하지만, 프랭크가 이메일을 보냈던 시절은 지금과는 완전히 다른 세상이었다. 나는 주식 차트를 웹사이트에 올리는 법을 배우기 위해 그 당시로서는 부담이 되는 돈과 상당히 많은 시간을 투자했다. 내가 웹사이트에 올리는 차트는 힘들게 번 돈과, 시간과, 노력의 결과물이었고, 그건 중요한 비즈니스 자산이었다.

프랭크의 이메일을 받고 고민을 했다. 그에게 내 영업 기밀을 알려줘야 하는 걸까? 딱 잘라 거절해야 하는 걸까? 아니면 그냥 아무런 응답도 하지 말고 무시하는 게 나을까? 결국 나는 그를 도와주기로 했다. 사실 어느 정도의 시간과 돈과 노력만 투자한다면 그 역시 할 수 있을 터였다. 굳이 그에게 그런 과정을 겪게 할 필요가 없다고 생각했다.

20분 정도의 시간을 들여 주식 차트를 작성하고 포스팅하는 방법을 알려주는 문서를 하나 만들었다. 그 문서를 프랭크에게 이메일로 보내주었다.

이메일을 보내고 몇 분이 지나자 프랭크로부터 고맙다는 내용의 답신이 왔다. 그는 자신의 이야기도 들려줬다. 그는 원래 오프라인으로 주식투자 뉴스레터를 발행했는데, 온라인으로 옮겨오면서 많은 테스트를 진행했다고 말했다. 그는 그 테스트의 결과를 상당 부분 알려주었다. 뉴스레터 구독료에 관한 중요한 데이터를 주기도 했다. 그러면서 원한다면 유료 뉴스레터 발행에 관하여 도움을 주겠다고도 했다. 바로 그 순간부터 나의 인생은 달라지게 되었다.

우리가 비즈니스를 하고 있는 곳은 미개척의 영역이고, 따라서 많은 경우 (어쩌면 거의 모든 경우) 경쟁보다는 협력이 더 중요하다는 인식을 갖게 되었다. 그로부터 몇 년 후, 프랭크와의 협력을 떠올리면서 '풍요의 주스'라는 용어를 만들었다. 우리가 일을 할 때 풍요의 사고방식을 가질 수도 있고, 궁핍의 사고방식을 가질 수도 있다. 여기서 어떤 사고방식을 갖느냐에 따라 우리 삶의 모든 영역이 영향을 받는다. 내 경우는 풍요의 사고방식을 가질 때 삶이 더욱 즐겁고, 충만해지고, 결국은 풍요로워졌다.

몇 달 후에 프랭크는 정말로 유료 뉴스레터 런칭을 도와주었다. 그의 조언과 경험은 큰 자신감을 주었고, 내 유료 뉴스레터는 큰 성공으로 이어졌다. (1장에서 언급했던 3만 4000달러짜리 런칭이 바로 이것이다.) 그로부터 몇 년 후에 프랭크는 은퇴를 하게 되었는데, 은퇴를 하면서 나에게 자신의 유료 구독자 리스트를 넘겨주었다. 나는 그의 구독자들에게 계속 유료 뉴스레터를 보냈고, 거기서 상당한 매출이 발생했다. 이 모든 것은 내가 그에게 협력의 손길을 내밀었기 때문에, 내가 풍요의 주스를 그와 함께 나누어 마셨기 때문에 가능한 일이었다.

풍요의 주스를 다른 사람들과 함께 나누면 훨씬 더 행복해진다는 게 굳은 믿음 가운데 하나다. 더 좋은 고객들과 파트너들을 갖게 되고, 사업은 더욱 빠르게 성장한다. 세상에 긍정적인 영향력을 더욱 크게 만들어내는 것이다.

만족할 만한 삶을 사는 일

처음 사업을 시작하던 무렵 인생의 목표를 구체적으로 적었다. 이룰 수 있는 목표의 최대치를 적었던 것이다. 인생의 여러 가지 목표들 가운데 수입과 관련해서는 '연 수입 10만 달러'를 목표로 적었다. 연수입 10만 달러는 처음 사업을 시작하던 당시 생각할 수 있던 내 연수입의 최대치였다.

하지만 지금의 나는 자선단체들이나 비영리단체들을 위해 한 번에 10만 달러 이상 기부할 수 있게 되었고, 지금까지 여러 차례 10만 달러 이상의 기부를 해왔다. 이건 순전히 내가 탄탄한 플랫폼을 만들어냈기 때문이다. 할리우드 스타들을 보면 자선 모임에 참석하거나 기부하는 모습을 자주 보여주는데, 당신도 당신의 사업을 플랫폼으로 만든다면 그렇게 할 수 있다.

이 책에서 배운 것들을 제대로 활용한다면 자기 사업을 플랫폼으로 만들고, 그를 더욱 확장해나갈 수 있다. 그리고 그를 기반으로 세상에 대해 선한 영향력을 크게 만들어낼 수 있다. 당신이 플랫폼을 소유하고 있는 성공한 사업가가 된다면 당신이 옳다고 생각하는 쪽으로 사람들의 관심을 집중시킬 수 있고, 사람들과 함께 힘을 모아 그 옳다고 생각하는 일을 실행할 수 있다. 지금까지 두 개의 비영리단체들에 100만 달러 이상의 기금을 모았고, 그 밖에도 여러 단체들을 위해 직접 기부를 하거나 기금을 모으고 있다. 그 중에는 직접 10만 달러 이상 기부를 한 단체들도 여럿 있다.

나는 이 책 전반에 걸쳐 PLF의 전체적인 내용을 다루었다. 당신에게 자기 사업을 만들어낼 수 있는 도구를 전해준 셈이다. 성공적인 사업을 만든다는 건 강력한 힘을 갖는다는 걸 의미하고, 힘에는 책임이 따른다. 성공적인 사업을 만든다고 해서 자동적으로 행복한 삶, 충만한 삶이 뒤따르는 것은 아니다. 세상에는 불행한 삶을 사는 성공한 사업가들이 많이 있다. 제대로 살기 위해서는 성공적인 사업도 만들고, 만족스러운 생활도 가져야 한다. 그리고 이렇게 하기 위해서는 사업만큼이나 생활에 대해서도 노력을 추구해야 한다. 제대로 사는 삶은 우연히 얻어지는 것이 아니다.

17장

이제부터는

당신의 시간이다

PLF에 대한 설명은 여기까지다.

이제부터는 당신의 시간이다. PLF는 수많은 사람들이 검증한 성공의 방식이다. 나의 모든 성공은 이 책에서 설명한 방식을 통해 이루어졌다. 지금까지 내가 진행한 다수의 사업 모두 PLF를 기반으로 진행했다.

뿐만 아니라 고객들과 수강생들이 PLF의 방식을 이용하여 발생시킨 매출은 10억 달러가 넘는다. 상상해낼 수 있는 온갖 유형의 시장에서 온갖 종류의 제품을 파는 데 PLF를 활용했다.

PLF의 효과가
끝나는 날

처음 PLF를 세상에 공개했던 2005년만 하더라도 온라인 마케팅을 하는 사람들의 커뮤니티는 규모가 작았고, 그만큼 소식도 빠르게 돌았다. PLF를 출시하고 몇 달이 지나자 온라인 마케팅 쪽의 몇몇 사람들은 벌써 PLF의 죽음에 대해 이야기하기 시작했고, 업계 소식을 다루는 한 보고서에는 '런칭의 죽음'이라는 제목의 보고서가 실리기도 했다. 온라인 마케팅의 전문가로 통하는 사람들 가운데 일부는 PLF는 너무나도 강력한 모델이라서 그 자체의 무게로 인해 무너져 내릴 거라고 예측했다. 소비자들이 런칭을 한두 번만 경험한다면 더 이상은 관심을 갖지 않을 거라고 하는 사람들도 있었다.

어느 유명 인사가 같은 회의에 참석했던 나를 회의실 한쪽으로 붙잡아 끌더니 PLF의 참신함이 다 사라졌다며 나에게 다른 프로그램을 만드는 게 좋을 거라는 조언인지 강요인지 모를 이야기를 한 적도 있다. (2006년에 있었던 일이다.)

그래서 어떻게 되었을까?

PLF는 지금도 여전히 반응이 아주 좋으며, 그 어느 때보다 더 효과적인 성공의 방식으로 통하고 있다. 종종 마크 트웨인의 명언이 떠오른다. "내 죽음에 대한 소식은 상당히 과장되어 있습니다."

전술은 수시로 변하지만,
전략은 영원하다

군대의(그리고 기업의) 리더들은 『손자병법』을 거의 숭배한다. 손자병법은 지난 수천 년 동안 국적과 세대를 가리지 않고 수많은 사람들이 읽고 따르는 책인데, 그 이유는 이 책이 전술이 아닌 전략에 대한 책이기 때문이다. 전략에는 유행이라는 게 없다.

PLF가 오랜 시간이 지난 지금도 여전히 효과적인 이유 역시 '전략'이기 때문이다. 나는 시장 상황에 따라 다양한 전술을 가르치기도 하지만, 이런 전술은 PLF의 전략을 뒷받침하는 수단이다. 이런 전술은 상황에 따라 효과적일 수도 있고 그렇지 않을 수도 있다. 일례로 내가 처음 사업을 시작했을 때만 하더라도 온라인 동영상이나 온라인 라이브 방송 같은 것은 존재하지 않았다. 블로그, 온라인 결제 시스템, 소셜미디어, 웨비나 같은 것도 존재하지 않았다. 그러나 지금은 제품 런칭에 이와 같은 수단을 활용하고 있다. 도구는 변한다. 전술도 변한다. 그러나 전략은 변하지 않고 오래간다.

잠재고객과 긴밀한 관계 형성하기는 유행을 타지 않는 중요한 일이다. 이벤트에 대한 고객의 기대감을 만들어내는 것도 그렇다. 사회적 검증, 권위, 커뮤니티, 상호관계 같은 심리적 방아쇠 역시 어느 때에나 중요한 요소다. 구매하라고 설득하기에 앞서 잠재고객에게 큰 가치를 제공함으로써 먼저 고객들의 신뢰를 얻는 시장 접근법은 유행을 타지 않는 방식이다. 이와 같은 일을 실행하는 구체적인 방법은 상황에 따라 달라질 수 있고, 앞으로도 계속 달라질 것이다. 그러나 PLF의 전략은 달라지지 않는다.

컴퓨터를
화폐 인쇄기로 만들라

1994년의 어느 날 "당신의 컴퓨터를 화폐 인쇄기로 만드세요"라는 제목의 이메일 광고를 하나 받았다. 꽤나 직설적인 광고 문구에 흥미를 느껴 그 광고를 열어보았다. 돌이켜보면 나는 그 광고의 정확한 표적이었다. 그 당시 나는 하루 종일 집에 머물며 아이를 돌보는 미스터 맘이었다. 우리 가족은 언제나 생활비에 쪼들렸고 나는 정말로 우리 집에 화폐 인쇄기 같은 것이 있으면 좋겠다는 생각을 했다.

나는 그 광고를 반복해서 읽었다. 광고의 내용은 '특별한 보고서'를 만들어서 온라인으로 판매하는 방법을 알려주는 강의에 관한 것이었다. 콘텐츠를 발행하고 판매하는 사업으로 높은 수입을 올릴 수 있다는 내용이었다. 처음에는 정말로 가능할까 살짝 의심이 들었다. 그러나 콘텐츠 발행 사업은 지난 수 세기 동안이나 이어져온 사업이니만큼 수익성이 있겠다는 생각도 들었다.

하지만 나는 창업을 해본 적이 한 번도 없었고, 뭔가를 직접 팔겠다는 생각을 해본 적도 없었다. 세일즈에 관해서는 아무런 경험도 없었고, 세일즈라는 일은 생각만 해도 두려운 일이었다. 다른 직업은 다 하더라도, 세일즈만큼은 제대로 해낼 수 없을 것 같았다.

문제는 또 있었다. "당신의 컴퓨터를 화폐 인쇄기로 만드세요"라는 강의를 구입하기 위해서는 99.5달러를 지불해야 했다. 그 당시 우리 네 식구는 아내의 월급으로 생활했는데, 여윳돈은 1년에 400달러 수준에 불과했다. 이런 상황에서 100달러 가까운 돈은 무척이나 부담이 가는 액수였다.

하지만 그 광고 내용은 꽤나 설득력이 있었고 나는 새로운 일을 절박하게 원했다. 한 주 내내 광고문을 읽고, 또 읽었다. 매일 밤마다 그 강의 생각을 하면서 잠에 들었다. 콘텐츠 발행 사업을 할 수 있을까? 그렇다면 어떤 콘텐츠를 발행해야 하지? 그 강의를 통해 필요한 걸 전부 배울 수 있을까? 과연 내가 뭔가를 팔 수 있을까? 또 한 번의 실패를 하게 되는 건 아닐까?

인생을 바꿀지도 모를 선택을 앞에 두고 고민하는 것, 어쩌면 당신도 이와 같은 상황에 처한 적이 있을 것이다. 선택 앞에서 우유부단한 모습을 보이기 일쑤였지만 불안함을 밀어내고 그 강의 신청서를 작성했다.

처음 가보는 길

로버트 프로스트는 「가지 않은 길」이라는 시로 유명하다. 강의 하나 신청하면서 무슨 시까지 거론하느냐고 말하는 사람들도 있겠지만, 그 신청서 작성은 지금의 나를 만들어낸 출발점이었다.

문제의 강의는 3.5인치 플로피 디스크 형태로 우리 집에 도착했다. 플로피 디스크에 저장된 그 강의는 콘텐츠를 만들어서 다이렉트 마케팅 방식으로 판매하는 법을 가르쳐주었다. 또 컴퓨서브나 AOL을 통해 내가 제작한 콘텐츠를 판매하라고 했다. 컴퓨서브나 AOL은 인터넷의 시대를 열었던 1990년대의 인터넷 서비스들이다.

플로피 디스크니, 컴퓨서브니, AOL이니 정말로 오래 전의 이야기들다. 하지만 정말이지 그 강의는 나에게 새로운 세상을 열어주었다. 다이렉트 마케팅과 온라인 비즈니스의 세상이었다. 그 새로운 세상은 너무나도 멋진 곳이었다. 물론 내가 성공하게 된 건 한참 후의 일이지만, 어쨌거나 나는 그 강의 덕분에 성공했고, 돈을 벌었다. 그 강의가 없었더라면 당신은 이 책을 읽지 못했을 것이다.

몇 년 전에 "당신의 컴퓨터를 화폐 인쇄기로 만드세요" 강의를 만든 쉴라 댄지그에게 이메일을 보냈다. 그의 강의로 인해 내 인생이 어떻게 달라졌는지, 우리 가족의 삶이 어떻게 달라졌는지 이야기했다. 메일을 쓰는 내내 즐거웠다. 쉴라는 그 다음날 답신을 보내왔다. 자신의 제품이 내 성공에 큰 영향을 끼쳤다는 사실이 정말 기쁘다고 했다.

그 기분은 나도 잘 안다. 수많은 수강생과 고객으로부터, 성공할 수 있게 도와주어서 고맙다는 내용의 이메일을 꾸준히 받고 있기 때문이다. 그런 이메일은 아무리 많이 읽어도 언제나 기분이 좋다.

오늘 아침만 하더라도 프란츠 와이즈바우어라는 수강생으로부터 이메일을 한 통 받았다. 심장초음파 전문의인 그는 지난 2010년에 동료 의사 토머스 바인더와 함께 의사들과 초음파 기사들을 위한 온라인 초음파 교육 프로그램을 만들었다. 일반적으로 초음파 교육이라고 하면 주말을 이용한 집체 교육이라, 참석하기 위해서는 비행기를 이용한 장거리 출장과 회당 500달러에 달하는 교육비를 감수해야 한다. 프란츠와 토머스의 창업 이야기도 이 책에서 다룬 다른 창업자들의 이야기와 크게 다르지 않다. 그들은 교육 프로그램을 출시하면서 희망 마케팅에 기댔고, 결과는 실망스러웠다. 그들의 교육 프로그램은 매우 훌륭한 제품이었지만, 사업을 계속 유지할 수 있을 정도의 매출은 나오지 않았다.

그러던 중에 프란츠는 한 세미나에서 내 강연을 듣게 되었고, 얼마 후 PLF 코칭 프로그램에 등록했다. 나의 프로그램을 이수한 그는 PLF의 방식으로 자신의 교육 프로그램을 다시 런칭했다. 그는 이 새로운 런칭을 통해 큰 성공을 거두었고, 그의 사업은 그전과는 완전히 다른 것이 되었다. 그리고 여기가 끝이 아니었다. 그의 사업은 성장을 거듭

했고, PLF를 이용하기 전과 비교했을 때 10배 규모로 성장했다.

비즈니스의 성공을 이야기할 때 매출액은 한 가지 요소일 뿐이다. 물론 매출액은 객관적으로 표시되는 지표이기 때문에 비즈니스의 성공을 이야기할 때 우선적으로 다루어지기는 하지만, 매출액만으로 성공의 모든 걸 평가할 수는 없다. 나는 세상에 대한 영향력도 중요한 성공의 요소라고 생각한다. 프란츠의 교육 프로그램을 이수한 의사들과 초음파 기사들이 살려낸 환자들의 숫자를 생각해보라.

비즈니스가 만드는 세상에 대한 영향력은 생각보다 훨씬 더 커질 수 있다. PLF는 프란츠의 제품을 더 많은 잠재고객에게 알리는 효과를 만들어냈고, 프란츠의 교육 프로그램을 이수한 수천 명의 의사들과 초음파 기사들은 수만 명의 환자들을 살려냈다고 할 수 있다. 이들에 의해 새로운 삶을 얻게 된 수많은 환자들이 만들어내는 세상에 대한 영향력은 헤아릴 수도 없을 정도로 막대해지는 셈이다.

당신의
첫 번째 런칭

이제부터는 당신에게 달려 있다. 이 책의 주된 목표는 당신에게 PLF의 프로세스를 알려주는 것이었다. 그리고 그다음 목표는 당신도 할 수 있음을 알려주는 것이다. 나는 내 수강생들이 저마다의 목표를 이루어내는 모습을 무수히 많이 지켜봐왔다. 계층, 경력, 국적이 다 다른 다양한 사람들이 모두 PLF를 통해 성과를 냈다.

중요한 것은 첫 발을 내딛는 것이다. 우선은 첫 발을 내딛고, 계속해서 걸음마를 하다 보면 크게 성장해 있는 자신을 발견하게 된다. 아무런 사업 경험도 없던 내가 미스터 맘에서 수천만 달러의 매출을 올리는 사업가로 성장하게 되었다면 당신 역시 그렇게 할 수 있다. 푸드 스템프에 의존하여 가족을 부양하던 존 갤러거가 수백만 달러 규모의 사업가가 되었다면 당신 역시 그렇게 할 수 있다. 타라 메리노와 데이브 메리노 부부가 가정사의 아픔을 딛고 연매출 50만 달러를 올리고 있다면 당신 역시 그렇게 할 수 있다.

첫 번째 런칭에서 100만 달러의 매출을 올릴 수는 없다. 내가 이책에서 소개한 큰 성공들을 단번에 이루어낼 수는 없다. 당신의 첫 번째 런칭을 지금의 내가 만들어내는 100만 달러짜리 런칭과 비교하지 말라. 책의 앞부분에서 언급했지만, 내 첫 번째 런칭은 1650달러였다.

실수를 통해 배우는 게 중요하다. 실수는 당신에게 정말로 많은 것들을 가르쳐준다. 처음에는 좌절도 겪고, 밤잠을 설치는 일도 있을 것이다. 하지만 당신의 첫 번째 런칭은 영원히 잊지 못할 경험이 될 것이다.

나의 길은
이제 막 시작됐다

지난 여정을 돌이켜보면 어떻게 이런 일이 가능했던 것인지 믿기어려울 지경이다. 지금까지 오는 동안 나는 계속 더 크게 생각해야 했고, 나를 위한 더 큰 비전을 계속 찾아야 했다.

PLF의 여정이 앞으로 어디까지 더 이어질지는 나도 잘 모른다. 다만 이 세상의 수많은 시장에서 수강생들과 고객들의 성공을 위해 계속노력하고 지원할 생각이다. 런칭 클럽 커뮤니티는 믿을 수 없을 만큼활력이 넘치는 곳이며, 그들과 함께할 수 있다는 건 축복이다. 이 책은 지금까지 12개의 언어로 번역 출간되었고, 그 숫자는 계속 느는 중이다. PLF 코칭 프로그램은 영어 외에도 포르투갈어, 스페인어, 일본어, 이탈리아어 등의 언어로 서비스되고 있다. 일을 도와주는 훌륭한 팀원들이 있으며, 이 팀원들은 나 없이도 내 사업의 모든 일을 진행할 수 있을 정도로 유능하다.

PLF가 만들어내는 성공의 소식은 나를 움직이는 원동력 가운데 하나다. 조금 전에도 말했지만, 수강생들과 고객들로부터 성공의 소식을 듣는 건 언제나 기분 좋은 일이다.

PLF는 검증된 성공의 방식이며, 당신에게도 효과가 있다. 이 책에서 제시한 단계들을 충실하게 밟아보라. 우선 이메일 리스트를 만들라. 이 책에서 소개한 다양한 온라인 매체들을 활용하라. 내 블로그에 방문하고, 내 PLF 커뮤니티에도 들러보라. 그리고 나에게 당신의 이야기를, 당신의 성공 스토리를 들려주기 바란다.

PLF
웹사이트

◢ 독자들을 위한 웹사이트

◦ 무료 멤버십 가입

http://www.thelaunchbook.com/member

◦ 무료 특강: 이메일 리스트

http://thelaunchbook.com/list

◦ 무료 특강: 심리적 방아쇠

http://thelaunchbook.com/triggers

◦ 무료 PDF: 런칭에 도움이 되는 도구들

http://www.thelaunchbook.com/member/resources

◢ 제프 워커 블로그

http://www.jeffwalker.com

◢ PLF 코칭 프로그램

http://www.ProductLaunchFormula.com

지은이

제프 워커 Jeff Walker

1996년 인터넷 초창기 시절부터 온라인 비즈니스를 시작한
사업가이자 수천 명의 사업가에게 자신의 사업 비법을
전수하는 최고의 마케팅 트레이너.
제품이 출시되기 전부터 고객이 제품을 기다리게 만드는
마케팅 공식 'PLF'를 설계해 온라인 비즈니스의 판을 바꿨다.
이 공식을 사용한 사업가들이 올린 매출액은
10억 달러 이상이고 그 숫자는 계속 증가하고 있다.
PLF의 모든 것을 담은 그의 첫 책『스타트업 설계자』는
출간 2주 만에《뉴욕타임스》베스트셀러에 1위에 올랐다.

인스타그램: @jeffwalkerco   트위터: @jeffwalker

옮긴이

김원호

서강대학교 화학공학과를 졸업하고, 고려대학교
경영대학원에서 마케팅 석사 학위를 받았다.
삼성물산 상사부문 프로젝트 사업부에서 근무했으며,
현재는 번역가로 활동하고 있다.
『도널드 트럼프 빅 씽킹』『누텔라 성공의 법칙』
『멤버십 이코노미』『에센셜리즘』『스타트업처럼 생각하라』
『엘빈 토플러의 불황을 넘어서』『전쟁 반전쟁』
『경제심리학』『코카콜라의 진실』
『엘빈 토플러의 누구를 위한 미래인가』
『월마트 방식』『IBM 부활의 신화』『기업 스파이 전쟁』
『편 경영』 등을 비롯하여 70권이 넘는 외서들을 번역했다.
저서로는『리치커플, 포트폴리오하다』가 있다.

스타트업 설계자

한 시간 만에 100만 달러 매출 '제프 워커 신드롬'의 시작

펴낸날 초판 1쇄 2025년 5월 16일

지은이 제프 워커

옮긴이 김원호

펴낸이 이주애, 홍영완

편집장 최혜리

편집3팀 이소연, 강민우, 안형욱

편집 김하영, 박효주, 한수정, 홍은비, 김혜원, 최서영, 송현근, 이은일

디자인 기조숙, 김주연, 윤소정, 박정원, 박소현

홍보마케팅 김태윤, 김준영, 백지혜, 박영채

콘텐츠 양혜영, 이태은, 조유진

해외기획 정미현, 정수림

경영지원 박소현

펴낸곳 (주)윌북 출판등록 제2006-000017호

주소 10881 경기도 파주시 광인사길 217

홈페이지 willbookspub.com 전화 031-955-3777 팩스 031-955-3778

블로그 blog.naver.com/willbooks 트위터 @onwillbooks 인스타그램 @willbooks_pub

ISBN 979-11-5581-808-4 (03320)

· 책값은 뒤표지에 있습니다.
· 잘못 만들어진 책은 구매하신 서점에서 바꿔드립니다.
· 이 책의 내용은 저작권자의 허락 없이 AI 트레이닝에 사용할 수 없습니다.